高职院校内部治理体系现代化研究

孙 建 著

东南大学出版社
SOUTHEAST UNIVERSITY PRESS
·南京·

图书在版编目(CIP)数据

高职院校内部治理体系现代化研究/孙建著. —南京:东南大学出版社,2020.2
 ISBN 978-7-5641-8819-1

Ⅰ.①高… Ⅱ.①孙… Ⅲ.①高等职业教育—学校管理—研究—中国 Ⅳ.①G718.5

中国版本图书馆 CIP 数据核字(2020)第 017228 号

高职院校内部治理体系现代化研究
Gaozhi Yuanxiao Neibu Zhili Tixi Xiandaihua Yanjiu

著　者	孙　建
出版发行	东南大学出版社
社　址	南京市四牌楼 2 号　邮　编　210096
出版人	江建中
责任编辑	张丽萍
网　址	http://www.seupress.com
电子邮箱	press@seupress.com
经　销	全国各地新华书店
印　刷	兴化印刷有限责任公司
开　本	787 mm×1092 mm　1/16
印　张	11.5
字　数	272 千
版　次	2020 年 2 月第 1 版
印　次	2020 年 2 月第 1 次印刷
书　号	ISBN 978-7-5641-8819-1
定　价	38.00 元

本社图书若有印装质量问题,请直接与营销部联系。电话(传真):025-83791830。

前 言
FOREWORD

　　治理理论与实践起源于西方国家,国内最早介绍"治理"或者"治道"的文章,可能是1995年发表于"公共论丛"第一辑《市场逻辑与国家观念》上署名智贤的论文——《GOVERNANCE:现代"治道"新概念》。其后,毛寿龙等专家学者引入了西方治理理论,俞可平等教授结合我国的情况进行治理研究,俞可平在《治理与善治》一书中指出善治必将实现。"治理"随即成为一门国内学术界的"显学",众多中国学者开始了治理研究,并对它寄予了厚望。

　　党的十八届三中全会于2013年11月9日至12日在北京召开,会议提出:"全面深化改革的总目标是完善和发展中国特色社会主义制度,推进国家治理体系和治理能力现代化。"将推进国家治理体系和治理能力现代化作为全面深化改革的总目标,对中国的政治发展,乃至整个中国的社会主义现代化事业来说,具有重大而深远的理论意义和现实意义。

　　党的十八届三中全会后,治理理论在国家、社会等各个领域的研究如雨后春笋般兴起。教育治理作为国家治理体系和治理能力现代化建设的一个重要组成部分,专家学者围绕教育治理、高等教育治理、高职教育治理、大学治理等关键词开展众多研究,取得了丰硕的成果,丰富了治理理论在我国教育领域理论研究和实践应用的成果。特别是在针对中国特色社会主义制度下的治理研究、治理理论的本土化应用等方面取得了可喜成果,彰显了治理理论中国化的特色。

　　纵观各类关于治理的研究成果,对于高职院校这样一个特殊的社会群体的内部治理研究,特别是系统性的研究相对缺乏。鉴于这样的现状,在前期断断续续研究并在《江苏高教》《教育与职业》等刊物上发表了3篇文章的基础上,笔者尝试围绕高职院校内部治理现代化开展相关研究,并申报立项了江苏省教育科学"十三五"规划2018年度课题"高等职业院校内部治理体系现代化路径研究",同期,本人也成为江苏高校"青蓝工程"学术带头人培养对象,得到了一定的经费资助,于是,就有了出版一本专著的梦想。

本书共有八章。第一章为治理概述，介绍了治理的由来，治理在国内外的研究与发展，治理的内涵、特征与适用性，治理相关的理论等内容，力图让读者从宏观层面来了解治理。第二章为高等职业教育治理，包括国内外高等教育治理、高职院校治理改革动因、高职院校治理改革的迫切性与可行性等内容。本章主要围绕高等教育治理进行介绍，并从动因、迫切性与可行性等方面分析高等教育治理现代化改革的需求。第三章论述高职院校治理体系现代化，主要包括治理体系现代化的概念、内涵与价值，治理体系现代化的目标与思路，治理体系现代化分析框架等内容。本章以高职教育治理现代化为分析对象，提出了高等教育治理现代化的分析框架，为后五章的论述奠定了基础。第四章从治理结构层面论述高职院校治理结构现代化，从我国大学管理结构的历史演变、高职院校内部治理结构的现实困境、组织理论与实践借鉴、高职院校治理结构的构建路径四个方面以问题为导向，在学习借鉴的基础上提出治理结构现代化的路径。第五章从治理制度层面论述高职院校治理制度现代化，从高职院校治理制度的现实困境、高职院校内部制度建设经验借鉴、高职院校治理制度体系构建路径三个方面阐述制度建设层面的问题、借鉴与路径。第六章从治理方法层面论述高职院校治理方法现代化，围绕高职院校治理方法的现实困境、高职院校治理方法的理论借鉴，提出了高职院校治理方法的路径选择。第七章从治理保障层面论述高职院校治理保障现代化，围绕高职院校治理保障的现实困境，提出了高职院校治理保障现代化举措。第八章从治理评价层面论述高职院校治理评价现代化，围绕高职院校治理评价问题与借鉴，提出了高职院校治理评价改革举措。

本书在撰写过程中参考了大量国内外相关文献资料，并引用了众多专家学者的观点进行介绍和论述，在此深表谢意。同时也非常感谢东南大学出版社领导和编辑们，他们为本书的出版做了大量工作。

由于作者的学识和经验有限，书中难免有各种疏漏，敬请读者提出批评和建议，以便进一步修订。

孙建于苏州
2019 年 8 月

目 录
CONTENTS

第1章	治理概述	1
1.1	治理的由来	1
1.2	治理在国内外的研究与发展	6
1.3	治理的内涵、特征与适用性	12
1.4	治理相关的理论	17

第2章	高等职业教育治理	26
2.1	国内外高等教育治理	26
2.2	高职院校内部治理改革动因	33
2.3	高职院校内部治理改革的迫切性与可行性	37

第3章	高职院校内部治理体系现代化	42
3.1	治理体系现代化的概念、内涵与价值	42
3.2	治理体系现代化的目标与思路	48
3.3	治理体系现代化分析框架	53

第4章	高职院校内部治理结构现代化	62
4.1	我国大学管理结构的历史演变	62
4.2	高职院校内部治理结构的现实困境	66

4.3 组织理论与实践借鉴 70
4.4 高职院校内部治理结构的构建路径 82

第5章 高职院校内部治理制度现代化 100
5.1 高职院校内部治理制度的现实困境 100
5.2 高职院校内部制度建设经验借鉴 106
5.3 高职院校内部治理制度体系构建路径 121

第6章 高职院校内部治理方法现代化 132
6.1 高职院校内部治理方法的现实困境 132
6.2 高职院校内部治理方法的理论借鉴 137
6.3 高职院校内部治理方法路径选择 146

第7章 高职院校内部治理保障现代化 157
7.1 高职院校内部治理保障的现实困境 157
7.2 高职院校内部治理保障现代化举措 161

第8章 高职院校内部治理评价现代化 166
8.1 高职院校内部治理评价问题与借鉴 166
8.2 高职院校内部治理评价改革举措 169

参考文献 172

第1章 治理概述

治理理论是经济社会发展的产物,在奉行以市场为中心的发展模式中出现了市场失效的现象,在奉行以政府为中心的发展模式中出现了政府失灵的现象,西方专家学者们开始寻找一种方式来解决市场失效和政府失灵的现实问题,治理理论随之出现。治理理论倡导权力重新分配,权力由集权向广大利益相关者分配,强调由各利益主体通过协商的形式共同参与管理。国内外学者对治理进行了大量的研究和实践,取得了丰富的成果。治理理论被广泛应用于社会公共事务、现代企业管理以及院校管理等领域。我国在党的十八届三中全会中提出"国家治理体系和治理能力现代化"的命题,关于治理体系和治理能力现代化的研究随之在各个领域兴起,并在各个领域广泛实践,在理论和实践方面都取得了可喜的成效。

1.1 治理的由来

西方国家在经济学领域产生了三种具有时代代表性的理论,分别是经济自由主义理论、凯恩斯主义理论、新自由主义理论。三种理论是不同历史时期的产物,对经济社会的发展具有推动作用。自由资本主义时期,经济自由主义理论占主导地位,最终导致了市场失效;国家垄断资本主义时期,凯恩斯主义理论占主导地位,最终导致了政府失灵;20世纪70年代以来,各国政府针对政府失灵现象,掀起了一场政府管理改革运动,主要目的是削减政府职能,进行政府再造,构建企业型政府,并将企业家精神和市场机制引入公共事务的管理,使政府由"全能政府"和"无限政府"转变为"小政府"和"有限政府"。这次改革运动虽然在很大程度上拓宽了行政管理的视野,丰富了公共事务管理的手段和方法,但它毕竟是以市场主义为基础,过分强调市场机制和私人企业的作用,忽视了公共事务管理和私人部门管理的差别,在实践中已日益暴露出较大的局限性,再次产生诸多失效现象。因此,从20世纪90年代开始,面对市场失效和政府失灵,"愈来愈多的人热衷于以治理机制对付市场或国家政府协调的失败"①。

一、古典经济自由主义理论——市场失效

在自由资本主义时期,西方国家信奉亚当·斯密的经济自由主义(economic liberalism)理论,标志着古典经济学体系形成的《国富论》,实际上是论述经济发展和自由主义政策的著作,认为"管得最少的政府是最好的政府"。政府的职能被严格定位于保卫国家领土主权、防范个人和集体损害社会利益、保护私人财产和市场机制不受破坏,政府充当着"守夜人"的角色。

经济自由主义理论提倡市场机制,反对人为干涉经济,最初由法国路易十五的外交大臣达让逊提出,后来魁奈等人确认社会中存在着不以人的意志为转移的自然秩序支配社会发展的现象。亚当·斯密宣扬"一只看不见的手"的原理,对经济自由思想做了进一步的发挥。"经济自由"思想是斯密整个经济学说的中心,李嘉图也阐明过同样的思想。经济自由主义是在资本主义世界长期发挥重要作用的思想主张。

经济自由主义是一种支持个人财产和契约自由权利的意识形态。经济自由主义主张限制政府在经济事务中的操控,让市场机制发挥调节资源的作用。经济自由主义者并非无政府主义者,他们并非一概反对政府的作用,然而在绝大多数的案例中,他们的研究结果都表明,政府的干预过度了。

亚当·斯密认为:人类经济活动主要的动机,就是谋求个人的利益,使自己的需要得到满足。他用了这么一句话:"屠夫、酿酒商、面包师给我们提供食品,他不是出于仁慈,而是为了从我们这里得到回报。"每个人在经济生活中,通常并不会考虑他对社会利益起了多少促进作用,他盘算的是他自己的好处。在这种情况下,每个人追求个人利益的努力会被一只看不见的手牵着,去实现一种他原本无意要实现的目的,最终会促进社会利益。

亚当·斯密最著名的观点就是:看不见的手。他认为在市场经济中,个体间的自然交易将会创造出高效的资源分配模式,并有利于促进市场经济,创造出更高水平的收入。他认为分工是增进国民财富的根本原因,而促进分工和国民财富增长的动力则来自人对自身利益的追求,市场上"看不见的手"则是经济协调发展的机制。这个"看不见的手"就是今天的市场竞争机制,在斯密理论中占有重要地位,是他反对"重商主义"、主张自由放任的理论基础,也是古典经济学关于资源配置理论的根本前提。斯密在"经济人"和"看不见的手"的基础

---

① 杰索普,漆燕,1999.治理的兴起及其失败的风险:以经济发展为例的论述[J].国际社会科学杂志(中文版)(1):31-48.

上，提出了其自由放任的基本政策主张，他主张广泛的自由竞争，并且提出了一些具体的自由放任的经济政策。

经济自由思想的出现是建立在人们对资本主义经济关系与市场经济规律认识的不断深入的基础上。对资本主义市场与市场经济自行调节机制的认识使人们更清楚地看到，在资本主义时代，资本发展的正常的或最有利的条件就是竞争，只有在某种意义的自由竞争下，资本才有可能充分发展自身，才能保证在最有利的条件下不断获取最大利润，从而最快地积累起来。斯密继承了前人的研究成果，系统地论述了经济自由主义的理论和政策，成为经济自由主义最重要的代表。

17世纪末，资本主义生产方式渗入社会生活的方方面面，引起社会意识形态的根本性改变。在当时，逐渐成熟起来的产业资本要求给资本家以最大限度地在没有阻碍的市场中攫取利润的自由，经济自由主义便代表了这一历史发展的方向。17世纪末至19世纪60年代是竞争资本主义的黄金时代，也是经济自由主义无可争议的思想统治时期。斯密则是经济自由主义的开山鼻祖和杰出代表，他在经济学说史上第一次全面阐述了自由市场经济机制，包括"经济人"的假设、竞争性的市场机制、"看不见的手"的原理等。

古典经济自由主义在资本主义产生和迅速发展的历史条件下，具有一定的积极历史意义，主要表现在：一是古典经济自由主义产生于封建社会末期资本主义兴起之时，其反对封建专制和经济干预的主张具有推动社会进步的积极历史意义。二是古典经济自由主义从人的自然要求角度，反对人身行为和精神活动方面的外在制度束缚，也具有追求人的解放、反对宗教压抑的积极意义。三是古典经济自由主义相信人在本质上具有相互协调自身利益而形成社会秩序的智慧和能力。四是古典经济自由主义推动了资本主义生产力和经济社会的较快发展，其主张的自由市场秩序为资本主义社会发展提供了有力的经济基础和物质保证，也提供了文化发展的基础。

但是，古典经济自由主义的局限性也很明显：一是古典经济自由主义在促进资本主义经济社会发展的同时，也放任了社会收入分配的不公平，促进了"金钱至上"和"物质利益至上"观念的滋长与发展以及阶级分化和差距的扩大，并将这些视为正当合理的、不可避免的结果而予以接纳和维持。二是古典经济自由主义理论实践导致时间长短不一的周期性经济下跌或生产过剩的经济危机，甚至是像20世纪30年代那样的大规模深刻的经济萧条。经济危机出现的结果，不仅直接打击了资本主义经济运行本身，也造成了巨大的社会财富浪费。三是古典经济自由主义默认了原始资本主义的资产所有权现状，而不问其获取过程是否公平、合理[①]。

总之，经济自由主义理论推崇"看不见的手"的市场机制，最终导致了市场失效。

---

① 王志伟，2015.论经济自由主义的意义与局限[J].人民论坛·学术前沿(4):6-15.

二、凯恩斯主义理论——政府失灵

凯恩斯主义经济学或凯恩斯主义是根据凯恩斯1936年出版的著作《就业、利息和货币通论》而提出的经济理论,主张国家采用扩张性的经济政策,通过增加需求促进经济增长,即扩大政府开支,实行财政赤字,刺激经济,维持繁荣。

凯恩斯生活在自由放任的私人企业制度向私人垄断过渡时期的英国。当历史进入20世纪以后,作为自由放任的私人企业制度典范的英国,开始染上今天人们所说的"英国病"。第一次世界大战,是英国国运的转折点。由于大战中政府开支剧增,英国被迫中止实行多年的金本位制。在摆脱金锁链之后,通货出现迅速膨胀。大战之后,英国开始从殖民帝国、世界工厂的峰顶一步步衰退了下来。

1929—1933年的世界经济大危机是资本主义有史以来最严重的一次危机,宣告了"自由放任"的破产,出现了市场失效。与以往的历次危机相比,它有以下新特点:首先是持续时间长达5年,实际上造成了长期萧条的局面;而以往的危机,生产下降的持续时间不过几个月、十几个月。如何解释长期萧条的形成,便成为经济学面临的一大课题。其次,这次危机所造成的生产下降、失业增加,都是以往的危机所难以相比的。1932年,世界的工业生产比1920年下降1/3以上。在5年时间里,世界总失业人数由1 000万增加到3 000万,加上半失业人数共达4 000万至5 000万。其中美国失业人数由150万增加到1 300多万,失业率接近25%。这次危机使世界的工业生产倒退到1900—1908年的水平,英国甚至倒退到1897年的水平。而以往的经济危机通常只会使生产水平倒退一二年。最后,这场危机不仅仅是一场生产危机,而且也是一场金融危机。它的开端便是纽约股票市场于1929年10月行情暴跌,事后不少国家的股票交易宣告破产,美国的股票价格平均下跌了79%,有许多银行由于猛烈而持续地爆发挤提存款、抢购黄金的风潮而破产倒闭。更为严重的是,在以往的危机中时常采用的旨在摆脱危机的金融货币政策完全失灵。

20世纪30年代,凯恩斯发表了一系列关于国家权力和整体经济趋势的文章,凯恩斯主义在西方世界占了上风,要求国家全面干预社会生活和经济。国家干预一时成了解决一切问题的灵丹妙药。凯恩斯指出,税收是刺激需求的手段。产生经济危机和非自愿失业的原因是有效需求不足,即消费和投资不足。解决有效需求不足,不能靠市场经济的自发调节,而必须靠国家的干预,特别是财政税收的干预。他主张不应把年度财政收支平衡作为理财的基本原则,只要能够促成经济的平衡发展、增加就业和国民所得,国家可以用发行公债、实行赤字财政的办法刺激需求,增加政府投资,以弥补私人投资的不足。同时,国家必须用改变租税体系等办法,指导消费倾向,增加消费。凯恩斯认为,收入分配悬殊,会降低消费倾向。因为富人虽然收入很多,但他们只把一小部分用于消费,把大部分储蓄起来;而穷人会把新增收入的绝大部分用于消费,但他们的新增收入却很有限,这是一个矛盾。他主张用收入再分配的办法解决这个矛盾,即把富人收入的一部分用累进税的办法集中于国家手中,再通过政府转移支出的办法分配给穷人,或由政府兴办公共工程。这样既可解决由消费倾向过低造成的消费需求不足,也可增加政府投资,从而达到刺激需求,促使供求平衡和增加就业的目的。新剑桥学派更加强调发挥税收在缩小贫富差距、实现"收入均等化"方面的作用,主张实行高额遗产税和累进税制度,使高收入者多纳税,低收入者少纳税,并尽量使收入低的人享受税收减免。

凯恩斯主义及其税收思想在西方世界风行了半个多世纪,不少国家政府曾奉若神明。在生产相对过剩的历史条件下,凯恩斯主义及其税收思想对缓和生产与需求的矛盾、减轻经济危机的破坏程度以及对第二次世界大战后西方国家经济的发展,都起过积极作用。但国家对经济干预过多,过分强调刺激需求,税收负担重,政府开支大,规章制度烦琐,必然会影响投资和生产经营的积极性。进入20世纪60年代以后,西方国家的经济陷入滞胀状态,凯恩斯主义的税收理论和政策失灵,受到经济学界货币学派、供给学派的挑战。

20世纪二三十年代爆发的世界性经济危机以及凯恩斯主义的盛行,为政府全面干预经济和社会公共事务提供了空间。由于政府官员也是"经济人",他们通过追求规模的最大化,以此来增加自己升迁的机会并扩大自己的势力范围。这就必然导致政府职能无限扩张。政府对各种社会事务大包大揽,使得服务差、效率低,财政危机遍布全国。政府越来越失去公民的信任,出现了管理危机。许多问题出现不可治理性,导致了政府失灵。

三、新自由主义理论——探寻第三条道路

以20世纪70年代初期爆发的两次石油危机为导火线,整个世界陷入了滞胀的困境,凯恩斯主义政策束手无策。新自由主义者将这种危机归结为由国家干预过度、政府开支过大导致政府政策失灵所致。也正是在这种情况下,多年受冷落的新自由主义适应这一需要,伴随美国总统里根和英国首相撒切尔夫人的上台,在否定凯恩斯主义的声浪中,占据了美、英等国主流经济学地位。新自由主义的重要特征是把反对国家干预上升到了一个新的系统化和理论化高度,是对凯恩斯革命的反革命,也正是在这个意义上,西方学者又称新自由主义为新保守主义。

国内外学术界关于到底什么是新自由主义分歧很大,定义多种多样,诺姆·乔姆斯基在《新自由主义和全球秩序》中指出,新自由主义是在亚当·斯密古典自由主义思想基础上建立起来的一个新的理论体系,该理论体系强调以市场为导向,是一个包含一系列有关全球秩序的理论和思想体系,其完成形态则是"华盛顿共识"。其基本原则简单地说就是:贸易自由化、价格市场化和私有化。理论界关于新自由主义经济学具有以下共识:它是在继承古典自由主义经济理论的基础上,以反对和抵制凯恩斯主义为主要特征,适应经济全球化要求的理论思潮、思想体系和政策主张。新自由主义与古典自由主义经济理论既有联系又有区别,并且通过对凯恩斯革命的反革命而著称于世;"华盛顿共识"的形成与推行,则是新自由主义从学术理论嬗变为经济范式和政治性纲领的主要标志。

新自由主义继承了古典自由主义经济理论,提倡自由化、私有化、市场化和全球化。其基本特征是:一是私有化的所有制改革观,主张应把公有资产出售给私人,私有制是人们能够以个人的身份来决定自己要做的事情。二是多要素创造价值的分配观,认为贫富两极分化是高效率的前提和正常现象。三是反对过多的国家干预,国家的作用限于"守夜人",反对凯恩斯主义的国家干预政策。四是主张一切产业都无须保护,应实行外向型的出口导向战略。

进入20世纪90年代之后,国际政治经济形势发生了重大变化。苏联、东欧社会主义国家解体,世界经济全球化,东亚经济经过几十年的努力取得了飞速增长,这些都使得新自由主义经济思潮受到极大的鼓舞,并逐步巩固了它在经济理论中的统治地位。自此,新自由主义开始由理论、学术而政治化、国家意识形态化、范式化,成为美英推行全球一体化理论体系的重要组成部分。其标志性事件是1990年由美国国际经济研究所牵头,有国际货币基金组织、世界银行和美国财政部及拉美国家、其他地区部分学术机构代表参加,并最终达成包括10项政策工具的"华盛顿共识"。新自由主义的华盛顿共识指的是以市场经济为导向的一系列理论,由美国政府及其控制的国际经济组织所制定,并由它们通过各种方式实施。

综上,从近代到当代,从古典自由市场经济到现代市场经济,公共管理经历了从干预模式到市场模式的演变,政府的角色也在不断地变化,经历了:看不见的手——"守夜人"角色(自由资本主义时期)、看得见的手——"万能"政府(20世纪二三十年代开始)、重塑政府(20世纪70年代以后)、寻找"第三条道路"。之所以寻找"中间道路"或"第三条道路",是因为以政府为中心的发展模式和以市场为中心的发展模式都被证明不能有效地解决发展问题,鉴于市场失效与国家失灵,越来越多的人热衷于以治理机制对付市场和政府协调的失败。治理理论是全球化、市场失效与政府失灵以及公民社会崛起的产物,主要流行于政治、经济与社会管理领域。治理的主要特征在于"不再是监督,而是合同包工;不再是中央集权,而是权力分散;不再是由国家进行再分配,而是国家只负责管理;不再是行政部门的管理,而是根据市场原则的管理;不再是由国家'指导',而是由国家和私营部门合作"。所以,治理的核心在于权力的转移与重新分配,强调各类主体间的协商谈判、合作共治、相互依存[①]。

1.2 治理在国内外的研究与发展

英语中的"治理(governance)"可以追溯到古典拉丁语和希腊语中的"操舵(steering)"一词,原意主要指控制、指导和操纵(pilot or helmsman)。长期以来,它与统治一词交叉使用,

---

① 成立,2013.高校教师职务聘任制改革——基于大学治理理论的视角[J].教育界(3):16-17.

并主要用于与国家的公共事务相关的管理活动和政治活动中①。

一、治理理论在国外的研究与发展

20世纪后期,西方国家经历了"市场失效"和"政府失灵"后,人们开始探寻第三条路,逐步认识到非政府组织和公民群体对弥补市场机制弊端和政府功能失效的重要作用。在此背景下,治理理论作为一种既重视发挥政府功能,又重视社会组织相互合作、共同管理的方式和理念,正式登上历史舞台。

"治理(governance)"一词是20世纪80年代末由世界银行首先使用。1989年,世界银行在概括当时非洲的情形时,首次使用了"治理危机"一词,此后"治理"便广泛用于政治发展研究中,特别是被用来描述后殖民地和发展中国家的政治状况。

在西方,首先研究"治理"的是国际金融机构、全球治理委员会以及公共管理研究机构。罗西瑙的《没有政府的治理:世界政治中的秩序与变革》和《21世纪的治理》、罗茨的《新的治理》、斯托克的《作为理论的治理:五个论点》等都对治理做了系统的理论研究。在此之后,公共治理理论以其独特的理论创新和价值追求成为多门社会学科的研究热点,被广泛运用于政治学、管理学、行政学、社会学等多个学科领域,并成为至今社会科学研究的前沿性问题。

詹姆斯·N.罗西瑙是治理理论的主要创始人之一。他认为:治理是一系列管理活动领域里的管理机制,它们虽未得到正式授权,却能有效地发挥作用。与统治不同,治理指的是一种有共同目标支持的活动,这些管理活动的主体未必是政府,也无须依靠国家的强制力来实现②。罗西瑙认为,尽管治理与政府统治两者都涉及目的性行为、目标导向的活动和规则体系的含义,但政府统治意味着由正式权力和警察力量支持的活动,以保证其制定的政策能够得到执行。治理则是由共同的目标所支持,这个目标未必出自合法的以及规定的职责,而且它也不一定需要依靠强制力量克服挑战而使别人服从③。由此可知,与统治相比,治理是一种内涵更为丰富的概念。它的内涵包括:① 治理的主体不限于社会公共机构,它还可以是私人机构以及私人机构和公共机构的合作机构;统治主体是以政府为核心的社会公共机构。② 治理是基于共同目标的各行为主体间的互动过程;统治是政府管理目标的导向过程。③ 治理的核心机制是信任、合作,权力运行向度是多元的、相互的;而统治是以行政命令为核心机制,权力运行总是自上而下。④ 治理是组织网络,这个网络没有一个中心,而是以多中心为特征,实行自我管理;统治的结构是等级制。综上所述,西方治理概念涉及的最核心的问题就是权力多中心化,由此引发主体多元化、结构网络化、过程互动化和方式协调化的诉求。

罗伯特·罗茨,英国地方治理指导委员会的发起人之一,从不同视角列举了六种不同治

---

① 俞可平,2000.治理与善治[M].北京:社会科学文献出版社.
② 罗西瑙,2001.没有政府的治理:世界政治中的秩序与变革[M].南昌:江西人民出版社:5.
③ 罗西瑙,2001.没有政府的治理:世界政治中的秩序与变革[M].南昌:江西人民出版社:4-5.

理模式下治理的定义：① 作为最小国家的管理活动的治理，它是指国家削减公共开支，以最小的成本取得最大的效益。② 作为公司治理的治理，它是指指导、控制和监督企业运行的组织体制。③ 作为新公共管理的治理，它指的是将市场的激励机制和私人部门的管理手段列入政府的公共服务。④ 作为善治的治理，它指的是强调效率、法治、责任的公共服务体系。⑤ 作为社会—控制体系的治理，它指的是政府与民间、公共部门与私人部门之间的合作互动。⑥ 作为自组织网络的治理，它指的是建立在信任与互利基础上的社会线条网络。他不仅通过这六个相对独立的视角理解和使用"治理"概念，而且通过对支撑人类社会的三大制度体系（政府、市场和治理模式）的比较，提出了他所认为的治理特征①。

表1-1　罗茨关于治理网络模式与市场模式和政府科层模式的特征比较②

特征	市场模式	政府科层模式	治理网络模式
基本关系	契约和财产权	雇佣关系	资源交换
依赖性程度	独立	依赖	相互依赖
交换媒介	价格	权威	信任
冲突解决和协调的方式	讨价还价和法院	规则和命令	外交式斡旋
文化	竞争	从属与服从	交互作用

格里·斯托克仅从政府管理模式论述了治理的定义：① 治理意味着一系列来自政府但又不仅限于政府的社会公共机构和行为者。② 治理意味着在为社会和经济问题寻求解决方案的过程中存在着界线和责任方面的模糊性。③ 治理理论明确肯定了在涉及集体行为的各个社会公共机构之间存在着权力依赖。④ 治理意味着参与者最终形成一个自主的网络。⑤ 治理意味着办好事情的能力并不仅限于政府的权力，不限于政府发号施令或运用权威③。

库伊曼(Jan Kooiman)将治理划分为12种类型，即最小化治理、公司治理、新公共管理、善治、社会动态系统治理、自组织网络、政府作为掌舵角色、全球治理、经济或经济部门治理、治理与治理意识、多层次治理、参与治理④。库伊曼还提出了治理的三个要素，即治理形象、治理工具和治理行为；治理分类模式，即自治理、合作治理和官僚式治理；治理的秩序，即第一层秩序的问题和机遇治理、第二层秩序的制度机构治理和第三层秩序的元治理。

全球治理委员会对治理的定义具有很大的代表性和权威性，该委员会于1995年发表了题为《天涯成比邻》(Our Global Neighborhood)的研究报告，对治理做出了如下界定：治理是

---

① 罗茨，2000. 新的治理[M]//俞可平. 治理与善治. 北京：社会科学文献出版社：86-96.
② Gerry Stoker, 1999. The new management of British local governance[M]. London: Palgrave Macmillan.
③ 斯托克，2000. 作为理论的治理：五个论点[M]//俞可平. 治理与善治. 北京：社会科学文献出版社：34-47.
④ Jan kooiman, 1993. Modern governance: new government-society interactions[M]. London: SAGE Publications Ltd: 35-48.

各种公共的或私人的个人和机构管理其共同事务的诸多方式的总和。它是使相互冲突的或不同的利益得以调和并且采取联合行动的持续的过程,既包括有权迫使人们服从的正式制度和规则,也包括各种人们同意或以为符合其利益的非正式的制度安排[1]。

世界银行对治理的定义是:为了发展一个国家的经济和社会资源,在管理中权力行使的方式[2]。但到1996年,世界银行开始使用"good governance(善治)"来代替"governance",认为并非所有治理都是良好的,有必要使治理概念向"善治"转变。善治的本质特征就在于它是政治与公民对公共生活的合作管理,是政治国家与公民社会的一种新颖关系,是两者的最佳状态。善治实际上是国家权力向社会回归,善治的过程是一个还政于民的过程[3]。

表1-2 西方主要代表学者的主要理论倾向

主要代表学者	主要观点
詹姆斯·N.罗西瑙[4]	治理指的是一种有共同目标支持的活动,这些管理活动的主体未必是政府,也无须依靠国家的强制力量来实现。治理既包括政府机制,也包括非正式、非政府的机制
格里·斯托克[5]	治理意味着一系列来自政府但又不仅限于政府的社会公共机构和行为者,现代社会国家正在把原先由它独自承担的责任转移给各种私人部门和公民自愿性团体。治理意味着参与者最终将形成一个自主的网络,在某个特定的领域中拥有发号施令的权威,它与政府进行合作,分担政府的行政管理责任
罗伯特·罗茨[6]	治理标志着政府管理含义的变化,指的是一种新的管理过程,或者一种改变了的有序统治状态,或者一种新的管理社会的方式。治理意味着将市场的激励机制和私人部门的管理手段引入政府的公共服务,政府与民间、公共部门与私人部门之间在信任与互利基础上建立起的社会协调网络
埃莉诺·奥斯特罗姆[7]	公共资源的治理在政府与市场之外存在第三条路径,即相互依赖的个体有可能将自己组织起来,进行自主治理,从而能在所有人都面对搭便车、规避责任或其他机会主义行为诱惑的情况下,取得持续的共同收益。多中心治理意味着政府、市场的共同参与和多种治理手段的应用,这些应用能发挥更为有效的对公共资源的配置作用

---

[1] The Commission on Global Governance, 1995. Our global neighbourhood[M]. Oxford: Oxford University Press: 23.
[2] World Bank, 1991. Managing development: the governance dimension[M]. Washington D.C.: World Bank: 1.
[3] 俞可平, 2000. 治理与善治[M]. 北京: 社会科学文献出版社.
[4] 罗西瑙, 2001. 没有政府的治理: 世界政治中的秩序与变革[M]. 南昌: 江西人民出版社.
[5] 斯托克, 华夏风, 1999. 作为理论的治理: 五个论点[J]. 国际社会科学杂志(中文版)(1): 19-28.
[6] 罗茨, 2000. 新的治理[M]//俞可平. 治理与善治. 北京: 社会科学文献出版社: 86-96.
[7] 奥斯特罗姆, 2000. 公共事务的治理之道: 集体行动制度的演进[M]. 上海: 上海三联书店.

表1-3 全球治理理论相关派别与立场观点[①]

特征	国家中心维持现状派	新自由制度改良派	全球市民社会改革现状派
代表观点	罗西瑙、星野昭吉的全球政治学及其"维持现状与变革现状理论"	奥兰·扬的新自由主义国际机制论的全球治理理念	"全球治理委员会"的全球治理理念;全球市民社会理论
基本价值选择	国际利益至上、价值认同的一致与统一	权利与义务的一致、协议与共同责任基础上的价值认同	价值平等、自由、社会公正、普世公益
治理的行为主体	国家、人民、市场经济	市民社会、具有实效性的国家、国际机制与跨国经济组织	自地方到全球的多层治理自治体与人民
政策选择	国家统治能力的强化(必要的条件下)、国际政治中的权力政治	国际自由贸易、国际治理体制的建构、全球公益的稳定提供	变革以往全球不平等的秩序、彻底改造国家中心的国际体系
全球社会理想形态	民族国家能力的强化,以实际有效的地缘政治来维持世界秩序	以政府间协调机制为中心,建构民主、多元的全球治理	实行多层次的民主治理,自下而上地在全球各层面建构公益不断增长的全球市民社会

综上,西方的治理理论是社会发展的产物。在不断探寻社会治道的道路上,专家学者和相关机构从不同的层面、不同的视角丰富了治理的内涵,从理论和实践层面为治理理论的发展和实践的应用积累丰富的经验。

二、治理理论在我国的研究与发展

我国治理理论的脉络与西方社会治理理论的发展脉络是一致的,并且我国学者在解决理论本土化的过程中形成了属于自己的思考。

国内最早介绍"治理"或者"治道"的文章,可能是1995年发表于"公共论丛"第一辑《市场逻辑与国家观念》上署名智贤的论文——《GOVERNANCE:现代"治道"新概念》。中国人民大学的毛寿龙教授大量引入了西方著名学者的有关治理的理论著作和学术成果,在他组织编写的"制度分析与公共政策"丛书中就包括了奥斯特罗姆夫妇的多篇学术论文,同时也在1998年出版的《西方政府的治道变革》一书中介绍了西方发达国家政府改革的新范式,他有关治理理论的研究也重在介绍有关"治理"的基本内涵,尚处于理论的引入阶段。

北京大学著名教授俞可平在《治理与善治》一书中前几章节引入了若干西方著名学者有关治理理论的学术论文,但不同于毛寿龙教授的是俞可平教授开始结合中国的情况探讨治理的有关问题,他在"中国公民社会的兴起与治理的变迁"一章中分析了治理和善治的兴起

---

① 刘小林,2007.全球治理理论的价值观研究[J].世界经济与政治论坛(3):107-112.

基础、本质和实现方式,并指出中国改革开放以后随着国家对社会管控的放松,民间组织或社会组织或公民组织有所发展,在日渐成熟化之后开始对政治进程产生不可忽视的影响。这些组织被学者统称为"第三部门",而这一社会力量正是实现善治的基础。俞可平教授还详细论述了社会组织如何对治理产生作用,指出随着社会主义市场经济发展的深入,善治必将实现。

"治理"随即成为国内学术界的一门"显学"。众多中国学者对它寄予了厚望,孙柏瑛(2004)[①]在《当代地方治理:面向21世纪的挑战》一书中,在研究西方治理理论在我国实施的可能性和约束条件的基础上,论述了西方发达国家地方政府自治运动兴起的背景以及理论渊源、内涵及推进我国地方政府治理的参考性建议。楚明锟(2011)[②]教授在《公共管理导论》一书中对新公共管理诸如过度强调管理等价值取向做出了反思,他主张在充分重视民主、公民权和为公共利益服务的基础上的新公共服务应该成为一个新的有效的政府治理模式,并以英国整体性治理为例,论述了治理理论在我国的可行性。黄德发(2005)[③]教授在《政府治理范式的制度选择》一书中认为,在我国处于社会转型的过程中,就强调技术对经济的促进作用而言,他更认可制度建设对经济和善治的促进作用,因此他认为大胆采纳治理范式是改善我国政府、市场和社会三者关系的制度选择,但他也指出了治理责任和如何纠正治理失败等问题有待于进一步解决。黄健荣等(2005)[④]在《公共管理新论》一书中指出治理与市场和政府一样也存在失灵的可能性,这就要求通过提升社会资本的力量,实施善治以弥补治理失灵。我国首先要研究新公共管理可行的模式、公共管理与政治文明以及公共管理与宪政的关系,进而再推动我国政府的改革,建立以人为本的服务型政府,这对我国治理理念的发展具有重要的现实意义。但他也提出要注意新公共管理运动的主要价值取向,避免沦为纯粹管理学和经济学。李明强和贺艳芳(2010)[⑤]教授在《地方政府治理新论》一书中,在论述治理理论的同时也阐述了地方政府改革和治理理论的逻辑关系。随着我国改革开放的深入,我国政府在扩大基层民主、政企分开、建设政治文明、培养公民社会等领域不断取得新成就,成为我国地方政府实现治理的新资本,在书中他们也建议我国地方政府改革新思路应以政府为主导,以公共风险为向导,以实现公共利益为价值取向。麻宝斌(2012)[⑥]教授在《社会正义与政府治理:在理想与现实之间》一书中围绕"正义与政府"这一主线在政治价值层面(社会正义、政治制度正义、公共利益、公平与效率关系等)、行政改革层面(行政改革的理性反思与困境、地方政府理念变革、行政审批改革等)、政府治理层面(府际关系、政府与社会关系、中美地方治理比较及多种治理模式等)提出了诸多值得思考的问题,丰富了我国政府治理理论

---

① 孙柏瑛,2004.当代地方治理:面向21世纪的挑战[M].北京:中国人民大学出版社:89-130.
② 楚明锟,2011.公共管理导论[M].武汉:华中科技大学出版社:128-135.
③ 黄德发,2005.政府治理范式的制度选择[M].广州:广东人民出版社:156-162.
④ 黄健荣,2005.公共管理新论[M].北京:社会科学文献出版社:92-153.
⑤ 李明强,贺艳芳,2010.地方政府治理新论[M].武汉:武汉大学出版社:132-151.
⑥ 麻宝斌,2012.社会正义与政府治理:在理想与现实之间[M].北京:社会科学文献出版社:62-160.

成果。而且麻宝斌(2013)①在《公共治理理论与实践》一书中更是直接从治理主体、治理对象、治理方式和治理效果四个维度首先介绍了中西方治理理论与实践情况,后又从中国与西方、静态与动态、历史与未来等方面介绍了全球治理、国家治理、区域治理、地方治理、社区治理、组织治理、电子治理共享型领导等诸多模式治理内容,旨在努力完成治理的"中国化"。

同时,另有一些研究者对治理理论的中国适用性抱有怀疑的态度。2001年,在《中国行政管理》第9期《中国离"善治"有多远——"治理与善治"学术笔谈》中,多位作者对治理理论的中国适用性表示了慎重的态度。《理论文萃》2003年第3期以"反思与超越——解读中国语境下的治理理论"为总标题的一组文章,也表达了这种怀疑。其中,臧志军(2003)②指出:"'治理'离不开两个前提:一是成熟的多元管理主体的存在以及它们之间的伙伴关系;二是民主、协作和妥协的精神。"刘建军(2003)也认为"在中国现代政治还没有完全成型之前,对国家权力回归社会的过分呼唤,会使中国重新掉入政治浪漫主义的陷阱"。李春成(2003)③认为,我们有意无意地赋予了治理以"进步"改革的光环,再加上我们把政府当作了治理的主持者,以及我们对治理寄予的殷切希望,我们往往将治理理想化为一件完美的事情,而忽视对自主治理机制在中国推广的可行性条件以及治理风险问题的讨论。在这些怀疑论者看来,不顾中国的社会传统和政治文化,将西方治理理论直接"移植"于中国,会导致政治和行政发展中的根本性错误。

综上,随着西方治理理论的引入和社会的发展变革,对治理理论的研究和应用越来越广泛,在百家争鸣中丰富了治理的内涵和本土化应用的外延。

1.3 治理的内涵、特征与适用性

治理理论是当今国际学术界最热门的前沿理论问题之一,被广泛应用到各个领域,如地方治理、大学治理、公司治理、国家治理、全球治理等。通过许多国家在政治、行政和公共管理等方面改革的实践,治理理论不仅拥有较为完善的理论框架和逻辑体系,还形成了一套评估社会发展和管理优劣的价值标准。"更少的统治,更多的治理(Less Government,More Governance)"已成为当前一些国家政府管理改革和发展的口号。正如时任联合国社会发展研究所副主任阿尔坎塔拉指出的:"今天的国际多边、双边机构和学术团体以及民间志愿组织关于发展问题的出版物很难有不以它(治理)为常用词汇的。④

---

① 麻宝斌,2013.公共治理理论与实践[M].北京:社会科学文献出版社:81-171.
② 臧志军,2003.治理:乌托邦还是现实?[J].探索与争鸣(3):9.
③ 李春成,2003.治理:社会自主治理还是政府治理?[J].探索与争鸣(3):11.
④ 阿尔坎塔拉,黄语生,1999."治理"概念的运用与滥用[J].国际社会科学杂志(中文版)(1):105-113.

一、治理的内涵

治理理论作为一种治道变革模式,实质在于权力的转移与重新分配。治理是相对于统治提出的主张,两者有着深厚的历史渊源和广泛的联系。统治(government),又被译作政府,是指国家及其执行机构政府基于社会统治和管理需要而实施的具有权威性的专门的公共管理活动。统治模式下的公共行政管理,则是政府机构对国家和社会公共事务的垄断性和强制性的管理。而治理作为统治的发展和替代,与统治之间有着很大的区别,主要表现为:第一,治理理论认为政府并不是国家唯一的权力中心,各种机构(包括社会的、私人的)只要得到公众的认可,就可以成为社会权力的中心。因此,治理意味着来自政府但又不限于政府的社会公共机构的共同参与。第二,在强调国家与社会合作的过程中,治理模糊了公私机构之间的界限和责任,不再坚持国家职能的专属性和排他性,而是强调国家与社会组织间的相互依赖关系。第三,治理强调被管理对象的参与,希望在管理系统内形成一个自组织网络,加强系统内部的组织性和自主性。第四,政府在完成社会职能的手段和方法方面,除了采用原来的手段之外,还有责任采用新的方法和措施,以不断地提高管理的效率[①]。第五,两者的追求目标和评价标准不同。与统治相联系的理想模式为建立在传统的社会统治结构和韦伯式官僚体制之上的"善政",构成要素包括严明的法度、清廉的官员、高效的行政、良好的服务。而治理的概念已经超出了传统的统治范畴,它强调政府与公民对公共生活的合作管理,是政治国家与市民社会的一种新型关系。这种善治的构成要素被归纳为七个方面:合法性(legitimacy)、透明性(transparency)、责任性(accountability)、法治(rule of law)、回应(responsiveness)、有效(effectiveness)和稳定(stability)[②]。很显然,"善治"比"善政"拥有更多的民主要素和灵活要素,对公民的权利和地位也给予了更多重视。

治理理论主要有以下主张:① 公共管理的行动者应由包括政府在内的众多机构和个人组成。政府不应天然垄断公共事物的管理权。事实上,在某些领域,非政府组织和个人甚至比政府拥有更大的优势。② 在实践上,政府并不是公共管理的单一中心,众多机构和个人以自己的方式参与了公共管理。③ 所谓公与私、政府与社会、政府与市场的界限实际上相当模糊。现实中存在着一种公共责任从政府转移到非政府组织和个人的趋势,理应将那些由法律和体制所规定的部分政府责任交由非政府组织和个人来承担。④ 政府与社会组织、个人之间存在着权力依赖和互动的伙伴关系。政府在治理中的主要责任,不再是直接生产和提供公共物品和服务,而是制定与其他社会单元合作的规则并执行规则,与社会组织和个人之间结成长久的伙伴关系。⑤ 政府要实行分权化改革,将权力充分授予下级、非政府组织乃至企业、个人,以充分发挥其治理的积极性。根据上述理论,治理就是对政府全面控制

[①] 胡仙芝,2001. 治理理论与行政改革[J]. 中国行政管理(1):43-45.
[②] 俞可平,李景鹏,毛寿龙,等,2001. 中国离"善治"有多远——"治理与善治"学术笔谈[J]. 中国行政管理(9):15-21.

社会、垄断一切公共服务的管理方式的挑战。它要求政府下放权力,收缩控制范围,将不该管也管不好的事情让位于社会和个人,同时呼吁社会团体、公共机构、私人机构、各种协会、个人积极参与社会公共事务的管理,并且成为公共管理的重要权威和主体,以形成国家、社会共同管理公共事务和提供公共服务的模式①。

二、治理的特征

治理不是一整套规则,也不是一种活动,而是一个过程;治理过程的基础不是控制,而是协调;治理既涉及公共部门,也包括私人部门;治理不是一种正式的制度,而是持续的互动。治理主要体现为以下四个特征:

1. 职能主体多元化。来自不同领域、不同层级的公私行为主体,如个人、组织、公私机构、权力机关、非权力机构、社会、市场等,相互之间存在着权力依赖和互动的伙伴关系,并构成复杂的治理网络结构。

2. 统治权威分散化。政府已不再享有唯一的、独占性的统治权威,在某些领域,非政府组织比政府拥有更大优势。

3. 治理方式多维化。既实行正式的强制管理,又有行为主体之间的民主协商、谈判妥协;既采取正统的法规制度,也承认非正式的措施、约束的作用。政府在治理中的主要责任不再是直接生产和提供公共产品和服务,而是制定与其他社会单元合作生产、提供公共产品和服务的规则并执行规则。

4. 治理目的同一性。各行为主体在互信、互利、相互依存基础上进行持续不断的协调谈判,参与合作,求同存异,化解冲突与矛盾,维持社会秩序,在满足各参与行为主体利益的同时,最终实现社会发展和公共利益的最大化。

三、治理主体间关系的变化

从管理的角度看,主体包括管理者和被管理者。以社会管理为例,管理者即政府,被管理者即市民社会。而从治理的角度看,政府不再是大包大揽的唯一者,市民社会也不是绝对的被管理者,治理主体间的关系发生了如下变化:

1. 政府的角色由"前辈"变成"长者"。政府在治理体系中不再是一元权力的中心,也不再是绝对权威的拥有者。库伊曼和弗利埃特把政府在治理中的任务概括为构建(解构)与协调;施加影响和规定取向;整合与管理。由此推导,政府的角色可以界定为社会系统整体性的保障者和互动行为的主要组织者。既然政府不具有比其他组织更高的权威,那么它凭借什么来维护社会秩序和平息冲突呢?这得从政府的特殊身份说起。政府尽管是治理体系中普通的一员,但它仍具有一些其他成员不具备的优势。它拥有相对垄断性质的组织智慧与信息资源,对经济资源、政治资源(法

---

① 张璋,2002.20世纪80年代以来的全球行政改革:背景、理论、举措与经验[J].北京行政学院学报(4):31-36.

律)的控制和强制,足以使政府在自组织内部冲突时,为了系统整合的利益和社会凝聚的利益贡献自己独有的资源,提供基本的规则和秩序。另外,自组织相对个人而言,有一种基本的理性,即为了组织的长远利益不会忽视它们所属的更大系统的利益,这就为它们之间相互冲突时服从政府提供了可能性。由此可知,政府虽然不再是统治时期的"长辈",但它在治理中可以成为"长者"①。

2. 市民社会中的自治组织从"边缘人"变成"中心人"。"政府作为公共权力的载体,长久以来在公共事务治理领域中扮演主要角色,而非政府组织则在它诞生后的大部分时间里,一直处于暗淡的潮起潮落之中,颠沛于社会的边缘。"②治理为自组织[在全球市民社会构成要素中最为活跃的就是国际非政府组织(INGO)]从"边缘"走向"中心"提供了制度平台,自组织作为一系列非正式而相对稳定的群体,拥有自主权,实行自主管理,对组织负责,并且在特定领域有发号施令的权威。它们占有为达到互利结果所必需的同时又是分散控制的独立资源,在信任的基础上,与治理网络中其他参与者相互协商,交换资源,达成共同目标。正是由于这些组织间相互依赖、分散,对政府权威的限制以及自身不断增强的责任,才使治理成为可能。因而,从某种程度而言,市民社会是否从"边缘"走向"中心"决定了治理在现实中成败的命运。

四、治理理论的适用性述评

治理理论作为西方社会发展的产物,在我国得到专家学者和研究机构的推介和应用,对推动我国政治社会的改革与发展具有积极作用。但治理理论产生的"土壤"与我国的国情具有一定的差异性,将治理理论应用于我国,需要在关切国情的基础上逐步推广和应用。

(一) 西方治理理论的积极意义

治理的合理性来自对话、谈判,达成共识,建立互信。从根本上说,它是一种真正的公共理性。这种理性的求证方式必然有别于市场和政府。市场的逻辑是无为而治地解决问题;政府是借助自上而下发布命令来解决问题。而治理的逻辑是一种典型的谈判逻辑,谈判者在谈判中通过沟通增进理解,提高各自的合理性。这种"国家—市场—市民社会"框架下的普通合理性的研究范式可以分解为以下几点①:① 它不从任何形式的先定假设出发,而是从人们的实践出发,在经验唯理的基础上,求证人民可能或实际已经共享某些权威、责任;② 从经验出发,也就是承认各行为主体的差异性,是在差异中求认同的普遍合理性,所以它没有一个普遍适用的标准;③ 合作本身是一个求同存异、取得共识的过程,但并不因此排斥分歧;④ 互动的普遍合理性论证过程,永远是一个开放的探究过程,用斯托克的话来说就是"适应、学习和试验"的过程。

---

① 陈琼,曾保根,2004. 对当代西方治理理论的解读[J]. 行政论坛(5):90-91.
② 费尔南多,赫斯顿,2000. 国家、市场和公民社会之间的非政府组织[M]//何增科. 公民社会与第三部门. 北京:社会科学文献出版社:270-287.

西方治理理论的可取之处在于:第一,限制政府干预的范围;第二,适当地向社会分权;第三,通过市场提供公共服务;第四,在行政机构内引入竞争机制;第五,明确治理主体的责任,使他们对自己的行为负责;第六,政府要与政府之外的机构和个人进行互动和沟通;第七,更为重要的是,重视公共价值或社会价值,并把弱势群体和下层人民的利益放在首位,要在治理过程中充分考虑他们的利益。

西方理论对中国社会的积极意义在于:第一,治理是对中国社会各主体平等参与社会治理的积极倡导。治理的实质是对社会各方互相尊重的伦理关切,是使得政府、企业、公民社会能够实现平等交往的实践。改革开放40年,地方政府的自治权有所扩大,企业管理也有了较大的自主权,民间组织蓬勃兴起,新闻媒体也有了广泛话语权,各种相应的法律规则在不断建立和健全,这为多中心治理提供了环境条件和体制条件。第二,治理理论是对中国国家与社会关系的新阐释。治理作为一种新型的国家与市民社会关系,它使得国家和市民社会之间达成相互协作的良性互动关系成为可能,二者在相互监督、相互合作中既能克服政府失灵的现象,又能弥补市民社会的不足。第三,治理理论为中国地方治理经验的拓展提供了借鉴。在我国,一些地方的非政府组织(NGO)的发展见证了中国公民社会和地方治理的合作与相互促进,体现了地方治理新的发展方式和地方治理的现代化转型。一些地方政府管理的创新使作为工具的地方治理取得局部的良好效果。

(二)治理理论的适应性商榷

虽然治理理论在今天也发展得相对成熟了,但是源起西方的治理理论毕竟与我国政治文化是有差异的。尽管我国学者在引进治理理论的同时注重解决本土化问题,也取得了属于我国治理理论领域的丰富的学术成果,但是在欢呼的过程中,也有学者持着谨慎的态度,他们认为必须对治理理论背后的意识形态倾向保持高度警惕,在研究治理理论的过程中应该注意选择侧重点,同时在治理实践中也不能盲目照搬西方的治理理论。

治理作为一种新的调控理念既不具备政府的政治强制能力,也不具备市场对社会资源的自发配置能力,因此,作为新兴的治理理论客观上也存在着失效的可能。杰索普认为:"治理的关键在于各方面对于共同目标的达成,若其对于目标存在争议而无法通过协调加以解决,则会出现治理失败。"[①]我国学者俞可平也提出,在社会资源配置中,不仅存在国家的失灵和市场的失效,也存在治理失效的可能[②]。

治理虽然可以弥补国家和市场在调控和协调过程中的某些不足,但也不可能是万能的,它不能代替国家而享有合法的政治暴力,它也不可能代替市场而自发地对大多数资源进行有效的配置。事实上,有效的治理必须建立在国家和市场的基础之上,它是对国家和市场手

---

① 杰索普,漆蕪,1999.治理的兴起及其失败的风险:以经济发展为例的论述[J].国际社会科学杂志(中文版)(1):31-48.

② 俞可平,2000.治理与善治[M].北京:社会科学文献出版社.

段的补充。在社会资源配置中不仅存在国家的失灵和市场的失效,也存在着治理的失效。针对如何克服治理失效的问题,"元治理""有效的治理"等应对措施被提出。"元治理"是西方学者为寻求解决治理理论失效所用的词汇,而充当元治理角色的仍然是政府,元治理是治理理论重视政府在社会公共管理网络中的重要功能的另外一种表述①。"有效的治理"即"善治"为学者及相关组织所认同,成为治理所追求的终极政治理想,即实行治理的最终目标是实现善治。罗伯特·罗茨指出:"善治就是使公共利益最大化的社会管理过程。其本质特征在于它是政府与公民对公共生活的合作管理,是政治国家与公民社会的一种新型关系,是两者之间的最佳结合状态。它具有合法性、透明性、责任性、有效性、参与、稳定、廉洁、公正等十个方面的基本内容。"②

1.4 治理相关的理论

治理是在一定的理论基础上不断发展和完善的。在治理理论发展的过程中,它不断借鉴了相关理论,主要包括多中心治理理论、委托代理理论、利益相关者理论、法人治理理论、协商治理理论等。

一、多中心治理

(一) 多中心治理的概述

"多中心(polycentricity)"概念,最早是由迈克尔·博兰尼 1951 年在《自由的逻辑》(*The Logic of Liberty*)一书中提出。博兰尼区分了社会的两种秩序:一是指挥的秩序,二是多中心的秩序。他认为,自由社会的特征是公共自由的范围——由此个人主义可以实现其社会功能——而不是社会上无效的个人自由之程度。反之,极权主义并不欲毁灭私人自由,而是拒绝所有对公共自由正当的辩护。在极权主义观念当中,独立的个人行动绝不会履行社会职能,而只能满足私人欲望③。他引进"多中心"一词是为了证明自发秩序的合理性以及阐明社会管理可能性的限度。"多中心"只是博兰尼描述他所发现社会秩序的特征的一个词语,而经过奥斯特罗姆等人的阐述和发展,"多中心"一词已成为一种思维方式和理论框架,更成为公共物品的生产与公共事务的治理模式之一。他们通过对局部公共事务(如警察服务、池塘资源管理)治理的自组织机制,以及公共经济生产与消费属性的多年实证研究,运用制度

---

① 赵景来,2002. 关于治理理论若干问题讨论综述[J]. 世界经济与政治(3):75-81.
② 罗茨,2000. 新的治理[M]//俞可平. 治理与善治. 北京:社会科学文献出版社:86-96.
③ 博兰尼,2002. 自由的逻辑[M]. 冯银江,李雪茹,译. 长春:吉林人民出版社.

理性选择学派的观点提出多中心理论。

该理论认为私有化不是公共事务治理的唯一有效的解决方案,应当在政府与市场之外寻求新的路径。该理论提出,通过社群组织自发秩序形成的多中心自主治理结构、以多中心为基础的新的"多层级政府安排"(具有权力分散和交叠管辖的特征)、多中心公共论坛以及多样化的制度与公共政策安排,可以在最大程度上实现对集体行动中机会主义的遏制以及公共利益的持续发展。

(二)多中心治理理论框架

多中心治理以自主治理为基础,允许多个权力中心或服务中心并存,通过相互合作给予公民更多的选择权和更好的服务,减少了"搭便车"行为,避免了"公地的悲剧"和"集体行动的困境",扩展了治理的公共性[①]。多中心治理理论大体框架[②]:第一,多中心治理的主体是复合主体,包括政府、企业、非营利组织、公民社会、国际组织、社会组织等。第二,多中心治理的结构是网络型的。在公民社会里,每个公民镶嵌在由各种关系织就的社会网络中,政府和企业也存在于网络中,但仅具有社会网络还不能实现真正意义上治理的网络化。第三,多中心治理的目标是实现公民利益最大化和满足公民多样化的需求。评价政府及其官员公共管理和公共服务绩效不应只看权力的效率,而更重要的是看其是否合理有效地运用公共资源满足社会发展和公民需求。所有这些不取决于政府官员的意愿,而是要通过多中心的权力结构设计、多样化的治理结构安排和切实可行的民主参与制度的设计才能得以实现。第四,多中心治理的方式是"合作—竞争—合作"。

(三)多中心治理的意义

一是倡导公共事务处理主体与公共产品和服务提供者的多元化。二是强调政府和市场的共同参与和多种治理手段的应用。三是意味着政府的新角色和新任务。四是强调公共决策的民主性和有效性。多中心治理主体的构成包括政府、企业型组织和非营利组织。政府是多中心治理体系的核心主体。企业型组织是以追求组织自身利润最大化为目标的营利性社会组织。随着市场经济的飞速发展,企业型组织在地方治理中扮演着越来越重要的角色。非营利组织是社会中自发组织起来的,不以营利为目的的一种社会组织。非营利组织推动了地方政府治理方式的变革,是地方政府管理公共事务的有力补充。多中心治理要求不同层级政府部门在公共事务管理和公共服务中,将相关权利、责任向市场和公民社会转移,实现治理主体角色转换,政府应从单纯使用权力转变到注重梳理法理权威。企业型组织应从注重利润索取走向回报社会、担当社会责任,非营利组织应从依赖走向自治。

---

① 孔繁斌,2008.公共性的再生产:多中心治理的合作机制建构[M].南京:江苏人民出版社.
② 王志刚,2010.多中心治理理论的起源、发展与演变[J].常熟理工学院学报,24(3):33-35.

二、委托代理

(一) 委托代理的起源与发展

现代经典的委托代理理论起源于20世纪30年代,美国经济学家伯利和米恩斯,因为洞悉出企业所有者兼经营者的做法存在极大的弊端,提出"委托代理理论"倡导所有权和经营权分离,企业所有者保留剩余索取权,而将经营权让渡。但是,此时的委托代理理论框架并没有真正建立起来,他们的理论还仅限于"两权分离"的问题。到了19世纪60年代末70年代初,一些经济学家开始深入"黑箱"内部,研究企业内的信息不对称和激励的问题,委托代理理论才真正发展起来。现代意义的委托代理关系的概念最早是由罗斯提出的。1973年,罗斯发表在《美国经济评论》上的文章《代理的经济理论:委托人问题》指出,"如果当事人双方,其中代理人一方代表委托人一方的利益行使某些决策权,则代理关系就随之产生了。"按照Jensen和Meckling(1976)[1]的定义,委托代理关系是一种契约,根据这个契约,一个或多个行为主体指定雇用另一些行为主体为其提供服务,并根据其提供的数量和质量支付相应的报酬。亚当·斯密(1979)[2]最早发现股份制公司中存在委托代理的关系。他在《国富论》中指出:"股份公司中的经理人员使用别人而不是自己的钱财,不可能期望他们会有像私人公司合伙人那样的觉悟性去管理企业……因此,在这些企业的经营管理中,或多或少的疏忽大意和奢侈浪费的事总是会流行。"普拉特和泽克豪瑟(1985)[3]则更简化了委托代理关系,他们认为只要一个人依赖另一个人的行动,那么委托代理关系便产生了。采取行动的一方即为代理人,受影响的一方即为委托人。Hart(1987)认为委托代理关系起源于"专业化"的存在。当存在"专业化"时,就可能出现一种关系,在这种关系中,代理人由于具有相对优势而代表委托人行动。

(二) 委托代理产生缘由

由于代理人和委托人双方目标函数不一致,而且存在不确定性和信息不对称,代理人有可能偏离委托人的目标函数,而委托人难以观察并监督,就会出现代理人追求自身利益最大化而损害委托人利益的委托代理问题。Jensen和Meckling(1976)[4]提出了代理成本概念,他们指出代理成本源自管理人员不是企业的完全所有者。经济学的假设是人都是理性的效用最大化者,由于委托人和代理人的效用函数不一定总是相同,而且委托人与代理人之间存在信息不对称,因而使得两者之间的代理关系容易产生一种非协作:一方面由于委托人不可

---

[1] Michael C. Jensen, William H. Meckling 1976. Theory of the firm: managerial behavior, agency costs and ownership structure[J]. Journal of Financial Economics, 3(4): 308.
[2] 斯密. 国富论: 全译本[M]. 谢宗林,李华夏,译. 北京: 中央编译出版社,2010.
[3] 张万朋,2004. 高等教育经济学[M]. 桂林: 广西师范大学出版社: 120.
[4] Michael C. Jensen, William H. Meckling, 1976. Theory of the firm: managerial behavior, agency costs and ownership structure[J]. Journal of Financial Economics, 3(4): 305-360.

能对代理人做到完全激励,另一方面委托人对代理人实行监督的成本有可能大于其收益,不可能建立起完善的监督机制。肯尼思·阿罗(1985)[①]将委托代理问题区分为两种类型:道德风险和逆向选择。道德风险就是指代理人借委托人观察监督困难之机而采取的不利于委托人的行动。逆向选择就是代理人占有委托人所观察不到的信息,并利用这些私人信息进行决策。

(三)避免委托代理的方法

由于存在委托代理问题,委托人就必须建立一套有效的激励机制和监督机制来减少代理问题,让代理人的行动符合委托人的利益。伦德纳(1981)和罗宾斯泰英(1979)建立了动态博弈模型,强调了如果委托人和代理人能够保持长期的关系,双方有足够信心,那么帕累托一阶最优风险分担和激励是可以实现的。砝码(1980)[②]提出利用代理人的市场声誉督促代理人努力工作,他认为代理人市场会对代理人行为产生约束作用,提高其违约成本。范里安(1991)[③]提出,解决委托代理问题的另一种办法是利用潜在的代理人相互竞争,从而在代理人之间形成相互制约的机制。平狄克、鲁宾菲尔德(2009)认为可以建立委托代理框架中的激励机制,他们通过设计利润分享和奖金支付制度解决委托代理问题,认为当直接衡量努力结果不可能时,奖励高水平的努力结果的激励结构能够使代理人追求所有者设定的目标[④]。

委托代理理论的产生和发展对促进企业管理机制的转变和发展做出了巨大的贡献,并为解决企业的内部治理问题提供了分析的框架。

三、利益相关者理论

(一)利益相关者理论的缘起

利益相关者理论缘于公司的社会责任之争。1929年,美国通用电气公司的一位经理在就职演说中提到"不仅股东,而且雇员、顾客和广大公众都在公司中有一种利益……",该演讲中所反映出的思想被多德(Dodd)认为是现代意义上"利益相关者"思想的雏形。20世纪60年代左右,在美国、英国等长期奉行外部控制型公司治理模式的国家中,随着对"公司治理理论"的质疑和批判,利益相关者理论逐步产生和发展。

1963年,斯坦福大学研究院的学者受股东启发,利用"利益相关者"来表示与企业有密切关系的所有人,指出"利益相关者是这样一些团体,没有其支持,组织就不可能生存",这是西方学者首次真正给出"利益相关者"定义。但该定义仅强调了利益相关者对企业单方的支持作用,而雷恩曼(Rhenman)考虑了利益相关者与企业之间的相互影响,指出"利益相关者

[①] 肯尼斯.阿罗.代理权经济学[M].英文版,1985.
[②] Eugene F. Fama, 1980. Agency problems and the theory of firm[J]. Journal of Political Economy, 88(27): 288-307.
[③] 范里安,1991.微观经济学:现代观点(第二版)[M].费方域,等译.上海:格致出版社.
[④] 殷萍萍,2012.委托代理理论研究综述[J].现代营销(学苑版)(7):150-151.

依靠企业来实现其个人目标,而企业也依靠他们来维持生存(雷恩曼,1964)"。

美国学者安索夫(Ansoff)在其出版的《公司战略》中将"利益相关者"概念引入管理学界和经济学界,认为"要制定理想的企业目标,必须综合平衡考虑企业的诸多利益相关者之间相互冲突的索取权,他们可能包括管理人员、工人、股东、供应商以及顾客(安索夫,1965)"。随之利益相关者理论开始逐步被西方企业接受,经济学家蒂尔(Dill)认为,"我们原本只是认为利益相关者的观点会作为外因影响公司的战略决策和管理过程……但变化已经表明我们今天正从利益相关者影响迈向利益相关者参与(蒂尔,1975)"。

(二)"利益相关者"典型的定义

利益相关者理论的最大挑战是"利益相关者"界定。自1963年斯坦福大学研究院正式提出"利益相关者"概念至今,西方学者对此给出的概念界定不少于30种,其中弗里曼(Freeman)与克拉克森(Clarkson)的表述最具代表性。

20世纪80年代中期,针对"谁是企业的所有者,谁拥有企业的所有权",出现了两大分歧。一种认为投入实物资本的股东承担了企业的剩余风险,理所当然成为企业剩余索取权与剩余控制权的享有者,即"股东中心理论"。另一种认为包括股东在内的所有利益相关者都对企业的生存和发展注入了投资,也分担了企业的一定经营风险,因而都应拥有企业的所有权,即"利益相关者理论"。

弗里曼(Freeman)和克拉克森(Clarkson)首先对利益相关者理论的完善和推广发展做出了突出贡献,随后布莱尔(Blair)和多纳德逊(Donaldson)的研究也极大地推动了利益相关者理论发展,而米切尔(Mitchell)提出的"米切尔评分法"成为当今研究和运用利益相关者理论的工具性方法。

1984年,被誉为"新古典主义经济学之父"的诺贝尔经济学奖获得者,美国经济学家弗里曼(Freeman)出版的《战略管理:利益相关者方法》让"利益相关者""利益相关者理论"等术语广泛流传,成为经济学、管理学、伦理学界的研究热点。弗里曼(Freeman)直观描述了利益相关者与组织(企业)之间的关系,认为"利益相关者是能够影响一个组织目标的实现,或者受到一个组织实现其目标过程影响的人(弗里曼,1984)"。该界定不仅包括股东、债权人、雇员、供应商、顾客等直接影响企业活动的主体,还包括公众、社区、环境、媒体等间接影响企业活动的团体与个人。但弗里曼(Freeman)将所有广义的利益相关者看成整体进行研究无法得出令人信服的结论,为此美国经济学家克拉克森(Clarkson)于1993年在加拿大多伦多大学专门组织了关于利益相关者管理问题的国际学术会议。与会学者普遍赞同"企业的目标是为其所有利益相关者创造财富和价值……企业是由利益相关者组成的系统……"。克拉克森(Clarkson)强调专用性投资,加强利益相关者与企业的关联,提出"利益相关者在企业中投入了一些实物资本、人力资本、财务资本或一些有价值的东西,并由此而承担了某些形式的风险(克拉克森,1994)"。多纳德逊(Donaldson)和普雷斯顿(Preston)对利益相关者定义的内在实质与关系进行了细致分析总结,指出"通过如下标准鉴别利益相关者,由于公司采取某种行为或不采取某种行为,使得他们实际遭受和获得或预期会遭受和获得实际的或潜在的损害和利益(多纳德逊、普雷斯顿,1995)"。

米切尔(Mitchell)在考察了各位学者 27 种之多的利益相关者定义后,认为利益相关者应该具备权力性、合法性和紧迫性。权力性,即拥有影响企业决策的能力、地位和相应的手段;合法性,即被法律和道义赋予对企业的索取权;紧迫性,即其要求是否能够立即引起企业管理层的关注。

(三) 我国的研究

西方对利益相关者理论的研究热潮,推动中国于 20 世纪 90 年代正式引入利益相关者理论,随后杨瑞龙、贾生华、陈宏辉等人取得了一定的研究成果。其中"利益相关者是指那些在企业中进行了一定的专用性投资,并承担了一定风险的个体和群体,其活动能够影响该企业目标的实现,或者受到该企业实现其目标过程的影响(贾生华、陈宏辉,2002)"的定义较为经典,而杨瑞龙教授对利益相关者问题的研究较为深入,并形成了较为完善的思想体系。

四、法人治理

(一) 法人制度

根据《中华人民共和国民法总则》第五十七条的规定,法人是具有民事权利能力和民事行为能力,依法独立享有民事权利和承担民事义务的组织。

法人制度是世界各国规范经济秩序以及整个社会秩序的一项重要法律制度。1896 年颁布的《德国民法典》首次以法律形式规定了系统、完整的法人制度,其他大陆法系国家民法典纷纷仿效《德国民法典》,英美法系国家通过制定单行的法律和条例建立法人制度。我国法人制度建立相对较晚。1986 年颁布的《中华人民共和国民法通则》对法人做了专章规定以后,我国才开始建立法人制度。根据法人设立的宗旨和活动性质,我国法人分为企业法人、机关法人、事业单位法人和社会团体法人。

(二) 法人治理结构

法人治理结构,又译为公司治理(corporate governance),是现代企业制度中最重要的组织架构。狭义的公司治理主要是指公司内部股东、董事、监事及经理层之间的关系,广义的公司治理还包括与利益相关者(如员工、客户、存款人和社会公众等)之间的关系。公司作为法人,也就是作为由法律赋予了人格的团体人、实体人,需要相适应的组织体制和管理机构,使之具有决策能力、管理能力,行使权利,承担责任,从而使公司法人能有效地活动起来。因此,法人治理结构很重要,是公司制度的核心。

按照《中华人民共和国公司法》的规定,法人治理结构由四个部分组成:一是股东会或者股东大会,由公司股东组成,所体现的是所有者对公司的最终所有权,是公司的最高权力机构。二是董事会,由公司股东大会选举产生,对公司的发展目标和重大经营活动进行决策,维护出资人的权益,是公司的决策机构。三是监事会,是公司的监督机构,对公司的财务和董事、经营者的行为发挥监督作用。四是经理,由董事会聘任,是经营者、执行者,是公司的执行机构。

公司法人治理结构的四个组成部分,都是依法设置的,它们的产生和组成、行使的职权、行事的规则等,在《中华人民共和国公司法》中作了具体规定。公司法人治理结构是以法制为基础,按照公司本质属性的要求形成。公司法人治理结构要解决事关公司成败的两个基本问题。一是如何保证投资者(股东)的投资回报,即协调股东与企业的利益关系。二是企业内各利益集团的关系协调。这包括对经理层与其他员工的激励,以及对高层管理者的制约。这个问题的解决有助于处理企业各集团的利益关系,又可以避免因高管决策失误给企业造成的不利影响。

五、协商治理

(一) 协商民主

作为20世纪90年代以来西方社会最重要的政治发展和政治思想成果之一,协商民主是对占据主导地位的自由民主模式的缺陷的反思与批判的结果,并主张用一种新型的民主方式对既有的民主模式进行改进和完善。"总的来说,协商民主理论始于对自由民主规范实践的批评。作为一种具有潜在影响的改革和政治理想计划,协商民主延续着'激进'民主的传统。不过,它延续的方式是通过强调公共讨论、推理和判断来调和激进的包容性的人民参与观点。"[①]协商民主的理论家认为,以自由主义和私人利益为价值导向,以选举政治、政党政治、团体政治、精英政治以及官僚政治为具体运行机制的自由民主制度腐蚀了民主的核心价值,变成了一种具有严重私人化倾向的民主政治模式,从而使民主失去了应有的真实性。现有的民主模式在功能上实际已变成一种简单的私人利益与偏好表达的"聚合式民主"或者"票决民主",而忽视了民主应有的公共性,即公共理性与公共利益。因此,在自由民主模式下,民主的价值与功能都衰退了。针对自由民主模式的这些弊端,协商民主的理论家试图以不同于既定自由民主模式的民主途径来修正西方的民主政治,主张以一种理性化的公民参与弥补既有民主制度的不足。所谓协商,是公民基于平等的参与,在一定的程序规则下,通过对话、倾听、讨论、辩论等形式取得具有更好理性的民意的过程。协商民主是一种关于民主参与的理论与实践。正如约翰·S.德勒泽克(John S. Dryzek)所说:"民主走向协商,表明人们在持续关注着民主的真实性:在多大程度上,民主控制是实质性的而不是象征性的,而且公民有能力参与其中。"[②]经过公共协商,一方面提升了民主的真实性,另一方面也获取了更有理性的民意,从而可以更好地实现公共利益。

---

① 博曼,雷吉,2006.协商民主:论理性与政治[M].陈家刚,等译.北京:中央编译出版社:中文版序第1页.
② 德勒泽克,2006.协商民主及其超越:自由与批判的视角[M].丁开杰,等译.北京:中央编译出版社:前言第1页.

(二) 协商治理

协商民主理念与方法在治理实践中形成了一种新型治理范式，即协商治理。协商治理是正被使用的一个术语，以概括、说明这样一种治理实践。有研究者给协商治理做了简单的界定。所谓协商治理，是一种"政策制定的方式"，在这种方式里，"许多空间被创造出来以使得不同的机构、中介、团体、积极分子以及公民个人走到一起就紧迫的社会问题进行协商"[①]。

协商治理奉行一种民主治理的理念，治理以协商民主的方式进行，表达了对更合理的民主治理的关切和需求。协商民主不仅可以弥补传统民主模式的缺陷，增加民主的合法性，更重要的是，协商民主可以使公民真正进入公共决策，从而使治理真正进入民主治理的时代。在公共行政的百余年历程中，其范式变革是沿着"官僚化—去官僚化"的逻辑展开，而非沿着治理的民主逻辑展开。在传统公共行政中，在政治与行政二分的先定原则下，民主与官僚制是相斥的两种组织方式，公民更被"粗鲁"地隔离在公共行政之外。

在新公共管理中，市场原则对官僚制造成了很大的冲击，市场原则奉行的是效率逻辑而非民主逻辑。虽然公民受到了重视，但公民被界定为顾客或者消费者，公民参与主要是对公共服务做出回应而不是进入公共决策。在这样的模式下，"公民"的角色被弱化了，失去了其应有的政治意义。针对新公共管理的"顾客"缺陷，新公共服务基于公民权的规范判断把公民置于非常高的位置，并主张政策制定与执行中的公民参与。这在以往的公共行政理论与实践中是非常罕见的，因为新公共服务是一种"关于公共行政在将公共服务、民主治理和公民参与置于中心地位的治理系统中所扮演角色的一系列思想和理论"。但是，新公共服务的主要范式逻辑是以服务为导向的对政府的去官僚化的改造，其关于公民参与的设计也主要是从政府的角度入手，认为在一个公民积极参与的社会中，政府的作用与角色不是直接的生产者，而是调停者、中介人和裁判员。因此，尽管新公共服务理论高调提出公民参与的种种设想，在民主治理上是一大进步，但其与治理的民主逻辑依然具有质的差异。协商治理从治理的民主逻辑出发，公民不是单纯的顾客或被服务者，而是主权者，是公共决策的制定者，所以，与其他的公共治理范式相比，协商治理就治理的民主意义而言是一个明显的范式变革。

治理与协商的结合，表明自20世纪90年代以来公共事务管理中的民主转向，这与整个社会治理领域中对公民参与的愈发强调是一致的。本杰明·巴伯(Benjamin Barber)把这种强调称为"强民主(strong democracy)"，而将其与忽视公民参与公共事务管理的权利与义务的"弱民主(weak democracy)"或者"稀薄的民主(thin democracy)"相对。协商治理可以看作"强民主"在治理领域的体现和延续，也是"强民主"的一种具体形态。因此，总体上看，协

---

① Maarten Hajer, 2003. A frame in the fields: policymaking and the reinvention of politics[M]// Maarten Hajer, Hendrik Wagenaar. Deliberative policy analysis: understanding governance in the network society. Cambridge: Cambridge University Press: 88-110.

商治理范式的出现是民主理念在公共事务管理领域的治理建构的结果,而不是从传统公共行政到新公共服务"官僚化—去官僚化"的范式演进路线的自然延伸①。

(三) 中国特色的协商治理

中国特色的协商治理是协商民主在基层的实践形式,它通过搭建彼此沟通、对话的平台,通过交流、讨论,调节公共利益与不同社会主体之间的利益关系,化解矛盾,以寻求公共利益的实现方式和途径。协商治理的理念包含协商目标的凝聚共识、协商主体的地位平等、协商过程的公开对话、协商方式的包容差异和协商原则的直接参与等特征,彰显当代中国社会对平等、公正、包容的价值诉求。以人为本作为协商治理的根本原则,其实质是把维护人民群众的根本利益作为推进社会发展的根本目标,解决好人民群众最关心、最直接、最现实的问题,实现发展成果由人民共享。在践行协商治理、实现社会和谐的过程中,无疑需要坚持包容贵和的理念。协商治理强调公民平等的政治参与,其核心在于公民如何实现其对公共权力的控制和影响力。公平正义是社会主义的核心价值,必然成为协商治理的重要原则。

---

① 张敏,2012.协商治理:一个成长中的新公共治理范式[J].江海学刊(5):137-143.

第2章 高等职业教育治理

将治理理论引入大学管理，出现了"大学治理"的概念。国外的大学治理因各国的政治体制、发展模式以及历史传统等国情不同，其大学治理的形式与内容也各不相同，比较典型的有法国大学治理模式、美国大学治理模式、英国大学治理模式。美国的高等教育享有盛名与其治理模式不无关系，美国大学治理相较于其他国家大学治理，其治理特征最为明显。国外高等教育治理呈现出服务主体的多元化、服务组织结构的扁平化以及第三部门的蓬勃发展的特征。我国高等教育治理改革形式和内容始终在国家高等教育政策法规的引领下开展，大学的内部治理始终受到大学外部治理的影响，由教育行政机构主导。我国高等职业（简称"高职"）教育是高等教育，也是职业教育的重要组成部分。无论从治理的视角，还是从职业教育治理的视角，我国高等职业教育管理均存在难以适应形势发展的问题。加强高等职业教育治理改革既是政府治理改革的迫切要求，也是高等职业教育自身发展的迫切要求，同时还是高职院校内部民主意识觉醒的迫切要求和行业企业参与办学、市民和第三部门兴起的迫切要求。与此同时，高职院校外部发展环境、高职院校内部改革诉求等为高等职业教育治理改革提供了可能性。

2.1 国内外高等教育治理

一、国外高等教育治理

欧洲学者认为"大学治理"一词来自美国，美国第一本研究大学治理的专著是科尔森的《大学和学院的治理》。但"University Governance"作为一个固定词汇或术语则是由日本学者早稻田大学前校长奥岛孝康在他的《私立大学的治理》论文中首次提出。20世纪90年代以来,欧美国家的以大学为代表的高等教育领域掀起了一场治理变革的浪潮。1997年以狄林(Dearing)为首的研究小组发表了《狄林报告书》(Dearing Reporter),提出大学治理应遵循的三条原则:大学自治应受到尊重,学术自由应受到保护;大学治理应是开放的和反应敏捷的;大学的治理机构应该对自身的有效性和业绩进行评估①。

(一) 国外大学治理模式

由于各国政治体制、经济发展模式、历史传统等国情的不同,各国大学的治理模式也不尽相同。而根据政府对大学的控制程度来划分,国外大学治理模式大致可以归纳为三类:① 以法国为代表的中央集权治理模式;② 以美国为代表的分散控制治理模式;③ 以英国、德国、日本为代表的复合治理模式。当然,这三种治理类型也并非一成不变,近些年呈现出一致的变化趋势,即中央集权制大学治理模式的国家开始减弱政府对大学的控制作用,逐渐下放一部分权力给大学;地方分权制大学治理模式的国家则开始加强政府对大学的宏观调控,介入大学的一些管理,试图获得一些控制大学的权力;而复合发展型的混合制大学治理模式的国家有的加强了政府的宏观调控,有的则给高校进一步放权。

1. 法国的大学治理模式。法国采用的是中央集权制,法国教育体制实际上也是中央集权制的体现。法国在19世纪初所建立的教育集权体制,不仅包括从中央到地方的行政与督导系统,而且其统揽学区教育大权的教育总长只对中央负责,而不受地方行政长官的约束,从而形成一种独立于其他行政的管理系统。纵观法国大学的治理模式,基本上是一种学院式治理,即以学院或学科为单位进行治理。这种治理模式有效地保证了教授治校和学术自由,但也造成了大学决策的缓慢与闭塞,并限制了大学规模的扩大。进入21世纪,法国大学的治理模式面临高等教育国际化的严峻挑战。2007年8月10日,法国颁布了《综合大学自由与责任法》。该法致力于提高大学治理的效率,赋予行政委员会更大的权力。大学校长的选举程序也有所变化,校长不再是由行政委员会、学术委员会和大学生学习与生活委员会全体成员组成的大会选举产生,而只由行政委员会成员选举产生。任期由5年变为4年,可以连任。校长资格不必一定具有法国国籍,也不限于本校人员,但必须是教授、研究员、讲师或身份相当的人员。校长的权力也有所加强,他可以录用合同制的教学、科研和行政人员,包括录用外籍教师,合同制人员的工资可以突破公职人员工资额度限制。大学行政委员会的精简和大学校长权力的加强必将导致大学权力的集中化和学院权力的弱化,大学内部治理冲突也随之产生。

2. 美国的大学治理模式。美国高等教育被誉为世界上最成功的高等教育,这和其管理模式是分不开的。美国的高等教育一直是置于政府、社会和学校三者的共同管理之下,具有典型的治理特征。从宏观上看,联邦政府、州政府和教育行政机构,对高等教育有引导和调

---

① 焦笑南,2005. 美国、英国、澳大利亚的大学治理及对我们的启示[J]. 中国高教研究(1):51-53.

控的职能,高校拥有很大的自主权,社会力量则通过多种方式参与高等教育的管理,如州教育委员会作为最高决策机构,其委员从实业界、自由职业界、科学工作者、社会活动家中任命,另外各种各样中介性的组织和协会对高等教育同样拥有巨大的影响力。从一所高校的具体管理上,同样可以看到社会参与的特征。美国大学的管理实行董事会制。董事会是大学的最高权力机关,把持着大学发展的宏观政策和方向,大部分学校的董事会由校外各界代表组成,如政府官员、工商界知名人士、企业财团老总等。美国大学的管理从宏观到微观,都充分地体现了社会力量参与高等教育治理的特征。

3. 英国的大学治理模式。根据英国大学发展的历史,可将英国大学治理结构模式大致概括为三个阶段下的五种模式。三个阶段:1992年之前由枢密院颁发的皇家特许状准予成立的大学;1992年后根据1988年教育改革法设立的大学;具有特殊的治理结构且反映其古老的历史和独立学院制度的牛津大学和剑桥大学。五种模式:治理结构模式的演进表现为"牛桥"大学的古典行会治理;城市大学的"学术主导治理"、联合大学的"民主治理"、新大学的"共同治理";"1992后大学"的"双会制专业治理"等[①]。英国高校的内部治理模式是学术权力与行政权力均衡的权力结构模式。英国高校的内部权力结构有三个层次:大学、学部和系。一般地,大学层次包括校务委员会、评议会、理事会和大学副校长。其中,校务委员会的职能在很大程度上是形式性的,主要作用是确保大学与地方各界人士保持联络,因此,它是形式上的最高权力机构。而理事会才是真正意义上的行政权力机构,理事会的内部成员大多数为校外人士,他们的工作主要是负责筹划经费,制订计划以及聘请和任命教师等。理事会下设多个委员会,实际上大部分工作都是通过各个委员会去做,其中最重要的是规划委员会。评议会由大学的全体教授、非教授系主任和若干非教授教学人员代表组成,他们可以直接与各学部和系打交道,并且享有制定大学学术政策的权力。理事会作为行政权力的代表机构,而评议会则作为学术权力的代表机构。

(二)国外大学治理主要特征

1. 服务主体的多元化。治理理论强调多元主体的共同参与,打破了政府对公共权力的垄断。如英国政府通过扩大社会和家长在教育事务方面的选择权、监督权、参与权,促进学校间的竞争,满足公众多样化的教育需求;同时政府鼓励符合资质要求的多方主体提供公共教育服务。政府在学校和学生(家长)之间充当中间人的角色。政府、社会、学校、学生(家长)都为了改善公共教育的绩效和质量而努力,由此形成一种国家与公民社会、政府与非政府、公共机构与私人机构、强制与志愿的合作。

2. 服务组织结构的扁平化。治理强调的是权力的重新分配,即由政府集权向公众分权,政府不再是无所不包的全能型政府,责任和权力的分散带来了服务组织结构向扁平化方向发展,权力和责任下移。政府不再是唯一的权力中心,私人的和社会的各种机构,只要得

[①] 鲁军,黄蓉,2009.英国大学治理结构模式的演进[J].学园(5):50-54.

到公众的认可,就可以成为某种社会权力的中心。教育公共治理由于多方主体的共同参与呈现出横向分权的趋势,这种权力的多中心化导致了服务机构的非集中化和扁平化。

3. 第三部门的蓬勃发展。文森特·奥斯特罗姆(Vincent A. Ostrom)强调,如果要充分实现多中心的权力,多中心必须植根于经济、法律和政治领域的相互支持的制度安排,而第三部门正适应了这样一种选择。在许多西方国家,政府通过委托和授权的方式让社会机构和学术团体在公共教育服务监管和评估中扮演重要的角色[①]。

二、我国高等教育治理

我国高等教育的治理形式和内容始终在国家高等教育政策法规的引领下开展,大学的内部治理始终受到大学外部治理的影响,由教育行政机构主导。

(一) 我国高等教育治理改革历程

1. 从新中国成立到十一届三中全会召开。此间改造、"跃进"、运动、"革命"等构成了中国社会的主旋律,作为一个高度集权的国家,政府以政治为中心,将经济、文化、思想整合为一体,行政力量无所不在,控制了一切社会领域,与政治关联的价值、标准等因素在各领域起着决定性的影响[②]。

2. 1984年,《中共中央关于经济体制改革的决定》颁发。邓小平同志给予高度肯定和赞扬,说它"是马克思主义基本原理同中国社会主义实践相结合的政治经济学,是一大发明,一大创造",同时他又特别强调,经济体制改革决定的第九条最重要,即"进行社会主义现代化建设必须尊重知识,尊重人才""科学技术和教育对国民经济的发展有极其重要的作用。随着经济体制的改革,科技体制和教育体制的改革越来越成为迫切需要解决的战略性任务"。于是,中央启动教育体制改革的文件制定,并于1985年5月27日颁发《中共中央关于教育体制改革的决定》,指出问题,即"在教育事业管理权限的划分上,政府有关部门对学校主要是对高等学校统得过死,使学校缺乏应有的活力",提出"必须从教育体制入手,有系统地进行改革。改革管理体制,在加强宏观管理的同时,坚决实行简政放权,扩大学校的办学自主权;调整教育结构,相应地改革劳动人事制度。""要扩大高等学校的办学自主权。在执行国家的政策、法令、计划的前提下,高等学校有权在计划外接受委托培养学生和招收自费生;有权调整专业的服务方向,制订教学计划和教学大纲,编写和选用教材;有权接受委托或与外单位合作,进行科学研究和技术开发,建立教学、科研、生产联合体;有权提名任免副校长和任免其他各级干部;有权具体安排国家拨发的基建投资和经费;有权利用自筹资金,开展国际的教育和学术交流,等等。""实行中央、省(自治区、直辖市)、中心城市三级办学的体制。""学校逐步实行校长负责制,有条件的学校要设立由校长主持的、人数不多的、有威信的校务

---

① 刘孙渊,马超,2008.治理理论视野下的教育公共治理[J].外国教育研究(6):15-19.
② 张德祥,2016.1949年以来中国大学治理的历史变迁——基于政策变革的思考[J].中国高教研究(2):29-36.

委员会,作为审议机构。要建立和健全以教师为主体的教职工代表大会制度,加强民主管理和民主监督。学校中的党组织要从过去那种包揽一切的状态中解脱出来,把自己的精力集中到加强党的建设和加强思想政治工作上来……"

3. 1993年颁发的《中国教育改革和发展纲要》指出,"改变政府包揽办学的格局,逐步建立以政府办学为主体、社会各界共同办学的体制。""高等教育要逐步形成以中央、省(自治区、直辖市)两级政府办学为主、社会各界参与办学的新格局。职业技术教育和成人教育主要依靠行业、企业、事业单位办学和社会各方面联合办学。""进行高等教育体制改革,主要是解决政府与高等学校、中央与地方、国家教委与中央各业务部门之间的关系,逐步建立政府宏观管理、学校面向社会自主办学的体制。""政府要转变职能,由对学校的直接行政管理,转变为运用立法、拨款、规划、信息服务、政策指导和必要的行政手段,进行宏观管理。要重视和加强决策研究工作,建立有教育和社会各界专家参加的咨询、审议、评估等机构,对高等教育方针政策、发展战略和规划等提出咨询建议,形成民主的、科学的决策程序。"

4. 1994年颁布的《国务院关于〈中国教育改革和发展纲要〉的实施意见》,在大学外部治理层面提出了"政府要切实转变职能,改善对学校的宏观管理。政府的主要职能是:制订教育的方针、政策和法规;制订各类高等学校设置标准和学位标准;制订教育事业发展规划和审批年度招生计划;提出教育经费预算并统筹安排和管理以及通过建立基金制等方式,发挥拨款机制的宏观调控作用;逐步建立支持教育改革和发展的服务体系;组织对各类学校教育质量的检查和评估等,对学校进行宏观管理。""要建立健全社会中介组织,包括教育决策咨询研究机构、高等学校设置和学位评议与咨询机构、教育评估机构、教育考试机构、资格证书机构等,发挥社会各界参与教育决策和管理的作用。"其在大学内部治理层面提出了"通过立法,明确高等学校的权利和义务,扩大学校的办学自主权,使学校真正成为面向社会自主办学的法人单位。学校在政府宏观管理下,自主组织实施教学、科研工作及相应的人、财、物配置,包括制定年度招生方案、自主调节系科招生比例、调整或扩大专业范围、确定学校内部机构设置、决定教职工聘任与奖惩、经费筹集和使用、津贴发放以及国际交流等。同时要深化学校内部管理体制改革,通过学校内部机构、人事制度、分配制度和后勤管理改革,进一步调动教职工的积极性,促进高等学校建立和完善面向社会自主办学和自我约束的机制"。

5. 1998年颁布的《中华人民共和国高等教育法》,在高校外部治理方面指出"高等学校应当面向社会,依法自主办学,实行民主管理"。其在高校内部治理方面指出"国家举办的高等学校实行中国共产党高等学校基层委员会领导下的校长负责制"。"高等学校的校长、副校长按照国家有关规定任免。""高等学校根据实际需要和精简、效能的原则,自主确定教学、科学研究、行政职能部门等内部组织机构的设置和人员配备;按照国家有关规定,评聘教师和其他专业技术人员的职务,调整津贴及工资分配。"

6. 2010年颁发的《国家中长期教育改革和发展规划纲要(2010—2020年)》,具有明显的治理特征,是由管理走向治理的标志性文件,提出"健全政府主导、社会参与、办学主体多元、办学形式多样、充满生机活力的办学体制,形成以政府办学为主体、全社会积极参与、公办教育和民办教育共同发展的格局。""建设依法办学、自主管理、民主监督、社会参与的现代学校制度,构建政府、学校、社会之间新型关系。"其在学校外部治理方面指出"探索建立符合学校特点的管理制度和配套政策,克服行政化倾向,取消实际存在的行政级别和行政化管理模式。""落实和扩大学校办学自主权。政府及其部门要树立服务意识,改进管理方式,完善监管机制,减少和规范对学校的行政审批事项,依法保障学校充分行使办学自主权和承担相应责任。"其在学校内部治理方面指出"高等学校按照国家法律法规和宏观政策,自主开展教学活动、科学研究、技术开发和社会服务,自主设置和调整学科、专业,自主制定学校规划并组织实施,自主设置教学、科研、行政管理机构,自主确定内部收入分配,自主管理和使用人才,自主管理和使用学校财产和经费。扩大普通高中及中等职业学校在办学模式、育人方式、资源配置、人事管理、合作办学、社区服务等方面的自主权。""公办高等学校要坚持和完善党委领导下的校长负责制。健全议事规则与决策程序,依法落实党委、校长职权。完善大学校长选拔任用办法。充分发挥学术委员会在学科建设、学术评价、学术发展中的重要作用。探索教授治学的有效途径,充分发挥教授在教学、学术研究和学校管理中的作用。加强教职工代表大会、学生代表大会建设,发挥群众团体的作用。""探索建立高等学校理事会或董事会,健全社会支持和监督学校发展的长效机制。探索高等学校与行业、企业密切合作共建的模式,推进高等学校与科研院所、社会团体的资源共享,形成协调合作的有效机制,提高服务经济建设和社会发展的能力。"

7. 为了贯彻和落实《国家中长期教育改革和发展规划纲要(2010—2020年)》精神,系统推进中国特色现代大学制度建设,国家和有关部门相继颁布了一系列专门的政策法规,如2011年《高等学校章程制定暂行办法》《学校教职工代表大会规定》,2012年《普通高等学校党委领导下的校长负责制实施意见》,2014年《关于坚持和完善普通高等学校党委领导下的校长负责制的实施意见》《高等学校学术委员会规程》《普通高等学校理事会规程(试行)》等,凸显了政策在推动完善中国大学治理中的作用,为中国大学治理走向理性与自觉提供了法理性和制度性依据。

(二)我国高等教育治理改革相关研究

1. 关于治理结构研究。学者主要从大学治理结构的特征、价值、类型、制度体系、主体关系、路径变迁等方面进行了较为全面的探讨。龚怡祖认为,大学治理结构具有以下特征:其一,它能够有效反映大学的法人地位和利益相关者的组织属性;其二,它能够体现大学治理主体通过委托代理关系形成的契约化管理;其三,它强调了大学法人财产的合法、有效、有利使用;其四,它尊重大学的各个利益相关者;其五,它有能力使利益冲突得到整合[①]。陈星

[①] 龚怡祖,2009. 大学治理结构:现代大学制度的基石[J]. 教育研究(6):22-26.

平认为,离散化的治理结构已经成为当今大学治理的新特征①。龚怡祖认为,大学治理结构作为一种高度制度化的超组织结构运行机制,它具有独特的组织制度价值:改良组织场域的价值、契约约束的价值、权力及其程序受控的价值、诉诸公共良知的价值②。徐敦楷认为,建立现代大学治理结构的制度创新,要从这几个方面着手:建立相对独立的高校法人制度;建立党委权力、行政权力、学术权力和教职工参与高校民主管理权力的"四权"合作体制;完善高校内部的权力制衡机制,在大学内部建立起以自愿、民主、协商为机制,以公共利益为载体的多种权力相互制衡的权力运行机制,让多种权力在相关领域平等、有序地参与学校事务管理决策;加大高校人事后勤制度改革力度③。潘海生指出,"应依据各利益相关者与大学的利益相关程度以及参与大学治理的意愿和能力,按照非均衡分散分布的原则,在各利益相关者内部配置剩余控制权"④。顾海良认为要从以下方面完善大学治理结构:一是坚持和完善党委领导下的校长负责制;二是推动"教育家办教育"和管理队伍建设;三是建立和完善以学术委员会为核心的学术权力体系;四是坚持依法治校,完善大学章程⑤。

2. 关于大学章程研究。学者们主要对大学章程的法学意义、功能与框架等进行了研究。湛中乐等学者认为,大学章程的法律价值在于三个方面:首先,它以正义为指向,是大学治理制度安排的逻辑起点,必将在终极层面上促进高教管理法治秩序的良好形成;其次,它以自由为价值,规范了大学权利与权力的博弈,划分了利益相关者的行动边界;最后,它以秩序为设计初衷,完善了有关学术权力与行政权力的法律关系的契约化安排,从而在高等学校内部实现管理秩序的良性互动与和谐⑥。韩淑霞提出大学章程是大学办学的重要文件之一,它通过对特定大学办学模式的描摹,实现对其治理结构形态的确认;通过对特定大学办学理念的传递,实现对其治理结构性质的规定;通过对大学章程的制定和完善,为推动现代大学制度建设提供支撑⑦。韩春晖等学者主张,我国大学应当通过制定大学章程努力达到"一个目标""二元互补""三角结构""四象之争"和"五个方向":一个目标是指大学组织的公法人化;二元互补是指现代公立大学主要满足自治与效率两个方面的制度功能;三角结构是指要实现自治权力、行政权力、学术权力三种关系的合理配置;四象之争是指大学的组织形态有公法社团、公法财团、公共营造物和特殊公法人四个选择;五个方向是指组织形态的选择允许多元定位,建立"大学咨询监督委员会"的校外民主参与机制,政府外在监督机制适度松绑,完善校内自主保障制度,促成大学自治权内在结构的均衡⑧。

---

① 陈星平,2008. 现代大学治理的离散化趋势[J]. 现代教育科学(5):25-28.
② 龚怡祖,2010. 大学治理结构:建立大学变化中的力量平衡[J]. 高等教育研究(12):49-55.
③ 徐敦楷,2010. 落实高校办学自主权 完善现代大学治理结构[J]. 中国高等教育(19):5-8.
④ 潘海生,2007. 作为利益相关者组织的大学治理理论分析[J]. 中国地质大学学报(社会科学版)(5):17-20.
⑤ 顾海良,2011. 完善内部治理结构 建设现代大学制度[J]. 教书育人(高教论坛)(1):6-7.
⑥ 湛中乐,徐靖,2010. 通过章程的现代大学治理[J]. 法制与社会发展(3):106-124.
⑦ 韩淑霞,2010. 大学治理中的章程问题[J]. 现代教育科学(6):79-82.
⑧ 韩春晖,常森,卢霞飞,2011. 大学章程:我国大学治理模式变革的呼唤[J]. 中国高等教育(9):21-23.

3. 关于治理危机。张永胜指出,目前我国大学治理权的合法性危机主要表现为制度性危机、有效性危机和学术性危机三个方面。要实现大学治理权的合法性重建,必须加强法制化建设,构建大学治理的现实基础,避免大学行政权力的异化①。肖芸则详细地论述了治理权的制度性危机,认为我国大学治理权的合法性面临制度性危机,主要表现在政府的治理权失约、学生的治理权缺乏制度保障、教师的治理权弱化、部分出资者的治理权受到忽视等方面。要实现大学治理权的合法性重建,必须加强大学治理权的法制化建设,做到法外无权、以法护权、以法治权②。

学者们还开展了高等教育治理的国际比较研究,对我国高等教育治理的未来走向进行了探讨。如罗晓娥提出了未来大学治理的四个走向:走向教育公平,走向分权多元,走向质量效益,走向绩效评估③。学者们的研究丰富了我国高等教育治理的理论,推动了高等教育治理改革的发展。

2.2 高职院校内部治理改革动因

我国的公办高职院校大多是20世纪90年代末通过"三改一补"的方式转变而来。高等职业院校起源于计划经济体制,在市场经济的土壤中成长,计划经济体制的弊端和市场经济体制的冲击使得公办高职院校面临诸多内部治理问题,直接影响了公办高职院校的发展。

一、治理视角高职院校内部管理存在的问题④

从高职院校内部管理的角度看,高职院校主要存在行政管理的"科层化"倾向、人事管理的"行政化"倾向、学校制度的"形式化"倾向、内部管理的"封闭化"倾向等问题,影响了高职院校内部利益相关者主观能动性的发挥,高职院校缺乏生机活力。

(一)行政管理的"科层化"倾向

公办高职院校一直以来作为政府管理的对象,有着与政府部门配套的垂直机构和管理体系。学校组织无形中成为官僚等级链的递延部分,演绎为政治权力扩张下的机械系统⑤。我国自20世纪80年代以来,一直致力于扩大院校办学自主权,致力于建立和健全社会中介机构参与学校管理的机制,特别是2010年国家教育体制改革试点工作全面启动,"改革高等

---

① 张永胜,2010.论大学治理权合法性的危机与重建[J].国家教育行政学院学报(9):31-35.
② 肖芸,2010.论大学治理权的制度性危机与合法性重建[J].郑州大学学报(哲学社会科学版)(4):171-173.
③ 罗晓娥,2009.关于我国大学治理走向的思考[J].中国成人教育(13):15-16.
④ 孙建,2017.企业化管理:公办高职院校内部治理的一种选择[J].教育与职业(5):63-68.
⑤ 许杰,2014.现代学校制度建设动力机制探析[J].中国教育学刊(6):10.

教育管理方式,建设现代大学制度"成为改革试点的主要任务。改革成效虽初见端倪,但简政放权未能有效落实,学校的办学自主权未能得到充分体现,行政管理的科层化问题未能得到有效解决。行政管理的科层化问题造成学校的主体性危机,主要表现为:一是学校的法人主体性缺位。尽管《中华人民共和国教育法》已经明确规定我国学校的法人地位,但是在实践中,学校的法人主体地位在教育管理中始终没有显现[①]。长期以来,政府在管理和评估方面大一统的导向,使得学校失去独立办学、自主发展的可能性。疲于应付、被动办学,造成学校法人地位的主体性危机。二是学校内部利益相关者的主体性缺位。学校的内部办学活力来源于学校内部利益相关者的能动性,学校的教师和学生是学校内部的重要利益相关者,在行政化的管理体系中,他们处于被管理的地位,民主诉求往往被搁置和压制,造成主人翁意识缺失,学校内部缺乏活力。三是"官本位"思想严重。目前我国高校高层领导及管理干部的任命都是按照党政机构的形式安排的,而且都是由上级直接任命的。管理结构的设置以及管理模式主要还是科层制,根本没有去行政化。行政人员更是简单地将本应是学校主体的教学和科研人员随便地当成了执行权力意志的工具,这势必导致"官本位"思想在高校的不断扩大和泛滥。

(二)人事管理的"行政化"倾向

事业单位人事制度在一定程度上影响了事业单位的改革,如用人机制不灵活,能上不能下,能进不能出,导致部分员工将事业单位作为"铁饭碗""保险箱"。公办高职院校作为国家事业单位,在人事管理方面秉承事业单位的属性进行管理。《中共中央 国务院关于分类推进事业单位改革的指导意见》指出:对面向社会提供公益服务的事业单位,积极探索管办分离的有效实现形式,逐步取消行政级别。但至今为止,公办高职院校大都没有取消行政级别,人事按照行政序列进行管理。近年来,事业单位大力推行人员的聘用制和绩效考核机制,但改革尚未到位。这主要表现在:一是人员聘用制尚流于形式。从聘用制的本意来说,人员应该能上能下,能进能出。但由于目前人员属于体制内的,未建立人员向体制外流动的通道。只有破除体制的束缚,打破事业单位的属性,人员流动的机制才能够有效实施,聘用制才能够真正实现。二是绩效考核机制尚带有"大锅饭"的痕迹。绩效考核的本意是按劳取酬,多劳多得,不劳不得。目前事业单位的绩效改革虽比计划经济下的"大锅饭"有很大进步,但改革的力度不够,尚有"保底"的措施,并未能够触及部分人的"痛处",改革的目的未能达到。只有打破行政化倾向,重建薪酬体系,才能让绩效改革发挥其应有的作用。三是高校机构臃肿。到目前为止,高等学校的人事改革根本没有彻底解决大学机构臃肿的问题。许多学校只是简单地照搬行政机构的模式,或只是迫于上级有关部门的要求而简单地进行重新拼装组合学校的管理机构。究竟什么样的学术化组织管理结构方式才真正适合于大学发展,这个问题并没有被认真地考虑过。

---

① 许杰,2015.教育治理中的学校主体建构[J].教育科学研究(11):22.

(三) 学校制度的"形式化"倾向

学校制度的建设与运行是学校内部管理的核心。有章可循、有章必循是学校制度的建设与实施的基本要求。在行政化的体系中,高职院校制度存在"形式化"倾向,主要表现在以下方面:一是学校章程建设流于形式。大学章程是高等学校依法自主办学、实施管理和履行公共职能的基本准则,是高校依法实施自主管理的基本依据。但通过对高职院校的章程研究,不难发现,章程之间的共性偏多,个性偏少,内容上并未能够体现多元利益主体的内在需求,制定程序上并不是多元利益主体的共同参与,完成任务式的章程建设并不能达到大学自治的终极目标。二是配套制度滞后和不连贯。制度建设是一个持续和不断更新的过程,高职院校在制度的修修补补的过程中,缺少统一的制度体系,制度之间关联性不强,存在交叉、重复和矛盾的现象,造成有章难循的问题。三是制度的执行流于形式。制度本身的严谨性缺乏和制度执行的人为因素,导致了制度执行流于形式。虽然现在大部分学校内部都建立了一些学术机构,像学术委员会、教学工作指导委员会等,但这些都是作为一般的咨询机构,并不会对学术事务起到决策的作用,而且现在学校大部分学术上的事务依然是靠行政权力来做决定的。在很多重要政策的制定上,学术人员一致认为行政人员主要考虑的就是其自身的切实利益,而非学术群体,教师要承受各种职业资格考试,压力非常大,教师应有的权利根本得不到体现。

(四) 内部管理的"封闭化"倾向

在科层制管理体制下,学校往往只对上负责,忽视了家长、社会对学校教育的知情权、参与权和决策权[①]。高职院校内部管理走向"封闭化"倾向,主要表现为:一是领导层党政不分,权力过于集中。目前,高职院校的一把手基本都是党委书记兼校长,党委会和校长办公会议基本是同一班人马,造成"党委领导"就是党委书记的领导,"校长负责"也就成了党委书记负责。权力的高度集中极易造成内部管理的"一言堂","封闭化"倾向压制了广大教职员工的主观能动性,学校的发展完全依赖于领导,于是就有了"一个好校长就是一所好学校"的表述,这从侧面说明了决策的"人为"性。二是忽视了学校外部利益相关者的作用。学校的发展除了借助内部力量,还需要借助外部力量,政府、家长、社会是学校的外部利益相关者。高职院校对政府非常重视,但对家长和社会的重视程度远远不够。甚至有些学校忽视了家长和社会的利益,虽高举"开门办学"的旗号,但学校之门只向政府打开,忽视了家长和社会的存在。高职院校虽重视和企业的合作,但也往往只注重和企业的单向合作,并没有注重借助企业的力量参与学校的管理。

二、质量视角高职院校内部管理存在的问题[②]

质量和效益是高职院校的生命线,对经济社会发展具有影响性甚至决定性作用。从高职

---

① 包金玲,2012.教育去行政化与现代学校制度建设——以中小学教师人事管理为例[J].教育发展研究(12):10.
② 孙建,2017.高职院校内部治理结构改革:基于教育质量的视角[J].江苏高教(7):90-94.

院校办学质量的视角看,高职院校主要存在治理目标的异化忽视了对教育质量的追求、行政权力的泛化忽视了教育质量的使命、学术权力的弱化忽视了质量的源头建设、民主监督的虚化造成质量监督流于形式等问题,对高职院校办学的质量形成了强烈的冲击,也对产业发展造成了影响。我国在1993年的《中国教育改革和发展纲要》、1995年的《中华人民共和国教育法》、1998年的《中华人民共和国高等教育法》等文件和法规中就有关于学校地位、制度关系的描述和规定,2013年《中共中央关于全面深化改革若干重大问题的决定》、2014年《国务院关于加快发展现代职业教育的决定》等文件也提出了完善院校内部治理体系和提升治理能力的要求。但时至今日,高职院校内部治理结构尚缺乏整体设计,政策文件的"最后一公里"步履艰难。

(一)治理目标的异化忽视了对教育质量的追求

高职院校承担着高等职业人才培养的重任,其主要目标是培养适应社会经济发展的高素质技术技能型人才,人才培养质量的提升应是高职院校永恒的追求目标。高职院校开展内部治理体系建设,加强治理结构改革也应以有利于人才培养质量的提升为目标。而在一些院校的发展规划中,我们却难以看到提高人才培养质量的目标定位,更多的院校定位止于创建"省示范""国示范",或者是提高学校的办学层次等。在这样的目标定位下,所谓的改革主要按照上级行政指令或评价导向开展,而不是从提升人才培养质量的角度开展,导致学校的同质化现象严重,个性特色不明显,人才培养质量难以提升。抛弃人才培养质量这一个根本,追求质量之外的"光环",这是治理目标走向异化的表现,也是传统管理思维延续的典型表征。

(二)行政权力的泛化忽视了教育质量的使命

行政权力主要由行政机构和行政人员履行,在传统的管理思维模式下,行政权力具有"科层化"特征。由于多数高职院校错把自己作为政府机关的"延伸",加上人们普遍具有的"级别意识",致使校园内官僚气氛浓重而操作行为僵化[①]。行政权力主要通过指示、指令等自上而下贯彻执行,具有强制性。而正是这种强制性导致行政权力一权独大的局面,从人事招聘、干部任用、绩效考核到专业建设、学术评审、质量监督等,处处可以看到行政权力的影子,行政权力大包大揽已经司空见惯。随着高职院校的规模扩张,管理事务越来越纷繁芜杂,行政权力已经出现了不堪重负的局面,出现了行政决策仓促、行政执行不力、行政管理不到位的现象,教育质量的使命早已被忽视。在国家政策文件的引领下,一些学校积极开展改革,力图理顺权力关系,如学术事务交由学术委员会定夺,教学事务交由教学工作委员会定夺,科研事务交由科研工作委员会定夺,这些都是治理改革的进步表现。但这些委员会的组成人员基本还是由行政人员兼任。可见,行政权力的身影无处不在,行政权力泛化的问题比较严重。如果不彻底改变这种现状,治理改革将永不彻底,教育质量将无法提升。

(三)学术权力的弱化忽视了质量的源头建设

以教授为代表的学术权力,希望极力保持大学的独立性,避免外界对学术研究的影响,

---

① 燕廷森,2013.我国高校内部治理结构构建研究[J].河南社会科学(9):74-76.

保持大学传统理念和民主、自由的学术氛围①。随着改革的不断深入,教授的学术权力意识不断觉醒,参与学科专业建设、主导学术科研氛围的愿望越见强烈。但他们的愿望往往受制于行政权力,只有在行政权力授权的情况下,以教授为代表的学术权力才能够参与学术活动和学科专业建设。长此以往,学术权力的积极性受挫,学术自由遭到禁锢,教授参与意识逐渐被削弱。本应是以教授为主角的学术委员会的席位也往往被行政权力占有,非行政的教授席位数量往往被削减到最低。即使这样,学术委员会的权威性在有些高职院校也不被重视,只是象征性地履行学术事务,并没有实际的学术决策权。学术委员会的审议结果最终还需要行政权力的审批才能够执行。学术权力弱化的现象严重阻碍了学术自由,破坏了学术的严谨性和权威性,忽视质量的源头建设的结果最终将影响人才培养的质量。

(四)民主监督的虚化造成质量监督流于形式

教职工代表大会是学校民主管理和依法治校的基本组织形式和有效载体,是维护教职工民主权利、保障教职工利益、开展民主管理民主监督的基本制度,是促进决策科学化、民主化的重要渠道,是实现全心全意依靠教职工办学、实现科学发展的重要支撑②。目前,高职院校教职工主要通过教职工代表大会参政议政,行使民主监督权利,这几乎是普通教职工行使民主监督权利的唯一通道。然而,部分高职院校中仍然存在教职工代表大会不能定期召开,教职工代表大会意见不能被高度重视,教职工代表大会审议事项存在"走过场"的形式化倾向,甚至有些学校在绩效考核方案、薪酬分配制度等涉及全体教职工利益的事项上,也不能通过教职工代表大会广泛征求意见。民主监督在权力权威面前逐渐走向虚化,质量监督流于形式、形同虚设。

综上,无论在管理的过程层面,还是在管理的结果——办学质量的层面,高职院校在内部管理方面存在计划经济的影子。改变现有管理模式,开展基于利益相关者的协同治理,成为高职院校进一步发展必须考虑的问题。

2.3 高职院校内部治理改革的迫切性与可行性

在国家治理体系和治理能力建设现代化的背景下,高职院校内部治理改革已经成为摆在高职院校面前的一项重要课题。高等职业教育由层次教育转型为类型教育,高等职业教育自身的特点决定了高职院校要在遵循自身特点的基础上,在满足行业企业发展需求、学生

---

① 杨纳名,2009.大学治理的必要与可能:治理理论的大学实践[J].河南师范大学学报(哲学社会科学版)(6):239-241.
② 曹剑,2013.高校现代学校制度建设探讨[J].教育探索(7):31-32.

技能提升的需求、教师职业发展需求的基础上,推进院校治理改革。高职院校内部治理改革既具有迫切性,也具有可行性。

一、高职院校内部治理改革的迫切性

政府治理改革迫切要求高职院校开展管理革新,高等职业教育自身的发展迫切要求改变现有管理方式,高职院校内部民主意识的觉醒迫切要求院校开展治理,行业企业参与办学的积极性的提升迫切要求高职院校开门办学,市民和第三部门的诉求倒逼高职院校开展治理改革。种种因素决定了高职院校内部治理改革迫在眉睫。

1. 政府治理改革迫切要求高职院校开展管理革新。在推进国家治理体系和治理能力建设的大背景下,高职院校作为国家治理改革的一个组成部分,推动院校治理改革,推进院校治理体系和治理能力建设,必然是高职院校工作的重要组成部分。高职院校作为公益机构,必须按照《中共中央 国务院关于分类推进事业单位改革的指导意见》的要求,强化事业单位公益属性,进一步理顺体制、完善机制、健全制度,充分调动广大工作人员的积极性、主动性、创造性,真正激发事业单位生机与活力,不断提高公益服务水平和效率,促进公益事业大力发展,切实为人民群众提供更加优质高效的公益服务。探索建立理事会、董事会、管委会等多种形式的治理结构,以转换用人机制和搞活用人制度为核心,以健全聘用制度和岗位管理制度为重点,建立权责清晰、分类科学、机制灵活、监管有力的事业单位人事管理制度。以完善工资分配激励约束机制为核心,健全符合事业单位特点、体现岗位绩效和分级分类管理要求的工作人员收入分配制度。必须深化党委领导下的校长负责制,推进以章程建设为核心的制度体系建设。

2. 高等职业教育自身的发展迫切要求改变现有管理方式。高等职业教育兼具职业教育和高等教育双重身份,然而身份的特殊并没有带来吸引力,反而一直以来饱受歧视,成为广大人民群众的无奈选择。随着经济社会的发展和国家对职业人才的重视,高等职业教育的地位逐步提升。从经济社会发展的需求看,人才成为推动经济社会发展的关键因素。特别是社会对大量高素质技能型人才的迫切需求,推动了职业教育特别是高等职业教育的发展,逐步改变了人们对职业人才的歧视。高等职业教育为人人成才、人生出彩提供了可能,"创新精神""工匠精神"成为人们热议的话题,职业教育真正迎来发展的春天。从国家政策的角度看,国家为职业教育和高等职业教育出台了系列政策,特别是 2014 年《国务院关于加快发展现代职业教育的决定》和教育部等六部门发布的《现代职业教育体系建设规划(2014—2020 年)》、教育部发布的《高等职业教育创新发展行动计划(2015—2018 年)》等,推动了高等职业教育快速发展,高等职业教育越来越成为社会关注的热点。随着高等职业教育自身的发展,其迫切要求:高职院校改变原有计划经济模式下的管理体制和机制,从僵化的体制机制向以市场为导向的灵活体制机制转变;从闭门办学向开门办学转变,注重行业企业的发展需求,以职业岗位需求为导向开展人才培养,注重产教融合、校企合作;从"一元管理"向"多元治理"转变,改变"衙门式"的管理方式,注重发挥利益相关者的主动性、积极性,群策群力,共同推动高职院校的发展。

3. 高职院校内部民主意识的觉醒迫切要求院校开展治理。传统的自上而下、具有强制性的科层式管理,压制了院校内部民主氛围。在我国推进民主法治进程的大背景下,高校内部教师、学生的民主意识觉醒,关心院校发展,积极参与管理的人数越来越多。从教师的层面看,教授的意识觉醒,作为治学的主要力量,教授已经不仅仅为了个人的治学任务而努力,而且更关注公平平等的学术氛围的营造,从专业建设、人才培养等层面关注学校改革发展的方向。教授参与学术委员会、教学工作委员会等各类议事机构的积极性显著增长,在各类委员会中发挥的作用也越来越明显。教授之外的其他教师也越来越关心学校的发展,积极参加工会、教职工代表大会等代表教师利益的相关组织,在组织中创造性地开展活动,为广大教师争取利益,谋取福利。从学生的层面看,学生从只关心自身学习进展为关心班级发展、关心所在学校发展,学生的学校荣誉感与日俱增,在学生口头禅中表现为以"大"字开头的"大某某校""大某某院",对学校的包容意识、荣辱意识甚为强烈。学生会、大学生科技协会、勤工俭学办公室等学生自治组织、兴趣组织和社会服务组织等在学校发展过程中发挥着越来越重要的作用。高职院校内部教师和学生是一种不可忽视的力量,其民主意识的觉醒迫切要求高职院校改变管理方式,让民主力量共同参与院校办学,这必将推动高职院校内部治理改革进程。

4. 行业企业参与办学的积极性的提升迫切要求高职院校开门办学。深化产教融合,促进教育链、人才链与产业链、创新链有机衔接,是当前推进人力资源供给侧结构性改革的迫切要求,对新形势下全面提高教育质量、扩大就业创业、推进经济转型升级、培育经济发展新动能具有重要意义。职业教育作为与行业企业联系最为紧密的一种教育形式,行业企业的需求直接影响和决定了教育的内容和形式。随着我国经济社会发展,行业企业需要大量高素质技术技能型人才。而在目前的高等职业教育中,所学非所用的学科体系依然存在,人才培养与社会需求脱节的现象依然存在,用人单位人才"回炉"重造增加了用人单位的成本。在此背景下,行业企业参加办学的积极性被迫提高,主动与院校合作的愿望日趋强烈,与高职院校开展订单班、嵌入式培养、现代学徒制培养、共建企业学院等,企业和学校共同培养适用人才,在一定程度上解决了用人问题。为此,学校办学在资金层面、人才培养的方式方法层面逐步被渗入企业资源,高职院校与行业企业之间形成了共同的利益关系,这要求学校打破原有的封闭的办学方式,与企业共同决策、共同实施、共享成果。学校必须由"一言堂"向"群策堂"转变,由行政管理向共同治理转变。

5. 市民和第三部门的诉求倒逼高职院校开展治理改革。高等教育从精英教育、大众化教育阶段过渡为国民的普及化教育阶段,知识精英在国家的管理中逐渐掌握话语权,分权化、民主化、管理的扁平化、普通民众要求参与国家管理的浪潮席卷全球。高职院校的发展不仅关乎教师、学生的利益,关乎政府和企业的利益,也关乎广大家长的利益。教育作为民生工程,一直以来受到广大家长和社会公众的关注。高职院校的办学质量和水平直接反映了就业的质量和水平,这也是广大家长最为关心的问题。为此,高职院校办学已经不能仅仅定位在高职院校自身的发展、更应关注学生的发展。关注家长的需求,家长作为高职院校办学的利益相关者,越来越关注高职院校的发展。家长既是高职院校发展的资源,也是高职院校发展的外生动力。家长的诉求倒逼高职院校加强改革,促进发展。除了家长为代表的市民诉求外,第三组织在我国逐渐兴起,对高职院校发展也寄予了厚望,如各类评估机构开展了院校排名,直接倒逼院校加强内部改革,激发办学活力,提升办学质量和水平。

二、高职院校内部治理改革的可行性

高职院校外部发展环境已经为高职院校内部治理体系改革准备了充分条件,高职院校现有的一些改革举措与治理改革的方向一致,可以说,高职院校已经在一定程度上启动了治理改革,高职院校内部组织发展也与治理理念一致。高职院校内部民主意识的觉醒和参政议政的诉求符合利益相关者共同治理的要求。

1. 高职院校外部发展环境促进内部治理改革。在国家大力开展治理体系和治理能力建设的大背景下,事业单位分类改革、简政放权、管办评分离、章程建设、人事分配制度改革等与院校治理密切相关的词语我们耳熟能详。政府在推进国家治理的进程中,通过推行负面清单制度,逐步厘清政府与院校的关系,强化院校的办学自主权。在拥有办学自主权的前提下,高职院校根据利益相关者要求,真刀实枪地开展基于章程的制度建设,以全员聘任为主体的人事制度和以绩效为导向的分配制度改革,破除传统行政管理体制下的改良举措带来的弊端,从而真正推进高职院校办学能力和水平的提升。总之,国家治理改革的外部背景为院校内部治理改革提供了良好的环境。

2. 高职院校内部改革符合治理改革方向。在良好的外部发展环境下,高职院校内部在加强内涵建设的基础上,出台了一些改革举措,已经从不同层面推进了治理改革进程。高职院校内部也开展了简政放权改革,如推进二级管理改革,将办学重心下移,实行扁平化管理,发挥校级层面的指导和监督作用和办学单位的主观能动性。建立了各类委员会,如学术委员会、教学工作委员会、校企合作委员会、学生工作委员会等,发挥各类委员会的议事功能,改变以往"一言堂"的决策模式,实行协商基础上的共同决策。注重发挥民主力量的作用,学生会、学生自治委员会、教职工代表大会、工会等组织越来越健全,在涉及教师、学生等切身利益的大是大非问题上发挥的作用越来越明显。有的高职院校还成立了董事会(理事会)等治理机构,基于院校章程开展了相关活动,从决策、执行到反馈,体现了治理改革的要求。总之,高职院校的系列改革举措符合治理改革的方向,在一定程度上已经启动了高职院校内部治理改革。

3. 高职院校内部组织发展与治理理念一致。从高职院校内部组织看,传统的以学科和专业为体系的组织架构比较单一,主要表现为院—系—教研室结构。而随着专业发展和高职院校与行业企业的融合,在专业层面呈现出跨界融合的发展趋势,学科之间逐渐渗透,呈现出网状的结构;在组织层面呈现出跨界组织机构,如以项目为中心的组织、以基地为中心的组织、以产学研为中心(与企业、公司联建)的组织,甚至还有独立的科研院所等,这些组织呈现出扁平化、松散化的特点[①]。这些组织的决策与运行往往依靠的是平等协商、责任共担、利益共享等理念,这与治理的理念一致。高职院校开展治理改革符合高职院校内部组织发展趋势,顺应了高职院校内部组织发展需求,对推动跨界融合型组织发展,推进专业建设、人才培养、科学研究与社会服务功能的发挥具有促进作用。

4. 高职院校内部诉求与治理要求一致。随着社会由计划经济向市场经济转型,人们的思想意识也已经由单纯接收行政命令转变为要求参与民主决策,民主意识的觉醒促进了治理改革的推进。在高职院校内部,无论是教师,还是学生,都积极要求校务公开、决策公开,要求主动参与决策过程。以往纯粹的行政命令在高职院校已经难以通行,只有在民主参与基础上的决策,在执行过程中才能够畅通无阻,也才能够真正达到决策的初衷。而治理改革的初衷就是要发挥利益相关者的作用,在协商的基础上实现共同治理,以达到决策的民主、实施的协同和结果的共赢。由此可见,高职院校内部民主诉求与治理改革的要求一致,从另一层面来说,治理改革顺应了高职院校内部诉求,是高职院校内部诉求的响应,符合民心、顺应民意,这样的改革必定受到欢迎。

综上,高职院校开展内部治理改革具有一定的基础,改革既符合高职院校外部发展环境,也符合高职院校内部发展趋势,改革可行性条件已经具备。

---

① 杨纳名,2009. 大学治理的必要与可能:治理理论的大学实践[J]. 河南师范大学学报(哲学社会科学版)(6):239-241.

第3章　高职院校内部治理体系现代化

推进治理体系和治理能力现代化建设是我国当前及今后一段时期的重要任务。高职院校内部治理体系建设是国家治理体系改革的组成部分。理解高职院校内部治理体系现代化的内涵特征、价值意义和目标使命，并在"国家治理体系"框架下，构建具有中国特色、世界水平的高职院校内部治理体系，是深化高职教育改革的重要任务。

高职院校内部治理体系现代化是从"统治"到"治理"、从"管理"到"服务"、从"人治"到"法治"、从"专制"到"民主"、从"封闭"到"开放"的系统变革。高职院校内部治理体系现代化建设是对国家治理体系改革的呼应，是推进教育现代化的重要举措和高职院校推进产教融合的内在要求，也是高职院校内部治理改革的诉求。构建具有民主性、法制性、系统性、生态性、发展性的治理体系是高职院校内部治理体系现代化的目标使命。

3.1　治理体系现代化的概念、内涵与价值

"治理体系现代化"是一个由"治理""治理体系""现代化"等多个词语组成的复合概念。"治理"是其本质特征，"治理体系"是在治理的基础上形成的系列安排，"现代化"标志着治理体系和治理水平达到了现代的程度。对于"治理体系现代化"的概念，学界没有形成定论，学者们更多的是从其内涵进行阐释。

一、治理体系现代化的概念辨析

治理体系现代化包括治理、治理体系、现代化、治理体系现代化这几个相关概念，对这几个具有不同内涵和外延的概念进行辨析，有助于我们深刻理解治理体系现代化的内涵特征。

(一) 治理

全球治理委员会对治理的定义最具代表性和权威性,认为治理是各种公共的或私人的个人和机构管理其共同事务的诸多方式的总和。它是使相互冲突的或不同的利益得以调和并且采取联合行动的持续的过程。从这个概念可以看出,首先治理既应用于公共领域,也应用于私人机构,简单地说治理是关于人和事的治理,是处理、协调人和事的各种方式的总和。其次,治理的目的是处理冲突和协调不同利益,并最终实现不同利益相关者能够联合采取行动,共同进行治理。最后,治理的过程是一个持续性的过程,是不同利益相关者持续采取行动,以共同维护公共利益。由此可见,治理具有以下典型特点:领域的通用性、行动的共同性、方式的协调性、过程的持续性、结果的共享性。

1. 领域的通用性。治理既应用于公共事务领域,如全球治理、国家治理、社会治理等,也应用于私人机构领域,如企业治理、家族治理等。治理领域的通用性决定了治理的方式可应用于一切领域。

2. 行动的共同性。治理的目的是使相互冲突或不同利益得以调和,从而达到调和的目的。因而,必须是代表不同利益的利益代表共同参与,共同参与是治理行动过程的典型特点。

3. 方式的协调性。为了达成最终能够代表利益相关者的合理诉求,治理的过程必然是建立在协商民主的基础上,具有协调性的协商方式是治理过程的主要方式。

4. 过程的持续性。治理是利益相关各方共同参与、共同协商的过程,而要达成能够满足利益相关各方合理诉求的意见,协商过程必须具有持续性、反复性。

5. 结果的共享性。治理是利益相关各方共同参与、共同协商、共同执行的过程,其结果代表了利益相关各方的利益和诉求,治理结果利益相关各方共同享有。

(二) 治理体系

对于治理体系的研究,在国家治理体系的层面,雷世平等(2015)认为,"治理体系"是进行有效治理的,紧密相连、相互协调的一系列制度体系,它涉及各相关领域的体制机制、法律法规安排,包括治理结构体系、治理功能体系、治理规则体系、治理方法体系和治理运行体系五大基本内容。王征国(2014)[①]认为,所谓"治理体系",是指国家对经济、政治、文化、社会、制度等方方面面进行综合治理的系统工程,它是在宪法和法律框架内,由政府主导、公民参与、社会协同的良性互动过程。在院校治理体系的层面,肖凤翔等(2016)[②]认为,以教育决策权力的分配方式为标准,职业教育治理体系可分为层级式、分权式与协商式三种主要形式。在社会治理体系的层面,杨述明(2015)[③]认为社会治理体系的组成,包括组织体系、制度体

[①] 王征国,2014. 国家治理体系现代化研究[J]. 贵州师范大学学报(社会科学版)(3):1-16.
[②] 肖凤翔,贾旻,2016. 协商治理:现代职业教育治理体系现代化的路径探析[J]. 中国职业技术教育(3):5-10.
[③] 杨述明,2015. 现代社会治理体系的五种基本构成[J]. 江汉论坛(2):57-63.

系、运行体系、评价体系、保障体系等。笔者认为,治理体系是在治理的基础上形成的系列安排,包括治理结构体系、治理制度体系、治理方法体系、治理保障体系、治理评价体系等。治理结构体系是治理实施的组织保障,治理制度体系是治理实施的制度保障,治理方法体系是治理实施的运行保障,治理保障体系是治理实施的思想理念保障,治理评价体系是治理实施的反馈性保障,五者之间形成了关于治理的生态系统,保障治理的有效实施。

(三)现代化

在政治视野中,我们有"四个现代化",即工业现代化、农业现代化、国防现代化、科学技术现代化。习近平2013年在十八届三中全会上将全面深化改革总目标设定为"完善和发展中国特色社会主义制度,推进国家治理体系和治理能力现代化",有学者认为这是"第五个现代化"。对"现代化"一词的理解,国内外专家学者尚无完全统一的认识。根据国内外学者的理解,我们至少可以形成以下基本的认识:首先,现代化是一个系统,它是由物质、制度、文化等若干个相互作用的子系统组成;其次,现代化是社会各方面的现代化,既包括经济、政治的现代化,也包括文化的现代化,是人类社会在政治、经济、文化以及社会生活等领域所发生的由传统社会向现代社会的全方位转型;最后,现代化是一个过程,在这个过程中,经济、社会、文化以及人们的精神面貌、思想观念和思维方式等方面都将发生深刻的变化,并且随着这些变化,社会的文明程度不断提高,人们的生活质量不断改善,社会的运行机制更趋于合理①。

(四)治理体系现代化

习近平强调,推进国家治理体系和治理能力现代化,必须完整理解和把握全面深化改革的总目标,这是两句话组成的一个整体,即完善和发展中国特色社会主义制度、推进国家治理体系和治理能力现代化。我们的方向就是中国特色社会主义道路。因此,从政治属性来看,国家治理体系是治理国家的一系列制度和程序,其本质是中国特色社会主义制度体系,强调"国家治理"而非"国家统治",强调"社会治理"而非"社会管理",正如习近平强调的:"治理和管理一字之差,体现的是系统治理、依法治理、源头治理、综合施策。"在理解国家治理体系现代化的基础上,我们可以对高职院校内部治理体系现代化进行阐释。第一,高职院校内部治理体系现代化是在完整理解和把握全面深化改革总目标的基础上形成的系列制度和程序。第二,高职院校内部治理体系现代化是高职院校在中国共产党领导下形成的具有中国特色社会主义的系列制度和程序。第三,系列制度和程序体现的是系统治理、依法治理、源头治理、综合施策。

(五)高职院校内部治理体系现代化

高职院校内部治理体系建设是国家治理体系建设的重要组成部分。在"国家治理体系"框架下,构建具有中国特色、世界水平的现代教育治理体系,实现教育治理能力现代化,是当

---

① 雷世平,姜群英,2015.高职院校内部治理能力现代化的内涵及其衡量标准[J].职教论坛(31):41-45.

前我国教育领域深化综合改革的重要目标和战略任务。高职院校要围绕全面深化改革的总目标,深入把握和领会改革的内涵,改变传统的"一元管理"方式,在民主、法治的环境中,构建多元主体参与、权力制衡的治理结构;开展高职院校章程建设,建立基于章程的管理制度体系,形成具有治理特点的治理制度;基于利益相关者的利益,运用共同治理、协商治理的方式开展院校治理,激发高职院校内部师生的能动性,发挥高职院校外部利益相关者的主动性,共同维护和发展高职院校社会效益;开展治理保障体系建设,构建主体多元化、考核绩效化、环境民主化的治理保障体系,形成评价主体多元化、评价指标科学化、评价方式多样化的现代化评价体系,从而形成具有现代化特征的高职院校内部治理体系,提升高职教育治理能力。

二、高职院校内部治理体系现代化的内涵特征

高职院校内部治理体系现代化是高职院校内部管理其共同事务的一系列具有现代性、先进性的制度、体制和机制。从内涵特征的角度分析,高职院校内部治理体系现代化包含治理结构的现代化、治理制度的现代化、治理方法的现代化、治理保障的现代化和治理评价的现代化五个方面,其内涵特征体现了从"统治"到"治理"、从"管理"到"服务"、从"人治"到"法治"、从"专制"到"民主"、从"封闭"到"开放"的变化过程,是全面深化治理改革总目标下高职院校内部治理体系的系统变革。

(一) 现代化的治理结构:从"统治"走向"治理"

治理结构是为实现组织利益而形成的结构性制度安排,不仅规定了组织的各个参与者的责任和权利分布,而且明确了组织参与者所应遵循的规则和程序。现代化的治理结构与传统的管理结构有着本质的区别:在传统的"统治"理念下,高职院校管理结构是自上而下的"一元"结构,体现的是统治者的利益,依赖于强权进行管理,具有强制性的特征,代表的是少数管理者的利益。"治理"理念下的治理结构,改变了以往垂直的"一元"结构,形成基于相关者利益的"多元互动"的结构,体现的是利益相关者的利益,教师、学生、校友、企业、政府等各利益相关者积极主动参与治理,在实现组织利益的前提下满足个人或相关团体利益的追求。现代化的高职院校内部治理结构破除了传统管理的弊端,减少了强权的性质,体现的是自发性的、非强制性的公共参与,激发了利益相关者的主动性和积极性,推动了利益相关者的共同治理和协商治理,代表了全面深化治理改革的方向。

(二) 现代化的治理制度:从"管理"走向"服务"

治理制度是实现组织利益的系列制度安排,是组织开展治理的规则和程序。制度面向的对象是"人",在不同的理念下,制度代表了不同的利益。现代化的治理制度与传统管理制度也有着本质区别:传统管理理念下的高职院校制度代表的是管理者的意志,满足的是少部分人的利益,管理者与被管理者形成了一种不可调和的矛盾关系。而在现代治理理念下,制

度不再是用来管理人,而是用来服务于人,制度代表的是广大利益相关者的利益,组织利益的实现是个人利益实现的前提,个人利益服从和服务于组织利益,个人利益与组织利益形成了辩证统一的关系。制度的本质属性从"管理"走向"服务",不仅体现了理念的变化,而且促成了"人"的变化。高职院校内部无论是院校领导,还是师生等利益相关者,在现代化的治理制度下,分工负责,各行其是,各负其责。良好的制度环境为制度的良性运行奠定了基础。

(三)现代化的治理方法:从"人治"走向"法治"

治理方法是治理手段和治理举措的综合运用。现代化的治理方法有别于传统的治理方法:传统的管理理念下的高职院校内部治理方法主要依靠领导者的个人意志,具有随意性、专断性、不连续性,其治理结果往往容易走向两种极端:一种极端是"唯上",不顾组织利益,一切以领导者的喜好、意志为转移,在管理过程中往往粉饰太平、遮掩事实,形成"天下太平"的假象,长此以往将造成院校内部民怨沸腾。另一种极端是"惧下",即在管理者缺乏强硬管理举措的情况下,领导者的个人意志缺乏有效响应,往往造成被管理者的集体抗议,上行下令不能有效执行,导致管理的失效。现代治理理念下的高职院校内部治理建立在民主的基础上,依靠的是"法治",即运用高职院校内部符合各方利益的制度进行治理,具有稳定性、持续性、民主化的特点,正如亚里士多德指出,"法治优于一人之治"。

(四)现代化的治理保障:从"专制"走向"民主"

治理保障是从理念到实施的一整套系统,为治理改革顺利实施保驾护航,包括治理理念的现代化、治理主体的多元化、治理环境的民主化等。其中,治理环境的民主化是现代化治理保障的本质要求。传统高职院校管理往往带有"专制"的特点,高职院校管理者的功能定位于"控制",即通过公权力来实现自身的意志,管理者无所不能、无所不在、事无巨细、大包大揽,奉行的是包办的"家长主义"作风,其管理结果造成管理者与被管理者的对立,造成对组织和组织相关利益者的利益损害。在民主的治理环境中,高职院校管理者代表的是广大利益相关者的利益,管理者的主要职能由"管理"走向"服务",一切管理行为都围绕保护和实现组织的利益而展开,管理者在充分征求意见、集思广益的基础上,改进方法,提高效率,提升效益。由"专制"走向"民主"的治理环境是治理现代化的保障,在整个治理体系中具有至关重要的作用,决定了"治理"的实施成效。

(五)现代化的治理评价:从"封闭"走向"开放"

治理评价是治理的反馈环节,评价的主体、内容和形式直接影响评价的结果,也影响到治理的成效。在传统的管理理念中,高职院校管理评价往往具有"封闭"的特点,管理者既是运动员也是裁判员,既是"掌舵者"也是"划桨者","管办评"一体的封闭评价方式,忽视了组织大部分利益相关者的利益,代表的是高职院校中少数管理者的利益。封闭的评价方式影响了高职院校组织效能的发挥,不能适应日新月异的发展形势。在现代治理理念下,治理评价具有"开放"的特点,要求高职院校向外部的利益相关者开放,向内部的广大教职工开放,激发利益相关者的参与热情,提高治理的成效。在治理评价环节,要求利益相关者共同参与组织评价,体现主体参与的多元性;在治理评价指标设置环节,要充分征求利益相关者的意见,设计科学合理的评价指标;在评价方式方法上,要求采用自评与互评相结合、过程评价与结果评价相结合的多元评价方式。

三、高职院校内部治理体系现代化的价值意义

高职院校内部治理体系现代化建设既是对国家治理体系改革的呼应,也是深化高职教育改革,推进教育现代化的重要举措,同时也体现了高职院校产教融合的必然要求和满足了高职院校内部治理改革的诉求。

(一) 高职院校内部治理体系现代化建设是对国家治理体系改革的呼应

党的十八届三中全会首次在国家层面提出推进国家治理体系和治理能力现代化,成为引领中华民族伟大复兴、实现中国梦的总方针和行动纲领。国家治理体系包含经济、社会、政治、教育、文化等多个复杂的层面。其中,教育治理体系现代化是国家治理体系现代化的重要内容。高职教育作为教育的一个重要组成部分,既有高等教育的特点,又有职业教育的特征,在教育体系中具有特殊的身份,这也就决定了高职教育治理体系建设在整个教育治理体系建设中具有特殊的意义。由此,推进高职院校内部治理体系现代化建设既是对国家治理体系改革的呼应,也是高职教育治理改革的重要任务,事关高等职业教育的改革与发展和经济社会发展,具有不可或缺的价值和意义。

(二) 高职院校内部治理体系现代化建设是推进教育现代化的重要举措

教育现代化是时代命题,是实现中华民族伟大复兴的重要支柱。高职教育作为教育的重要组成部分,在推进教育现代化过程中担当重要的历史使命。高职院校作为高等职业教育办学单位,在推进教育现代化过程中需要更新教育理念,激发创新活力,推进产教融合,更新教学内容,优化教育管理等。这就要求高职院校营造开放与多元、民主与法治、协商与共治的治理环境,要求高职院校加强以治理结构改革、制度体系建设、治理方法改进为基础的内涵建设,形成治理保障有力、治理评价科学的治理体系,为教育现代化建设奠定基础。开展高职院校内部治理体系现代化建设是推进教育现代化建设的重要举措和基本保障。

(三) 高职院校内部治理体系现代化建设是推进产教融合的内在要求

推进产教融合,推动职业院校和行业企业形成命运共同体,已经成为国家职业教育改革的目标和使命。高职教育作为一种类型教育,是职业教育的重要组成部分。健全多元化办学体制,提高行业企业参与办学程度,是高职院校产教融合发展的内在要求。高职教育内部治理体系现代化建设虽然侧重于高职院校内部建设,但产教融合发展要求倒逼高职院校必须构建开放互动的治理体系,推动高职院校内部治理向外部的行业企业开放,与产业发展形成互动,要最大程度发挥行业企业在学校办学过程中的主动性和能动性,让企业成为学校办

学的重要的利益相关者。这既顺应了学校治理体系现代化的改革需求,也顺应了高职产教融合的发展需要。

（四）高职院校内部治理体系现代化建设顺应了高职院校内部改革诉求

在长期以管理为特征的体制下,高职院校内部管理缺乏活力,管理体系中存在诸多矛盾,影响了高职院校的发展。其主要表现在:在治理结构层面,虽然逐步形成了党委领导、校长负责、教授治学、民主管理的治理结构,但党政之间的职权不清,教授治学流于形式、民主管理浮于表面等问题广泛存在,以"专制"为特征的一元管理现象依然存在,在一定程度上打击了民主参与的积极性,治理成效并不明显。在治理制度体系建设层面,制度缺失、有章不循、有"法"不依的现象依然存在,"人治"的随意性影响了制度效能的发挥。在治理方法层面,管理特征痕迹明显,协商和共治缺失。在治理保障层面,距离多元化参与、绩效化考核、民主化环境的治理要求相差甚远。在治理评价层面,行业企业和"第三方机构"未能有效参与。综上,传统管理模式下带来的多种弊端制约了广大教职工民主参与的积极性,影响了管理效能的发挥,在某种程度上阻碍了高职院校的发展。推动高职院校内部治理改革已经成为高职院校内部利益相关者的普遍诉求,开展高职院校内部治理体系现代化建设顺应了高职院校内部改革诉求。

3.2 治理体系现代化的目标与思路

高职院校内部治理体系现代化是现代治理理念下高职院校内部的制度、体制和机制的系统化变革。高职院校内部治理体系现代化建设要从治理结构层面、治理制度层面、治理方法层面、治理保障层面和治理评价层面破除传统管理带来的弊端,依靠民主与法治,在开放与多元参与的基础上,通过协商治理、共同治理和多元评价满足高职院校利益相关者的利益诉求。同时,实现高职院校内部治理体系现代化需要分步实施,从管理到治理、从治理到共治、从共治到善治是一个持续改革的过程。

一、治理体系现代化的目标

构建具有民主性、法制性、系统性、生态性、发展性的治理体系,是高职院校内部治理体系现代化建设的目标使命。

（一）构建具有民主性的治理体系

高职院校内部治理体系现代化首先要求民主参与,教职工和广大学生不再是学校的被管理者,而是学校治理的主动参与者,能够建言献策、积极主动参与学校事务的治理,按照少数服从多数的原则开展民主决策。这就要求高职院校通过体制机制建设激发民主参与的积极性,通过制度体系改革建立民主管理的通道,通过简政放权释放民主管理的空间,从而改变以往管理的单向性,实现治理的多向性,形成合力共同推进高职院校发展。构建民主化的治理体系:一是有助于广开言路,了解利益相关者的合理诉求。广大教职工和学生能够从不同的层面反映学校管理过程中存在的问题,并能够对问题提出合理化的意见和建议。二是有助于形成科学决策。在全面了解各利益相关者的诉求后,决策者在共同治理、协商治理的环境中形成的决策就能够代表利益相关者的利益,实现决策的科学性。三是有助于决策实施。代表各方利益的科学性决策会得到各利益相关者的拥护,在决策实施过程中就避免了阳奉阴违、有令不行的现象,决策实施比较顺畅。四是有助于决策准确有效反馈。民主化的决策和民主化的决策实施将得到民主化的反馈,有助于决策的完善,从而形成良性的质量循环,提高治理的效率。

(二) 构建具有法制性的治理体系

高职院校内部治理既要依据国家的法令制度,也要依靠院校的章程和内部管理制度进行治理。从院校实践看,目前院校内部制度体系存在较多问题,主要表现在:一是制度体系不完备,制度缺位的现象比较严重。二是制度之间相互矛盾,不同的制度之间有冲突,同一制度的不同版本同时执行。制度混乱造成制度执行难,这也是有部分管理者认为"人治"比"法治"更便捷的原因。三是制度体系陈旧,无法适应新的发展形势,制度也就失去了应有的作用。四是制度体系形同虚设,得不到有效执行。在高职院校管理实践中,无"法"可依,有"法"不依和执"法"不严是三大问题。高职院校内部治理体系现代化建设要求以制度规范为依据进行治理。一切行动依靠制度,在制度的规范中实行共同治理。构建具有法制性的治理体系:一是有利于构建一套科学合理、体现民主意识的制度体系,解决因制度体系缺失、矛盾和陈旧而造成的"无法可依"的问题。二是有利于在制度体系的框架下开展院校治理,解决因以往"人治"的随意性、偏向性和武断性而形成的"有法不依"的问题。三是有利于解决制度的执行难问题。通过制定反映民意、科学合理的制度,解决制度执行难、选择性执行和不执行的"执法不严"问题。

(三) 构建具有系统性的治理体系

系统论的核心思想是系统的整体观念。高职院校内部治理体系具有系统性的特点,主要体现在三个方面:一是治理理念、制度、行动的系统性。高职院校内部治理体系是一个完整的系统,是一个由民主的理念、科学的制度和严格的执行组成的系统。其中,理念是引导,制度是核心,行动是保障。二是治理目标、内容和路径的系统性。高职院校内部治理既包括对当下高职院校的治理,也包括对高职院校未来发展的把握,包括短期目标、中长期目标和长远目标;既包括高职院校全局目标,也包括高职院校各部门、各二级学院的发展目标。围绕不同层次、不同时期的目标,高职院校需要细化相应的治理内容,并采用相应的策略和方法来推进治理内容的实现。三是高职院校过去、现在和未来之间的系统性。高职院校内部治理体系建设需要关注高职院校的过去、现在和未来。高职院校往往有着自己的独特历史与传统,在着眼于现在的同时,也要关注院校的发展历史和未来发展趋向。构建具有系统性的治理体系:一是有助于实现理论与实践的统一。理念、制度和行动之间的良性循环,改变了以往"想当然"的盲动局面。二是有助于实现目标、内容和路径的统一。治理体系改革形成了以目标为指向的树形结构,目标清晰、任务明确、路径合理,有利于治理的实施,解决了以往任务不清、责任不明、相互推诿、行动迟缓的局面。三是有助于实现历史、现实和未来的统一。"历史"是阶梯,"未来"是指向,"现在"是"历史"的发展,也是"未来"的基础。解决以往"人治"环境下任意否定历史和忽视未来的问题,把历史、现在和未来作为一个整体,有利于形成"向上""向前"发展的合力,从而推动高职院校内部治理目标的实现。

(四) 构建具有生态性的治理体系

教育生态学以生态系统的整体、系统、平衡观来重新分析和构建教育的理论框架,已经成为21世纪大学可持续发展的一种全新理念。教育生态化是指按照教育生态学的观念,致力于解决教育过程"本体自然"和"体外自然"的对抗性矛盾,以形成整体的动态平衡的教育[①]。根据教育生态学原理,高职院校处于一个生态系统中,包括高职院校内部生态和高职院校外部生态,高职院校内部治理既要适应和促进内部生态的发展,也要适应和促进外部生态的发展。高职院校生态性治理体系主要包含两个层面:一是高职院校内部生态,高职院校内部是由学生、教师、行政人员及其他相关人员按照一定的规范和目标组成的一种特殊的社会组织,高职院校内部治理要面向内部的利益相关者,实行校务公开,内部的利益相关者共同参与决策,共同参与决策实施,共同实施反馈与决策修订,形成良性的质量循环,共同推进治理能力和水平的提升。二是高职院校外部生态,主要包括政府、行业企业和社会。首先,高职院校要与政府形成互动,积极争取职业教育政策挟持,促进办学能力的提升。其次,职业教育作为与行业企业结合最为紧密的一种教育形式,高职院校内部治理要面向行业企业,进一步开展校企合作,推进产教融合,在师资队伍建设、课程建设、实训建设等层面与企业互动发展。最后,高职院校要面向社会,发挥院校在师资、课程等方面的优势,为社会提供技术咨询、社会培训等服务,发挥院校的社会服务功能,推进地方经济社会的发展。构建具有生态性的治理体系:一是能够激发内部人员的积极性、主动性和能动性,提高民主参与意识,提升决策的科学性,促进治理水平的提升。二是能够提高政府对学校的关心和支持程度,提高办学能力,提高行业企业与高职院校的融合对接、协同发展的程度,不仅为行业企业提供优质的人力资源服务,而且通过需求对接,为行业企业提供政策咨询、技术研发等咨询与研发服务,成为行业企业发展的有力支撑。

---

① 赵泽虎,颜世硕,2012.从治理到善治:生态学视野中的大学治理研究[M].苏州:苏州大学出版社:73-74.

（五）构建具有发展性的治理体系

发展性是事物的本质属性。高职院校内部治理体系建设同样存在发展性，治理的最终目标要达到"善治"，高职院校内部治理体系建设要达到"善治"的境界，必须坚持发展的观点，始终保持现代性和先进性。其主要表现在以下方面：一是治理主体的发展性。高职院校内部治理首先要让教职工和学生在思想上更新观念、行为上与时俱进，否则旧思想只能成为发展的羁绊，这就要求高职院校要不断加强教职工和学生的思想观念的更新，开展经常性的讲座、研讨、参观考察等活动，让教职工和学生在活动中形成共识和动力，真正提高民主参与的科学性、有效性。二是治理结构的发展性。治理结构既影响到治理的决策，也影响到治理实施的效率和效果。在治理过程中，高职院校要根据自身实际，形成科学合理的治理结构，并在实施过程中不断优化结构，切实提升治理结构的效度。三是治理内容的发展性。不同的高职院校有不同的治理内容和治理重点，同一院校在不同的历史时期的治理内容也不一样，这就要求高职院校本着实事求是的态度，认真分析本校的实际，在尊重历史、展望未来的基础上，实事求是地确定当前的治理目标、治理内容及治理要点。四是治理方法的发展性。高职院校要针对自身的实际情况，探索有针对性的治理方法，用发展的态度审视治理方法的得当性，在不断发展变化中形成自身的治理特色。构建具有发展性的治理体系：一是有助于提升治理决策和实施的成效，解决因为治理主体认识不足而造成的管理层与广大教职员工和学生在行动上对立的问题。二是有助于提升治理的效率和效度，解决治理结构单一、混乱和烦琐的问题。三是有助于提升治理的针对性，解决以往治理内容的随意性、短浅性的问题。四是有助于高职院校在治理目标、内容、方法的改革实践中形成个性与特色，解决"千校一面"的问题。

二、治理体系现代化的思路

高职院校内部治理体系现代化的过程是一个持续改革的过程，不可能一步到位。从理念的变革到行动的变革，再到体系的完善是一个漫长的过程，其建设成效也是逐步显现出来的。因此，我们在治理体系现代化建设过程中，要避免急躁的心态，做好分步实施的计划和安排。我们认为，治理体系现代化建设大体可以分为三个步骤，即第一步从管理到治理的变革，第二步从治理到共治的变革，第三步从共治到善治的变革。三个阶段的目标和任务各不相同，前一阶段是后一阶段实施的基础，后一阶段是前一阶段实施成果的体现。通过三个阶段的实施，最终完成高职院校内部治理体系现代化的变革。

（一）从管理到治理的变革

从管理到治理是高职院校内部治理体系改革的逻辑起点，此阶段的主要目标是从权威依赖型向自我发展型转变。围绕这一目标，高职院校要开展以下三个方面的工作：一是从思想观念层面进行发动宣传，邀请相关领域的专家学者以讲座、研讨等形式对高职院校管理层、广大教职员工和学生进行理念更新，并组织高职院校内部利益相关者开展讨论，探讨从管理到治理的变革举措。二是在治理结构层面改变以往行政独大的结构,建立分权与制衡相统一的治理结构,在横向层面建立党委、行政和教授等民主力量的分权结构,在纵向层面建立向二级学院分权的扁平化的治理结构。三是在治理制度层面,围绕治理结构的变革开展相应治理制度体系建设,在制度体系中体现民主理论参与治理的特征。通过三个方面工作的开展,逐步转变理念,完善治理结构和制度体系,不断提高决策和管理的民主化、科学化和规范化的水平。

(二) 从治理到共治的变革

从治理到共治是治理体系现代化的关键一环。在治理理念、治理结构和治理制度体系逐步完善的基础上,高职院校内部治理体系建设可以进入第二个阶段。该阶段的主要目标是实施共同治理,主要任务有以下三个方面:一是在业务层面,建立民主参与高职院校业务治理的渠道,构建各类委员会,包括学术委员会、教学工作委员会、科研工作委员会、学生工作委员会、学生自治委员会等。在学术治理层面,充分授权学术委员会,发挥其在科研、专业与课程建设等方面的决策作用。在教学管理层面,发挥教学工作委员会的协商与决策作用。在学生管理层面,发挥学生工作委员会和学生自治委员会的反馈、协商、决策功能,提升民主力量的参与意识。在科学研究层面,发挥科研工作委员会的协商功能,共同形成科研的评价体系。二是在学校管理层面,充分发挥政府、学校、行业企业共同参与的咨询委员会、党委会、党代会、党政联席会议、教职工代表大会、学生代表大会、工会等各类机构的功能,在价值认同和维护公共利益的基础上,建立信任、互利与平等的协调网络,多元主体共同参与,民主协商与决策,共同实现高职院校利益最大化。三是在治理方法层面,运用共同治理、协商治理以及民主与法治相结合的方法,推动院校治理体系的现代化。通过三个方面任务的开展,从业务层面、管理层面以及方法层面推动治理体系建设,实现向利益相关者共治的跨越。

(三) 从共治到善治的变革

从共治到善治是治理体系现代化的终极目标。治理的最终目标是善治,其本质特征就是各方主体处于协调状态,在维护集体利益最大化的基础上实现个人利益。为此,本阶段主要立足于治理文化的形成和固化,主要任务有以下三个方面:一是把握善治的内涵与特征,实现善治需要良好的治理文化作为支撑,需要共同的心理因素和共享的价值观念,并以此作为行动的指南。二是构建具有引领作用的治理评价体系。治理评价是治理实施的指挥棒,是治理文化的最集中体现。高职院校要在实践的基础上围绕治理结构、治理制度、治理方法、治理保障等方面不断总结,形成具有高职教育特点和本校特色的治理评价体系,以此引领治理体系的改革和建设。三是不断固化治理文化。在治理改革实践中,要大胆实践、勇于改革、推陈出新、敢于否定和创新,对已经成型的经验和做法要通过制度进行固化,形成可推广的经验和文化。通过三个方面任务的开展,明确治理改革的终极目标,并构建以善治为使命的治理评价体系,在实践中不断固化治理制度和文化。

3.3 治理体系现代化分析框架

高职院校内部治理体系现代化建设是一项系统工程,需要从整体把握治理体系现代化的内涵,并围绕其内涵特点,从治理体系构成要素的角度细化各构成要素的内涵特征,以此作为治理体系各构成要素在高职院校改革实践的指南。我们认为,高职院校内部治理体系现代化包括五个方面,即治理结构体系的现代化、治理制度体系的现代化、治理方法体系的现代化、治理保障体系的现代化和治理评价体系的现代化。其中,治理结构体系、治理制度体系、治理方法体系之间形成相辅相成的"铁三角"关系,三者缺一不可,否则就不能够支撑治理体系建设。治理评价体系和治理保障体系建设贯穿在治理体系现代化建设的始终,当治理达到"善治"阶段的时候,治理评价体系和治理保障体系才能够趋于完善。其间关系如图3-1所示:

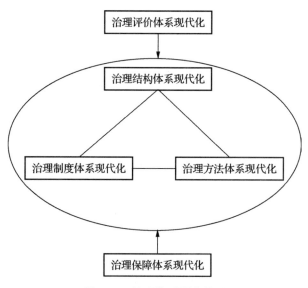

图3-1 治理体系要素关系

在理顺治理体系要素组成及各要素之间的关系后,我们来探讨治理体系各要素的内涵,以此构建治理体系现代化的理论框架。我们认为,治理结构体系现代化包括开放多元、分权制衡、职权清晰的特征,治理制度体系现代化包括章程引领、激励约束、运行规范的特征,治理方法体系现代化包括共同治理、协商治理、文化善治的特征,治理保障体系现代化包括管办评分离、法人主体地位、社会广泛参与的特征,治理评价体系现代化包括评价主体多元、评价指标合理、评价方法多样的特征,如图3-2所示:

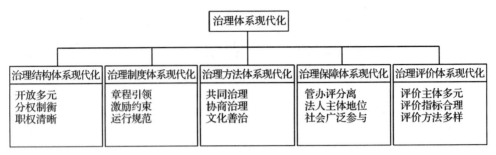

图 3-2 治理体系现代化分析框架

高职院校内部治理改革是高职院校主动适应国家治理改革要求、主动配合产教融合发展需求而进行的高职院校自我革新,其改革成效直接决定了高职院校利益相关者参与院校治理的积极性和主动性,直接影响到高职院校发展质量和水平。高职院校内部治理体系改革要围绕治理结构、治理制度、治理方法、治理保障、治理评价五个方面开展系统性的改革,形成内部治理改革的质量闭环,提升内部治理改革的质量和成效。

一、构建开放多元、分权制衡、职权清晰的治理结构

治理结构开放多元保证了治理主体的广泛参与,分权制衡保证了治理主体间的相互约束,职权清晰保证了治理良性运行,三者之间相辅相成,既体现了高职院校利益相关者的共同参与,也体现了治理权力的合理分配和相关制约,以此形成广泛参与、相互制约、职权清晰的治理结构。

(一)构建开放多元的治理结构

1. 开放。职业教育是直接面向社会、面向市场的一种教育类型,开放是职业教育的本质要求。无论是校企合作、产教融合,还是推动职业院校和行业企业形成命运共同体,都要求职业教育向社会开放。高职院校内部治理结构体系要打破封闭的局面,需要从以下方面着手:一是要在结构体系中设置政府、行业企业和社会参与的决策咨询机构,如设置院校理事会、发展咨询委员会等,通过定期的会议、会商等交流形式为院校发展出谋划策,为院校内部治理中遇到的问题提供决策咨询,提高决策的科学性、针对性和有效性。二是要建立行业企业参与的治理质量监督与反馈机构,邀请行业企业技术和管理人员在学校行政部门和二级学院挂职,让他们通过深入参与了解院校内部治理体系中存在的问题,并提出建设性的意见和建议,促进院校内部治理改进。

2. 多元。治理要求从"一元管理"走向"多元治理",在开放的前提下,高职院校要改变以往自上而下的单向管理结构,形成多元主体共同参与的治理结构。一是要协调好党政之间的关系,构建党委决策、校长负责的决策与执行体系。高职院校内部尚存在以党代政、以政代党以及党政不分的现象,高职院校要以中共中央办公厅印发的《关于坚持和完善普通高等学校党委领导下的校长负责制的实施意见》为指导,制定高职院校具体实施办法,明确高

职院校党委和行政之间的职、权、利关系。二是要积极发挥学术力量的治学功能。以教授为代表的学术力量在传统的管理中一直处于被动状态,逐渐形成"事不关己、高高挂起"的心态。在治理环境下,高职院校要为教授等学术力量作用的发挥构建平台,如组建学术委员会、专业建设委员会、课程改革委员会等组织,并予以足够权限,充分发展学术咨询和决策的作用,切实提升高职院校治学能力和水平。三是要积极发挥民主力量的参与作用。高职院校民主力量包括广大教职工和学生,力量雄厚却往往容易被忽视。高职院校在治理结构改革中要构建民主力量作用发挥的平台,充分发挥教职工代表大会、工会、学生代表大会等各类民主性机构的监督与反馈作用,让各类决策能够真正代表广大民主力量的利益。

(二)构建分权制衡的治理结构

1. 分权。分权即把原本集中在某些人或某些组织机构中的权力合理分配给相关组织,并由相关人员代表组织行使权力。分权的目的一方面是为了防止权力过于集中而造成集权,另一方面是为了激发群众参与的积极性,发挥群众的智慧共同推进组织的成长。高职院校要实现分权,必须解决向谁分权和如何分权的问题以及权力的民主与集中的关系。一是解决向谁分权的问题。高职院校分权改革主要涉及内部和外部两个方面。一方面是内部分权,包括纵向分权和横向分权两个层面。纵向分权即向中层和群众分权,如高职院校开展二级管理改革,校级部门的权力向二级学院分权,二级学院的权力向系部分权,系部的权力向系部教师分权。横向分权即向校级各管理部门分权,向各类民主决策机构和各类委员会分权,如学术事务向学术委员会分权,教学事务向教学委员会分权,等等。另一方面是外部分权,高职院校与行业企业及社会本身就是一种生态关系,高职院校的发展与外界环境息息相关,而外界环境的变化也直接影响高职院校的发展。所以,高职院校要让渡部分权力给行业企业和社会,让行业企业和社会能够参与到学校的决策与发展中来。二是要解决如何分权的问题。分权不是推诿责任,而是通过协商治理、共同治理推进院校治理改革。领导层不能打着分权的旗号将责任下移,成为学校发展的旁观者,要通过合理设置职能部门、合理设定权责进行分权。三是合理处理好民主与集中的关系。分权是民主的体现,在分权的基础上同时也要根据民主集中制原则,保证权力能够集中。

2. 制衡。制衡是在合理分权的基础上,通过制度规定,使得权力之间形成相互制约和相互监督关系,让权力在规范的轨道上运行。高职院校内部权力制衡要从横向和纵向两个方面开展:在横向层面,决策权力、执行权力、民主权力之间形成制约、监督与反馈关系,每一种权力都要接受其他两种权力的制约和监督,同时要按照民主权力向执行权力、执行权力向决策权力的方向进行反馈,以此形成权力执行与反馈"质量环"。在纵向层面,学校与二级学院之间、二级学院与系部之间要形成制衡关系,这就需要明确各自的职能和职责,在职、权、利相统一的基础上形成监督与制约的关系。制衡关系是一种动态平衡,高职院校在办学实践中要根据历史传统和办学重点,动态调整权力分配与权力约束关系,逐步优化权力结构,并以制度的形式逐步固化形成制衡系统。

(三) 构建职权清晰的治理结构

1. 职责清晰。职责清晰是通过对组织内部职责的划分、明确职责的内容、指定履行职责的对象,做到不同岗位之间的职责不重复、少交叉,并落实到具体的岗位制度中,以解决组织内因职责不明确而造成的做事推诿、效率低下的问题。高职院校内部治理要做到职责清晰,需要从以下方面开展工作:一是要推行"大部制"改革,围绕院校发展大局,合理设置和整合内部机构,撤销可有可无的机构,兼并职责交叉的机构,整合部门职能,减少部门数量,实行合署办公。二是明确和细化部门职责,在明确一级部门职责的基础上,采用任务分解的方法,分配和细化下属各部门的职责,下属部门和一级部门之间形成"部分之和大于整体"的职责分配关系。三是要注重职责的履行监督。设置质量监督部门,监督各部门职责履行情况并及时反馈。四是不断修订部门职责,在职责履行过程中,根据质量监督部门的反馈,不断调整岗位职责,使之趋向科学化、合理化。

2. 权力清晰。权力清晰要求"权职匹配""权责匹配",高职院校要做到职权清晰,需要从以下方面开展工作:一是理清内部关系,开展岗位制度建设,这是权力清晰的基础,如何授权、对谁授权、授予多大的权都需要建立在理清内部关系,制定岗位职责的基础上。二是要正确地选人、用人。人的思想道德素质、职业岗位能力、事业心和责任心与所从事的岗位要相称。三是开展权力的清单制度建设,采用"负面清单"或"正面清单"制度,为权力划定红线,把权力关进制度的笼子。四是对权力严格监督。权力的监督来自两个方面:一方面是上级的监督,上级应该随时监督下级权力运用情况,若发生权力滥用问题,上级应负有领导责任,与下级共同承担责任与后果;另一方面是接收下级和群众的监督,要建立权力监督反馈的渠道,让监督情况能够及时得到反馈。

二、制定章程引领、激励约束、运行规范的治理制度

高职院校内部治理制度体系现代化建设要以院校的章程为核心和引领,形成既具有激励功能又具有约束机制的现代化制度,并在规范运行中不断完善。

(一) 制定章程引领的治理制度体系

章程在高职院校内部制度体系中处于核心地位,是一切规章制度制定的"根本大法"。这就要求高职院校:一是要认真制定切合高职院校内部治理实际的章程。高职院校要以《高等学校章程制定暂行办法》为指导,结合自身发展历史、发展现状、未来规划以及肩负的使命,完善内部法人治理结构,建立实现院校自主管理的体制机制。二是要以章程规范和引领高职院校内部治理制度体系建设。高职院校内部制度体系建设要以章程为起点和纲领,按照章程的规定分解和细化各项制度,形成一套符合现代高职院校办学理念、体现现代治理要求的制度体系。

(二) 发挥制度的激励约束功能

高职院校在治理制度建设时要充分考虑制度激励约束功能的发挥。一是要明确激励约

束的主体。在治理模式下,激励约束的主体体现出多样化的特点,包括政治权力、行政权力、学术权力、民主权力等各类权力主体,每个权力主体都拥有激励约束的权限。二是明确激励约束的客体。激励约束的客体即被激励约束的对象。只要是为本权力机构做出贡献的,都可以是被激励的对象;破坏本机构的形象、僭越本机构的权限的,都可以是被约束的对象。三是明确激励约束的方法。激励方法从大的方面讲可以分为物质层面的激励和精神层面的激励两个层面。物质层面的激励往往比较直接,见效也快,但不能持久。精神层面的激励见效慢,但具有持续性。在实际工作中,物质激励和精神激励要结合使用。四是明确激励约束的目标,即对激励约束客体的行为达到某种结果的期望。高职院校可以通过设定绩效指标明确教职员工奋斗目标。激励约束作为一种制度性的机制,要贯穿在制度体系的始终。

(三)形成运行规范的制度体系

制度建设成效需要在实践运行中进行检验,运行规范是制度体系建设的根本要求。一是要求在制度建设时明确制度实施的主体和客体,注重制度流程的优化,强化制度执行的可操作性。二是要做好制度的宣传工作,通过全员学习制度,让制度深入人心。三是全体人员要严格遵守制度,养成依章办事的习惯,特别是领导层,要带头遵守制度,主动对照制度。四是要注重制度的运行反馈。充分发挥质量监督部门的作用,做好制度执行情况的监督与反馈,对制度中存在的缺陷及时修订,同时对制度中尚未明确的事项,要集体决策,并及时将决策结果固化为相应制度。

三、实施共同治理、协商治理、文化善治的治理方法

运用利益相关者理论、协商民主理念以及具有人文情怀的文化治理理念,借鉴国家治理、社会治理、公司治理的方法,在高职院校内部治理中实施共同治理、协商治理和文化善治的治理方法。

(一)实施共同治理

共同治理是基于利益相关者的治理。高职院校的利益相关者大致可以分为内部利益相关者和外部利益相关者两种。内部利益相关者包括广大教职员工和学生,外部利益相关者包括政府、行业企业和社会。在高职院校内部治理过程中,在明确高职院校法人主体地位的基础上,高职院校的决策要有各利益相关者的共同参与。其中,外部利益相关者主要发挥咨询、建议和监督作用。内部利益相关者通过代表大会的形式参与决策:教职工通过教职工代表大会参与涉及教职工切身利益的制度的制定,如人事分配制度、绩效考核制度等;学生通过学生代表大会的形式制定涉及学生切身利益的相关制度;专业技术人员如教授等通过学术委员会、教学工作委员会、学生工作委员会等各类委员会参与学校相关工作的决策。在决策实施过程中,利益相关者将通过委托代理的形式由学校行政人员负责决策的执行,各利益相关者通过质量监督部门、审计部门进行监督和审计。共同治理对高职院校内部治理具有

以下方面的意义：一是能够广开言路，科学决策。各利益相关者代表着不同的利益，通过广泛征求各利益相关者的意见和建议，学校决策建立在共同利益的基础上，有利于决策的科学化。二是发挥利益相关者的主人翁意识，让他们主动关心学校的发展，积极提出意见和建议，有利于民主决策。三是有利于实施有效的监督。各利益相关者在监督学校的发展过程、评估学校的发展情况的基础上提出的合理化的建议能够被积极采纳，会进一步激发利益相关者参与的积极性，民主监督将更为有效。

（二）实施协商治理

协商治理是指在国家和社会治理过程中，采用协商方式对政治组织之间、政府与公民之间、公民与公民之间的关系进行调适，达成国是商定、政策决定、事务解决、矛盾化解、权利保障和利益实现的活动和机制[①]。高职院校协商治理主要体现在广大教职员工和学生的参与层面。高职院校要鼓励广大教师和学生成立各类民主主体，代表广大群众利益，如成立不同政党的协商组织、教授与教师的协商组织、党委与行政的协商组织、行政与教师的协商组织、教师和学生的协商组织等，通过公共讨论、意愿表达、推理判断，在承认多元分歧，鼓励广泛参与和对话的基础上，通过寻找"最大公约数"达成共识，提交学校党政部门，供决策参考。高职院校协商治理具有以下三个方面的意义：一是体现了学校的公共服务意识。民主的表达需要建立沟通表达的渠道，学校主动为民意表达建立协商组织平台，有利于民意表达，体现了学校的公共服务意识和对广大教职工和学生的关心和爱护。二是体现了学校"问政于民"的民主决策行为。协商治理能够最大程度反映民意，有利于维护群众的切身利益。三是协商治理能够增进理解，化解问题，形成共识。当决策不是"拍脑袋"的凭空想象，也不是"纸上谈兵"的空想，而是来源于最广大的民意表达的时候，广大群众就能够积极拥护学校的决策，有利于凝心聚力，形成向上的合力。

（三）实施文化善治

文化是在一定的社会历史条件下，组织长期形成而被公众普遍认同的价值观念、行为准则、文化环境等，是一种凝聚人心以实现自我价值、提升组织竞争力的无形力量和资本。文化善治是在治理文化积淀下形成的一种治理形式，自律是其显著特征，利益相关者发自内心地、习以为常地按照组织的制度体系开展相关治理工作。为了实现文化善治的目标，高职院校要注重治理文化建设：一是开展精神层面的文化建设，主要包括办学定位、办学理念、办学宗旨、校训、校风、学风等。精神层面的文化建设来源于院校办学实践，是实践过程中文化的凝练、总结和升华。二是开展制度层面的文化建设，开展以学校章程为核心和引领的各项制度建设，在制度中体现学校的精神层面的文化内涵。三是开展物质层面的文化建设，物质层面的文化是学校精神层面文化和制度层面文化的外在表现形式，比如学校 VI（视觉识别）设计、建设风格、形象宣传等。精神文化是引领、制度文化是内化、物质文化是外显，三者之间相辅相成。

---

① 王浦劬，2012.中国的协商治理与人权实现[J].北京大学学报(哲学社会科学版)(6)：16-25.

四、明确管办评分离、法人主体地位、社会广泛参与的治理保障

治理保障是高职院校内部治理体系建设的重要一环,保障能否到位直接影响甚至决定着治理的成效。治理保障主要包括外部保障和内部保障两个方面,前面所讲的内部治理结构、治理制度、治理方法等都属于内部保障层面,这里主要从高职院校外部层面来研究。

(一) 管办评分离是前提

管办评分离要求政府管理、学校办学和社会评价三方分离,改变以往政府既是管理者,又是举办者,还是办学成效的评价者的大一统局面。实施管办评分离主要可以解决以下问题:一是改变政府管得太细、统得太死的大管家的做法,从细微的、具体的管理工作中解放出来,从宏观上把握高等教育的方向和质量,为高等教育的健康发展提供适宜的发展环境,当好"掌舵者"的角色。二是解决学校办学自主性不强的问题。在政府细微的管理下,学校办学自主权式微,专业建设、人才引进、资金使用,凡此种种都要受到政府的约束,长此以往学校失去办学的积极性和主动性,缺少创新性和创造性,不利于院校发展。三是解决了评价的单一性问题。以往政府采用统一的标准对高职院校进行评价,评价的指挥棒直接指挥着院校的发展方向和决定着院校的发展举措,造成"千校一面"的现状,学校缺乏个性和活力。管办评分离改革能够激发高职院校的办学活力,满足师生发展的需要、满足行业企业和社会的发展需求。

(二) 法人主体地位是根本

确立高职院校法人主体地位不仅要从法律层面通过事业单位法人证书确立,更重要的是要摆脱行政依赖和行政束缚,让高职院校真正成为拥有人财物等自主权的法人主体。一是要赋予高职院校人事权,按规定的程序可自主选人用人,逐步形成人员能进能出、干部能上能下的用人机制,逐步建立形式多样、自主灵活的分配制度,形成良好的激励机制和约束机制。二是要赋予高职院校独立的财务权。高职院校要有独立的财务账户,在上级部门宏观管理下合理使用资金和接受财务审计,赋予高职院校独立预算和核算权,切实落实高职院校财务自主权,让高职院校在财务自主的情况下围绕办学实际想办事、能办事和办成事。三是赋予高职院校财产权,让高职院校财产能够保值增值。高职院校法人主体地位的确立是高职院校内部治理改革的重要保障,高职院校拥有了法律法规框架下的广泛自主权,能够激发办学活力,按照院校办学目标开展治理改革。

(三) 社会广泛参与是关键

高职院校内部治理离不开市场参与、公民参与和行业企业参与。社会广泛参与既是高职院校开放办学的表现,更是高职院校内部治理水平提升的关键,社会参与的程度直接决定了高职院校内部治理的水平。一是高职院校要主动吸纳市场主体参与高职院校内部治理,吸引教育中介组织和教育评价机构参与学校办学、参与办学质量评价,广泛吸收社会资本开

展混合所有制办学。二是要建立公民参与机制。高职院校校务向家长开放,向校友开放,向社区开放,家长、校友和社区居民通过个体诉求的表达、各方主体的信息交互传递以及基于信任和责任的合作行动,使学校的教育服务能够满足公民需求。三是建立行业企业参与机制。这是职业教育的基本要求,高职院校要进一步开展校企合作,积极推进产教融合,按照行业企业的岗位要求开展人才培养、科学研究和社会服务,并积极传承传统文化和现代企业文化。

五、建立主体多元、指标合理、方法多样的治理评价体系

治理评价在整个治理体系中处于末端环节,往往被忽视,导致治理体系实际运行过程中出现的问题得不到及时的修正,长此以往将严重影响治理成效。建立评价主体多元、评价指标合理、评价方法多样的治理评价体系是治理评价体系建设的关键内容,也是发挥评价效能的关键举措。

(一)评价主体多元

多元评价主体是高职院校内部治理评价科学性的保障。高职院校内部治理评价主体由三个方面构成:内部主体、外部主体和第三方主体。内部主体主要是指广大教职工和学生,他们是治理的最直接的参与者,不同的院校治理水平直接决定了他们的治理参与程度和民意表达的有效性。外部主体主要指政府、行业企业和社会、家长、校友等,他们是院校办学水平的间接受益者,其评价具有较强的客观性。无论是外部主体,还是内部主体,其评价往往带有代表自身利益的倾向性,这就需要社会中介组织参加的第三方以中立的立场、客观的指标、科学的方法开展评价。综合三方评价主体的评价结果的治理评价才具有科学性,对高职院校内部治理改革才具有指导性作用。

(二)评价指标合理

评价指标及其赋值直接决定了评价结果,合理设计评价指标,合理对指标进行赋值是评价有效性的保障。在设定评价指标时,要从不同的利益相关者的立场,综合各方意见和建议,合理制定评价指标。一是评价指标体系要具有全面的覆盖性,指标体系要能够涉及高职院校内部治理的方方面面,既不能遗漏关键环节,也不能任意取舍看似不重要的环节,要对指标体系进行梳理、整合和细化。二是要注重评价指标体系实施的可操作性。评价指标体系要通过具体的评价过程来实施,过于复杂的指标体系将难以实施,过于主观的指标体系将带来人为的主观因素,过于笼统的指标体系将给评价实施带来难度。三是要注重评价指标的针对性。评价指标直接面向评价对象,要根据不同评价对象的特点设定针对性的评价指标,评价指标要能够抓住问题的关键。四是要注重评价指标的滚动修订。对于评价指标体系在实际运行中遇到的问题要及时进行修订。随着内部治理体系改革的深入,原有的指标体系将不适应新的发展要求,要及时根据实际情况对指标体系进行滚动修订。

(三) 评价方法多样

教育评价方法是进行教育评价活动的措施和手段,一般分为量化评价方法和质性评价方法两大类[①]。高职院校内部治理评价应注重客观性和可行性,应全面考虑和选择评价方法,进而全面评定高职院校的治理结构。我们应针对不同的评价内容和评价客体采用不同的评价方法,可以采取校内自评、专家评审、社会评价和同行评议等具体的评价方式,进而施以综合评价。其中,校内自评是高职院校内部治理结构评价的一种重要方式,较其他的评估方式更为全面。专家评审和同行评议由于其评估人员的专业特性,能够保障评价过程更为专业和科学,评价的结果更准确。社会评价可能不如其他的评价方式专业,但评价结果更为公正和客观。总之,我们应根据具体的评价内容、评价目标和评价对象采取相应合适的评价方法。

---

① 涂艳国,2011.教育学导论[M].武汉:华中师范大学出版社:353.

第4章 高职院校内部治理结构现代化

我国高职院校内部治理结构在不同的历史时期经历了不同的变化,研究高职院校内部治理结构现代化必须建立在高职院校历史的及现实的治理结构基础之上,在尊重历史、尊重事实的基础上推进治理结构现代化改革。当前,高职院校内部治理结构存在结构封闭、党政权责不清、行政权力泛化、学术权力弱化、民主参与虚化的问题。为此,提出构建开放多元的治理结构和分权制衡的权力体系的高职院校内部治理结构改革策略,并根据高等教育法要求和高职院校内部治理实际,提出以提升教育质量为核心,以推进"利益相关者共同参与的党委领导下的校长负责制"为方向的治理结构改革举措,以此形成开放多元、分权制衡的高职院校内部治理结构改革路径。

4.1 我国大学管理结构的历史演变

我国高职院校内部管理结构基本是参照大学管理结构设立,高职院校管理结构的历史演变大体可以从大学管理结构的角度进行研究。新中国成立以后我国大学管理结构的变迁,基本是围绕党委、校长、校务委员会、学术委员会之间关系变迁开展,最终形成了党委领导下的校长负责制,形成了党委领导、校长负责、教授治学、民主治校、社会参与的治理结构。

一、新中国成立后的校长负责制(1949—1955年)

新中国成立后,我国学习"苏联模式",全面借鉴苏联经验,在教育领域也不例外。受到当时苏联高等学校行政首长负责的"一长制"影响,赋予高等学校行政负责人很大权力。1950年8月,教育部颁布了由政务院批准的《高等学校暂行规程》和《专科学校暂行规程》两个文件,规定大学及专门学院实行校(院)长负责制,并在校(院)长领导下设校务委员会。对校长职责做出了规定:"(1)代表学校;(2)领导全校(院)一切教学、研究及行政事宜;(3)领导全校(院)教师、学生、职工、工警的政治学习;(4)任免全校教师、职员、工警;(5)批准校(院)务委员会的决议。"教育部在1952年5月公布的《关于全国高等学校1952年的调整设置方案》之后,中央选派很多久经锻炼的老干部进入高校,以加强党对学校工作的领导。当时党委机构在行政级别上只有处级,成为"政治辅导处",负责全校的思想政治工作。

二、党委领导下的校务委员会制(1956—1961年)

1956年苏共二十大之后,出现了"外行不能领导内行""老干部退出学校"等政治论调。为了保证马克思主义在高校的思想阵地,也为了进一步加强党对学校工作的领导,中央决定把校长负责制改为党委领导下的校务委员会负责制。1958年,中共中央、国务院在《中共中央 国务院关于教育工作的指示》中规定:"在一切高等学校中,应当实行学校党委领导下的校务委员会负责制。"党委领导下的校务委员会负责制中的校务委员会不同于校长负责制时期的校务委员会,后者只是一个咨询机构,成员包括正、副校长,各系主任,党委和行政的主要负责干部,教师,学生,职员及各群众组织的代表,而党委领导下的校务委员会是学校主要决策和管理机构。党委权力扩大,不再只限于思想政治工作,而是全面领导包括教育改革在内的学校各项工作。在这种体制下,学校校长的权力不明确,系主任和教研室主任等行政负责人的权力也不明确,行政领导的作用被忽视了,积极性大受影响。

三、党委领导下以校长为首的校务委员会负责制(1961—1966年)

1961年9月,《中华人民共和国教育部直属高等学校暂行工作条例(草案)》指出:"高等学校的领导制度,是党委领导下的以校长为首的校务委员会负责制。高等学校的校长,是国家任命的学校行政负责人,对外代表学校,对内主持校务委员会和学校的经常工作。设副校长若干人,协助校长分工领导教学、总务等方面的工作。根据工作的需要,可以设教务长和总务长,分管教学、总务工作。高等学校设立校务委员会,作为学校行政工作的集体领导组织。学校工作中的重大问题,应该由校长提交校务委员会讨论,作出决定,由校长负责组织执行。高等学校校务委员会由校长、副校长、党委书记、教务长、总务长、系主任、若干教授和其他必要人员组成。校务委员会的人数不宜过多,党外人士一般应该不少于三分之一。人选由校长商同学校党委会提出名单,报请教育部批准任命。正副校长担任校务委员会的正副主任。校务委员会在校长的主持下,讨论和决定学校工作中的重大问题:学校的教学工作、生产劳动、研究生培养、科学研究、物资储备、生活管理和思想政治工作等计划;各系工作中的某些重大问题;招生计划、毕业生分配、师资培养、教师职务提升等工作;制订和修改全校性的规章制度;审查通过学校的预算、决算;其他重大事项。在校务委员会闭会期间,校长可以召集行政会议,讨论和处理学校的日常行政工作。"同时提出了"在高等学校中,必须加强党的领导,加强党和非党的团结合作。""必须正确执行党的知识分子政策,团结一切可以团结的教授、副教授、讲师、助教和其他具有专门知识技能的人,调动一切积极因素,为社会主义的高等教育事业服务。"

四、党委领导下的校长负责制(改革开放以来)

(一) 试点阶段

1978年4月教育部在北京召开全国教育工作会议,讨论通过了《全国普通高等学校暂行工作条例》指出,明确了学校试行党委领导下的校长分工负责制。1978年10月出台的《全国重点高等学校暂行工作条例(试行草案)》提出,要在高等学校中取消校务委员会,并明确规定:"高等学校设立学术委员会。在校长或副校长领导和主持下,对学校教育事业发展规划、科学研究工作和研究生培养工作中的重大问题提出建议,审查、鉴定科学研究成果,评议研究生的毕业论文、毕业设计,参与提升教授、副教授工作的审议,主持校内学术研讨会,组织参与国内和国外学术交流活动等。"学术委员会的成立打破了教师群体在学术事务决策中的"真空"状态。1985年《中共中央关于教育体制改革的决定》明确指出:"学校逐步实行校长负责制,有条件的学校要设立由校长主持的、人数不多、有威信的校务委员会,作为审议机构。要建立和健全以全体教师为主体的教职工代表大会制度,加强民主管理和民主监督。学校中的党组织要从过去那种包揽一切的状态中解脱出来,把自己的精力集中到加强党的建设和加强思想政治工作上来;要团结广大师生,大力支持校长履行职权,保证和监督党的各项方针政策的落实和国家教育计划的实现;要坚持用马克思主义教育广大师生,激励他们立志为祖国的富强奋勇进取、建功立业,保证学生德智体的全面发展,使学校真正成为抵御资本主义和其他腐朽思想的侵蚀,建设社会主义精神文明的坚强阵地。"

(二) 全面实施阶段

经历了1989年风波之后,1989年8月,中共中央下发了《中共中央关于加强党的建设的通知》指出:"高等院校实行党委领导下的校长负责制。试行校长负责制的范围不再扩大。已经试点而收效较好的,可以继续试验。无论实行何种领导体制,党委都是学校的政治核心,全面领导思想政治工作,管理干部,同时支持行政领导独立负责地工作,力戒包揽行政事务。要努力建设一支精干的、专兼结合的思想政治工作队伍。校党委应配备专职书记或副书记,较大的系应配备专职总支书记,年级应配备做学生工作的专职干部。"1998年8月29日,由中华人民共和国第九届全国人民代表大会常务委员会第四次会议通过、自1999年1月1日起施行的《中华人民共和国高等教育法》,第一次正式赋予中国大学实行党委领导下的校长负责制以法律效力,提出"国家举办的高等学校实行中国共产党高等学校基层委员会领导下的校长负责制"。其同时明确:"高等学校的校长全面负责本学校的教学、科学研究和其他行政管理工作""高等学校设立学术委员会,审议学科、专业的设置,教学、科学研究计划方案,评定教学、科学研究成果等有关学术事项"。这是新中国成立以来第一次以教育法律的形式提出设立学术委员会,并明确其基本职责,不过学术委员会的基本职能只是作为一个咨询、审议机构,而不是决策机构。

(三) 实施完善阶段

《中华人民共和国高等教育法》对党委领导下的校长负责制作了原则性规定,但在实践过程中仍然有很多问题难以界定,如党委如何领导,校长如何负责、对谁负责,二者的权力边界如何确定等问题,在法律中并没有严格而详细的规定。由此,高校法人治理结构改革呼声日益高涨。2010年出台的《国家中长期教育改革和发展规划纲要(2010—2020年)》中明确指出:"完善治理结构。公办高等学校要坚持和完善党委领导下的校长负责制。健全议事规则与决策程序,依法落实党委、校长职权。完善大学校长选拔任用办法。充分发挥学术委员会在学科建设、学术评价、学术发展中的重要作用。探索教授治学的有效途径,充分发挥教授在教学、学术研究和学校管理中的作用。加强教职工代表大会、学生代表大会建设,发挥群众团体的作用。加强章程建设。各类高校应依法制定章程,依照章程规定管理学校。尊重学术自由,营造宽松的学术环境。全面实行聘任制度和岗位管理制度。确立科学的考核评价和激励机制。扩大社会合作。探索建立高等学校理事会或董事会,健全社会支持和监督学校发展的长效机制。探索高等学校与行业、企业密切合作共建的模式,推进高等学校与科研院所、社会团体的资源共享,形成协调合作的有效机制,提高服务经济建设和社会发展的能力。推进高校后勤社会化改革。推进专业评价。鼓励专门机构和社会中介机构对高等学校学科、专业、课程等水平和质量进行评估。建立科学、规范的评估制度。探索与国际高水平教育评价机构合作,形成中国特色学校评价模式。建立高等学校质量年度报告发布制度。"由此确定了未来十年高校领导和治理改革的方向和要点。

2013年11月12日,中国共产党第十八届中央委员会第三次全体会议通过的《中共中央关于全面深化改革若干重大问题的决定》指出:"扩大省级政府教育统筹权和学校办学自主权,完善学校内部治理结构。"2014年7月出台的《国家教育体制改革领导小组办公室关于进一步落实和扩大高校办学自主权完善高校内部治理结构的意见》(教改办〔2014〕2号)指出:要简政放权,进一步落实和扩大高校办学自主权。支持高校科学选拔学生,审核考试招生制度改革。支持高校调整优化学科专业,鼓励高校办出特色。支持高校自主开展教育教学活动,深化人才培养模式改革。支持高校自主选聘教职工,发挥各类人才的积极性创造性。支持高校自主开展科学研究、技术研发和社会服务。支持高校自主管理使用学校财产经费,提高经费使用效益。支持高校扩大国际合作交流,提高高等教育国际化水平。坚持权责统一,完善高校内部治理结构。坚持和完善党委领导下的校长负责制。保障学术组织相对独立行使职权。健全社会参与机制。健全以章程为统领规范行使办学自主权的制度体系。

综上,从新中国成立以来的大学管理的变迁可以看出,我国大学管理在不同的历史时期具有不同的管理特点和管理结构,在不断尝试中最终形成了党委领导下的校长负责制,形成了教授治学、民主治理和社会参与的结构。随着国家治理体系和治理能力建设,院校治理改革将不断深入,大学治理结构完善尚有很多问题亟待探索和解决。

4.2 高职院校内部治理结构的现实困境

在国家开展治理体系和治理能力现代化建设的大背景下,高校内部治理结构改革取得了可喜的成效。2011年1月13日发布的《国务院办公厅关于开展国家教育体制改革试点的通知》(国办发〔2010〕48号)提出了北京大学等26所部属高校完善高等学校内部治理结构的试点任务,试点为全国高校治理结构改革提供了示范和样本。高职院校内部治理结构改革紧随高校内部治理结构改革的步伐,按照由"管理"走向"治理"的改革思路,逐步完善院校内部治理结构,开展了章程建设和以章程为引领的内部制度建设,改革取得了初步成效。但由于传统"管理"思维的惯性以及创新发展中"路径依赖"的桎梏,高职院校内部治理结构尚存在一些共性问题,这些问题影响了治理改革的成效,主要表现在以下方面。

一、治理结构封闭

高职院校从来都不是独立于政府和社会而存在,而是与政府、企业、社会紧密相连的教育实体。高职院校内部治理也绝对不仅仅是高职院校内部的事情,而是高职院校内部与外部紧密互动的过程。目前,高职院校内部治理结构封闭的现象比较明显,主要表现在三个方面:一是忽视了政府的主导作用。在治理改革进程中,政府已经逐步由传统管理模式下大包大揽、事无巨细的管理逐步转向宏观指导和引导。而部分高职院校理念尚未转变,认为高职院校内部治理是高职院校内部的事情,忽视了政府大政方针和政策法规的主导作用,不能认真学习和解读政策文件,更不能认真贯彻文件,存在选择性执行、应付性执行的现象。他们不是把政府的文件当成行动的指南,而是当成了工作的负担,导致政府的主导作用不能在院校层面有效落实。二是漠视了企业主体作用的发挥。从国家政策文件的角度看,推动企业成为重要的办学主体已经成为国家职业教育改革的重点。从企业的实际愿望看,企业参与职业教育的愿望越来越强烈,特别是随着一批校企合作开展的产业学院、企业学院的建设以及订单班、订单式培养的大规模开展,企业正以实际行动参与院校办学。企业发挥办学主体作用,参与高职院校内部治理已经是大势所趋,而部分高职院校一方面抱怨校企合作是"剃头挑子一头热",另一方面又不愿意改变封闭的治理结构,打开校门,引入企业主体参与学校办学。特别是公办高职院校总以公办体制的束缚、国有资产流失、学生实习风险等各种理由拒绝企业作为办学主体参与院校办学,混合所有制改革在公办高职院校也举步维艰。三是拒绝了社会参与。高职院校办学成效需要得到社会的检验,高职院校的声誉需要得到社会的认可。行业企业、社区、媒体、家长以及校友等都是高职院校办学的社会力量,都有关心高职院校发展、参与院校内部治理的愿望。而在高职院校内部治理实践中,我们很少能够看到这些社会力量的影子,高职院校既不主动与社会力量加强沟通联系,也不主动建立社会力量参与院校办学实际的渠道,挫伤社会参与的积极性,造成办学资源的浪费,也影响了院校的高质量发展。

二、党政权责不清

《中华人民共和国高等教育法》确定了我国高校实行党委领导下的校长负责制,这从法律的层面确定了党政之间的关系,但在院校治理实践中,尚存在党政关系微妙、权责不清的现象。一是党政关系微妙。党委领导和校长负责本应是党委班子领导和校长班子负责,但在传统思维模式的影响下,党委领导往往被曲解为党委书记个人领导、校长负责往往被曲解为校长个人负责,党委书记与校长之间由微妙关系逐步发展为派系对立,影响了班子的团结和学校决策的制定和执行,制约了学校的发展。二是以党代政、以政代党。党委和行政本应分工负责,共同维护院校的和谐与发展,但在院校实践中,分工不明、制度缺失和制度执行不力往往造成"以党代政"或"以政代党"的局面,党委领导下的校长负责制不能得到有效落实。三是党政不分。部分高职院校党委书记和校长由一人兼任,学校一切事务基本由一人说了算,这类学校的民主相对缺乏,民主监督往往流于形式。四是基层党委和行政权责不清。院校党委和行政之间权责不清的关系在院系和其他内设机构中被复制和放大,基层党委和行政同样存在在职能交叉、权责不明、多头管理、无人负责、相互推诿的现象,造成治理效率低下,影响了学校的发展。

三、管理的科层化

高职院校一直以来作为政府管理的对象,有着与政府部门配套的垂直机构和管理体系。学校组织无形中成为官僚等级链的递延部分,演绎为政治权力扩张下的机械系统①。高职院校内部管理结构成为整个行政系统科层体系的一部分,形成自上而下唯命是从的一元管理,压制了民主参与的积极性与能动性,群众的呼声得不到有效解决,改革的举措流于形式、浮于表面,机关作风在高职院校中普遍存在,影响了高职院校发展的效能。管理科层化具体表现在:一是对上唯命是从。在科层管理模式下,上级指令由下级执行,下级对上级负责,管理者处于科层的最上层,广大教职员工和学生处于最下层,成为被管理者。上层掌握着话语权、主动权以及对资源的拥有权,在学校决策、教育教学改革、科学研究等方面拥有绝对的主动权,对广大教职工和学生拥有支配权。长此以往,广大教职工在民主参与失去希望时,也主动加入争取行政权力的队伍中,比如不去钻研教育教学,而是钻研如何溜须拍马;不去钻

---

① 许杰,2014.现代学校制度建设动力机制探析[J].中国教育学刊(6):10.

研如何推动学校改革进程,而是钻研巧取豪夺,谋取职位。广大学生缺少了主人翁意识,不能够以为学校争光为荣,而是与学校渐行渐远,我行我素。二是行政效率低下。科层管理模式下,高职院校改革意愿主要来源于上级的行政命令,改革的主要动力来源于政府的推动。在行政效率比较低下的情况下,存在政府"推而不动"的现象,即学校的改革远远滞后于政府的要求,或者存在应付改革的现象,致使很多改革举措流于形式,不能达到改革的初衷。比如机构改革、人事制度改革,人员精简的结果是机构越来越多,机构人员队伍越来越庞大,究其原因是很多高职院校照搬政府机构模式,与政府部门配套设置相应功能机构,同时又保留了学校原有的机构,学校机构设置变成了政府机构的下延与学校原有机构的叠加,机构越多,人员越多,相互之间的职能存在过多交叉、重叠甚至缺位,造成人浮于事、相互推诿的现象。三是绩效改革流于形式。绩效考核的本意是按劳取酬,多劳多得,不劳不得。目前,事业单位的绩效改革虽比计划经济下的"大锅饭"有很大进步,但改革的力度不够,尚有"保底"的措施,并未能够触及部分人的"痛处",改革的目的未能达到。人员聘用尚流于形式。从聘用制的本意来说,人员应该能上能下,能进能出,但由于目前人员属于体制内的,未建立人员向体制外流动的通道。

四、行政权力泛化

在传统院校管理中,行政权力无处不在,一权独大,从人事招聘、干部任用、绩效考核到专业建设、学术评审、质量监督等,处处可以看到行政权力的影子,行政权力大包大揽已经司空见惯[①]。随着院校治理改革的推进,行政权力虽有让渡的迹象,但并没有从根本上改变传统管理的格局。其主要表现在:一是行政主宰一切。行政权力几乎主宰高职院校的所有资源,加上高职院校内部的监督管理机制不完善,行政管理者在高职院校教学工作中扮演着指挥者的角色,在院校教育教学成果考核中一直扮演评价者、奖惩者的角色,并且插手学校学术管理事务。二是行政权力与党委权力边界不清,混淆了党委决策与行政决策内容之间的差异性,将行政决策与党委决策混为一谈。三是存在行政权力与学术权力之间的博弈,行政权力习惯于干涉学术权力,擅长于一"管"到底,打击了学术权力的积极性。四是存在行政权力干预民主监督的现象,致使民主力量无法正常行使民主权力,行政执行效果缺少有效反馈,制约了行政执行的质量提升。五是学校内部利益相关者的主体性缺位。学校的内部办学活力来源于学校内部利益相关者的能动性,学校的教师和学生是学校内部的重要利益相关者。在行政化的管理体系中,他们处于被管理的地位,民主诉求往往被搁置和压制,造成主人翁意识缺失,学校内部缺乏活力[②]。

---

① 孙建,2017.高职院校内部治理结构改革:基于教育质量的视角[J].江苏高教(7):90-94.
② 孙建,2017.企业化管理:公办高职院校内部治理的一种选择[J].教育与职业(3):63-68.

五、学术权力弱化

高职院校内部基本都成立了学术委员会、专业建设委员会等学术组织,其初衷是为了能够发挥专家教授等专业人员在科学研究、专业与课程建设等方面的引领作用。但在院校办学实际中,无论是从各类学术组织的人员组成,还是从学术组织的功能角度看,高职院校学术权力实际发挥的作用式微。一是学术机构人员组成受命于行政。学术机构的构成人员由行政领导兼任或指派,学术骨干、专家教授在学术机构中缺乏学术主导权,特别是一部分"双肩挑"人员,更是利用其特殊的身份抢占学术资源,影响了学术的公正。二是学术组织功能弱化。在学术机构人员组成行政化的基础上,学术事务往往受到行政权力的左右,学术组织往往成了行政权力的代言人,背离了学术组织成立的初衷,学术民主成为空谈,不利于营造良好的学术氛围,也不利于高职院校的发展。

六、民主权力虚化

民主权力代表的是人民大众的利益,人民当家做主是我国革命取得胜利的根本性标志。但在高职院校内部,广大教职工还未能实现当家做主,主要表现在民主参与和民主监督虚化,民主的形式主义倾向比较严重,广大教职工和学生的意愿表达缺少途径,提出的意见和建议得不到重视和落实,打击了民主力量的积极性。民主权力虚化的结果是进一步导致行政权力的强化,广大教职工的利益得不到保障。民主权力虚化主要表现为:一是民主参与虚化。高职院校内部成立了教职工代表大会、学生代表大学、工会等维护教职工和学生自身权益的组织。但这些组织并没有能够发挥很好的民主参与作用。比如教职工代表大会,其代表组成在有些高职院校不是由民主推荐产生,而是由行政内定产生,其目的是将一些善于发表言论、敢于表明不同意见的教职工排除在代表之外,这样在举行所谓的表决的时候就能够一团和气。所谓"全票通过"其实是一种假民主,不能真正代表全体教职工的利益。在举行教职工代表大会的过程中,行政领导往往在发言中带有软硬兼施的导向性意见,其实质就是胁迫、诱导大家投赞成票,教职工代表大会缺少了争辩,导致决策违背了民意,决策仅代表了领导的意愿。学生代表大会也是可有可无,并不是每个学校都有这样一种民主参与的形式,即使有这样的形式,其命运基本与教职工代表大会类似。工会在高职院校中基本就是发发福利、搞搞慰问,基本失去了维护教职工权益的功能,广大教职工基本已经忘却了工会具有这样的功能,他们遇到需要申诉的问题时往往采用的是写举报信、匿名信的形式,这就足以证明民主参与的渠道缺失和不可靠,得不到广大教师的信任。民主参与的虚化最终将导致民主与行政权力的对立、对抗,不利于形成高职院校发展的合力。二是民主监督虚化。《高等学校教职工代表大会暂行条例》第二条规定,高等学校教职工代表大会是教职工群众行使民主权利,民主管理学校的重要形式。在高职院校权力结构中,教职工代表大会应该行使监督权。但从权力隶属关系看,高职院校党委只对党的代表大会和上级党委负责,并不对教职工代表大会负责。因此,教职工代表大会与学校党委及行政之间没有直接的权力关系,教职工代表大会也就无法对党委和行政产生任何影响,教职工代表大会的监督功能也就无法得到有效实施,这也就导致了教职工代表大会提出的意见和建议最后只是落实在纸上,并没有落实到行动上。有些院校教职工代表大会每年都提出的问题,每年都得不到解决,最终广大教师就不再提问题和建议了。长此以往,教职工代表大会也就流于形式,民主监督也就成了可有可无的功能。

综上,治理结构封闭、党政权责不清、管理的科层化、行政权力泛化、学术权力弱化、民主权力虚化等问题都是高职院校内部治理结构存在的现实问题。必须在借鉴的基础上,彻底改变目前治理结构现状,构建利益相关者共同参与的开放式治理结构,才能够解决目前高职院校发展的困境,推进高职院校发展更贴近社会实际。

4.3 组织理论与实践借鉴

一、组织理论

自从有了人类社会,组织也就随之诞生。现代学者认为,组织是由两个以上的人组成,为实现共同目标,以一定形式加以编制的集合体。随着社会分工日益复杂,组织种类愈加繁多,如行政组织、工商企业组织、文化教育组织等。人类对组织进行系统的研究开始于20世纪初,组织理论发展大致经历了传统组织理论、行为科学组织理论和系统管理理论三个阶段。

(一) 传统组织理论

1. 概述

20世纪10—30年代,传统组织理论盛行,着重分析组织的结构和组织管理的一般原则,研究内容主要涉及组织的目标、分工、协调、权力关系、责任、组织效率、授权、管理幅度和层次、集权和分权等。代表人物主要有提出科层制理论的马克斯·韦伯,提出一般管理理论的H. 法约尔,提出科学管理理论的F. W. 泰勒。尽管泰勒的科学管理主要适用于企业组织,但其组织管理思想深刻地影响了行政组织管理和行政理论的研究。美国学者L. 厄威克整合和传播了传统组织理论者的观点和主张,扩大了传统组织理论的影响。

2. 科层制理论

经过第一次工业革命和第二次工业革命,19世纪末20世纪初,人类进入了快速发展的时代,工业组织规模不断发展壮大,政府和各类社会组织也呈现出快速发展带来的现代化趋势。按照一些西方学者的说法,当时的西方世界正变成一个"组织化的社会"。在城市化、工业化的快速发展进程中,前工业时代所采纳的那种简单的社会和政治结构,已经远远不能适应现代工业社会发展的要求。一方面是新的社会环境,另一方面是旧的社会组织结构,矛盾冲突在所难免,时常发生大量社会的、政治的和经济的摩擦。在日新月异的工业社会中,在第一次世界大战前,工人罢工浪潮、工人运动和共产主义运动此起彼伏。研究和寻找新的社会组织结构,解决当下存在的因组织结构不协调而造成的社会冲突,解决人与人、组织与组织之间的冲突,成为摆在专家学者面前的一项重要课题。马克斯·韦伯的科层制理论就是在这种背景下提出来的。

马克斯·韦伯提出的科层制理论,采用的是官僚制度,整体上体现的是集权的特点,但与传统的集权又有着本质的区别,是集权与分权共生的体现,为治理理论产生奠定了一定的基础。在此起彼伏的运动和充满矛盾冲突的社会中,具有强制性的官僚制度能够为组织执行带来高效率,具有组织结构的严密性和组织行为的合理性。科层制即采用严密的层级结构制度,层级之间形成严密的关联关系,每个层级都明确相应的层级职责,层级人员能够清楚地知道自己应该干什么,不应该干什么以及当遇到问题时应该与哪个层级进行汇报、与哪个层级进行协调,本层级执行完毕应转交给哪个层级进行后续处理。严密的层级制度避免了组织之间、组织与个人之间职责不清,互相推诿的混乱现象,提高了组织执行的效率。科层制按照层层节制的原则来确保对组织及组织成员的控制,并通过组织内部的大批专业人员来对组织行为进行研判,组织形成的行政法令、决定、条例都有书面形式的规定和记录,详细而具体,具有很强的可操作性,从而保障了组织行为的理性、合理和有序。

韦伯创立科层制理论以来的半个世纪中,科层制组织的崛起已被证明是一个不可逆转的趋势,工业组织、政府机构、工会、宗教机构等一切大型的组织都经历了官僚制化的历程。在当代工业社会,科层制组织已经发展成为一种最为普遍的组织形式。

3. 传统组织理论的优势与局限

在一个组织内,如果每一个成员的一切活动都是朝着同一个整体目标,这个组织必然是有效的。为了实现整体目标,从组织的最高层到最低层,权力和责任沿着直线垂直分布,形成一个等级分明的体系。当然,组织的最高层管理者不是把所有的权力都集中在自己手中,而是将一般规范化的决策交由下级去处理,上级只保留对例外事项的决策或控制权。由此,奠定了现代管理中集权与分权的基础。在一个组织内,每个人都只能有一个直隶上司,只接受一个上司的命令,向一个主管领导负责并报告工作。在规定下级责任时,必须同时授予完成职责所必需的权限,两者权责必须相当。否则,下级就很难完成上级所赋予的任务。这也就要求上级充分授权,使下属能够顺利完成自己的任务。由于一个人的精力、时间有限,且工作性质和复杂程度亦不同,为此上级管理人员有效指挥、监督下属人员的数量必须控制在一定数量范围内。同时,一个组织要有效率,必须按专业化分工的要求,把组织划分成几个部门,选择匹配适宜的专业人员进行工作。组织内部的每一个成员在分工的基础上进行合作,协调一致地为完成共同的目标而努力工作。主管负责人把上级授予他的权职转授给下属，若下属出现问题，转授权职的人要负全部责任。在管理时要选聘有才干的人从事生产经营管理工作，并配备参谋咨询人员或设置相应的工作机构，要实行所有权与经营权分离，即管理人员不是他所管辖的那个单位的所有者。

传统组织设计强调工作效率，强调工作的专业化分工，强调严格的等级制度，因而有利于提高组织的稳定性和可控制性，也有利于组织目标的实现。但过分强调职权对被管理人员的控制作用，过分强调等级的严格性，不利于人的积极性与创造性的充分发挥，组织缺乏灵活性，而且会造成被管理者与管理者的敌对状态，使被管理者对组织持反对态度，从而阻碍组织目标的实现。

（二）行为科学组织理论

1. 概述

行为科学组织理论是一种研究组织行为和个人行为，并以人的行为为研究重点的管理理论。它是组织理论发展的一个重要阶段。该理论产生于20世纪30年代，经历了从研究人际关系到应用行为科学的发展过程。该理论一反传统组织理论的静态研究方法，着重研究人和组织活动过程，如群体和个体行为、人和组织的关系、沟通、参与、激励、领导艺术等。美国学者G. E. 梅奥等主持的霍桑实验，C. I. 巴纳德的均衡理论，H. A. 西蒙的行政决策理论，A. H. 马斯洛的需求层次理论，D. 麦格雷戈的X理论、Y理论，F. 赫茨伯格的双因素理论等都是具有代表性的行为科学的组织理论。

2. 主要学说

在行为科学组织理论发展过程中，出现了人际关系理论、均衡理论、行政决策理论、激励理论等对行政管理产生重大影响的学说。

（1）人际关系理论

1927—1932年，美国学者G. E. 梅奥等人主持的霍桑实验开创了对组织中人际关系的研究。该实验结果指出，组织不仅是一个经济和技术结构，也是一个社会和心理结构。人不仅是传统组织理论认为的只受物质刺激、追求完善理论的"经济人"，而且是愿意合群，通过合作取得工作成果的"社会人"。决定组织工作效率的首要因素是群体士气，而不是相对重要的金钱或工作条件。霍桑实验的研究首次指出，在正式组织外还存在着非正式组织，即在正式组织中为满足人们不同的心理需求，人们自发形成的没有正式结构的群体组织。其研究旨在揭示不同于过去正式组织条件下的人际关系，揭示正式组织和非正式组织的关系，并注重研究非正式组织所起的作用。

（2）均衡理论

均衡理论是在人际关系理论出现后，由美国学者C. I. 巴纳德在《执行者的职能》中提出的一种理论。该理论把组织特性与人的特性联系起来，指出为保证组织的生存，组织应在一定条件下诱导其成员参与组织活动，对组织做出贡献。组织通过"贡献"与"诱导"之间的"平衡"来进行活动。"贡献"是组织成员工作的结果，"诱导"是组织提供给成员的刺激与满足。

组织为了得到成员必要的贡献,就必须诱导成员,使其感到能从组织中得到满足。这样,组织的管理者的重要职能就是对管理对象"进行刺激"。巴纳德认为,对组织成员来说,社会与心理刺激是第一位的,经济刺激是重要的,但是第二位的。组织若要发展,必须同时提供特殊的和一般的诱导,即精神的和物质的诱导。此外,非正式组织还能够促进正式组织的效率。

(3) 行政决策理论

H. A. 西蒙在 20 世纪 40 年代的《行政行为——对行政组织中决策程序的研究》中开创了对组织行政决策行为的研究。他认为情报、设计和选择三项活动构成了整个决策过程,而决策行为则是整个组织管理的中心。西蒙把决策分成可按固定程序进行的程序性决策和无先例可循的非程序性决策,并设法使后者尽可能多地变为前者。他综合社会科学和自然科学的多种成果,为组织研究提供了理论基础。西蒙还提出"行政人"的概念,认为"行政人"具有个人目标和理性,理解组织目标和理性,懂得两者之间的关系,并以此取代传统理论提倡的对事物各种情况具有绝对知识的完全理性的"经济人"概念。他认为由于人的理性受到限制(如虚假的记忆力、不正确的估算力等),不可能实现至善的完全理性。

(4) 激励理论

20 世纪 40 年代,A. H. 马斯洛提出了需求层次理论。他认为人的需求可分为从低到高的五个层次,依次为生理需求、安全需求、社交需求、尊重需求和自我实现需求。人在满足了一个较低层次的需求后,会追求一个较高层次的需要。F. 赫茨伯格于 20 世纪 50 年代末在《工作的激励因素》中提出了双因素理论,认为在每种工作中都存在着激励因素(工作本身、工作赏识、工作进步、工作成长、工作责任、工作成就等)和保健因素(金钱、监督、地位、安全、工作环境、政策、人际关系等)。激励因素能使组织成员感到满足,具有激励作用,它使组织成员积极努力,增加工作绩效。保健因素能防止组织成员产生不满,阻止冲突发生,其维持工作的最低或及格标准。D. 麦格雷戈于 20 世纪 60 年代在《企业的人性方面》中提出了 X 理论和 Y 理论。X 理论假设人性好逸恶劳,主张采取命令、强制的管理方式;Y 理论假设人性乐于工作,主张采取参与和激励的管理方式。麦格雷戈主张 Y 理论。

3. 行为科学组织理论的优势与局限

行为科学组织理论开拓了组织研究的新领域,弥补了传统组织理论的不足,使组织理论实现了从静态研究发展到动态研究、从以研究结构为主到以研究人及其决策过程为主的变化。但有学者认为这些理论过分注重人的因素,忽略组织结构的功能,有些论点则失之严谨和偏颇。

(三) 系统管理理论

1. 概述

系统管理理论是综合早期传统组织理论和行为科学组织理论的成果,并以系统观点来分析组织的一种理论,是运用一般系统论和控制论的理论和方法,考察组织结构和管理职能,以系统解决管理问题的理论体系。其特点在于把组织看成一个系统,从系统的互相作用和系统同环境的互相作用中考察组织的生存和发展。目的是通过研究寻求组织在这种互相作用中取得平衡的方法。美国行政学家 C.I.巴纳德首先用封闭系统的观点来考虑组织;帕森斯、卡斯特、罗森茨韦格则把组织看成一个开放系统,即组织系统除了要维持本身的平衡外,还要维持与环境的平衡。20世纪60年代后又出现了权变理论。这是一种反对一般管理原则,主张相机行事的理论,其代表人物有英国的J.伍德沃德,美国的P.劳伦斯、J.洛奇和F.菲德勒等。

系统管理学派的主要代表人物是弗里蒙特·卡斯特(Fremont E. Kast,1926—),他是美国西雅图华盛顿大学的管理学教授。1963年,卡斯特与理查德·约翰逊(Richard A. Johnson)、詹姆斯·罗森茨韦格(James E. Rosenzweig)共同写了《系统理论与管理》一书,这本书借助风靡当时的系统论,比较全面地阐述了系统管理的观点,成为他创立系统管理理论的奠基之作。1970年,卡斯特和罗森茨韦格又合作出版了《组织与管理:系统方法与权变方法》一书,由此建立了系统管理理论的基本框架,同时也奠定了他们在系统管理学派中的地位。此后,系统管理理论曾一度风靡管理学界。

2. 主要观点

系统管理理论的主要观点:一是组织是一个由许多子系统组成的系统。组织作为一个开放的社会技术系统,是由五个不同的分系统构成的整体,这五个分系统包括:目标与价值分系统、技术分系统、社会心理分系统、组织结构分系统、管理分系统。这五个分系统之间既相互独立,又相互作用,不可分割,从而构成一个整体。这些系统还可以继续分为更小的子系统。二是企业是由人、物资、机器和其他资源在一定的目标下组成的一体化系统,它的成长和发展同时受到这些组成要素的影响。在这些要素的相互关系中,人是主体,其他要素则是被动的。管理人员需力求保持各部分之间的动态平衡、相对稳定、一定的连续性,以便适应情况的变化,达到预期目标。同时,企业还是社会这个大系统中的一个子系统,企业预定目标的实现,不仅取决于内部条件,还取决于企业外部条件,如资源、市场、社会技术水平、法律制度等,它只有在与外部条件的相互影响中才能达到动态平衡。三是如果运用系统观点来考察管理的基本职能,可以把企业看成一个投入-产出系统,投入的是物资、劳动力和各种信息,产出的是各种产品(或服务)。运用系统观点使管理人员不至于只重视某些与自己有关的特殊职能而忽视了大目标,也不至于忽视自己在组织中的地位与作用,从而可以提高组织的整体效率。系统管理理论提出了有关整体和个体组构及其运营的观念体系:组织是人们建立起来的相互联系着的并共同运营的要素(子系统)所构成的系统;任何子系统的变化均会影响其他系统的变化;系统具有半开特性——既有自己的特性,又有与外界沟通的特性。

3. 系统管理理论意义

系统管理理论的最大长处,就是运用系统论的观点和方法,尤其是整体论思想,分析组织问题和管理行为。它以全局观点突破了片面性思维,以开放观点突破了封闭性研究,以"关系说"替代了"要素说"。在这样一种思路下,系统管理理论既注重组织内部的协调,也注重组织外部的联系,把企业内外作为一个相互联系的动态过程和有机整体;既关注组织结构,也关注管理的过程;既强调组织目标,又强调人的因素。在一定程度上,这种思维在现代管理思想的演变中具有整合性的意义。

综上,组织理论的发展过程表明了管理思想的变化和研究方法的变化,即经历了一个从注重"事"的研究到注重"人"的研究,进而发展到人与事研究并重,在方法论上则从规范研究转向实证研究。组织理论的形成和发展,是人类认识组织及其活动的规律的成果,使人们可以自觉地应用这一理论有效地管理组织,以适应人类自身的组织活动。组织理论的不足之处,在于它至今还缺乏统一的概念构架和核心内容。有些学者对组织理论是否成为一门学科还持有不同意见。

二、公司治理结构

公司治理结构又称法人治理,是一种对公司进行管理和控制的体系,是指由所有者、董事会和高级执行人员即高级经理三者组成的一种组织结构。现代企业制度区别于传统企业制度的根本点在于所有权和经营权的分离,在所有者和经营者之间形成一种相互制衡的机制,用以对企业进行管理和控制。现代企业中的公司治理结构是协调股东和利益相关者之间关系的治理机制。现代企业采取的是股份制,所有权与经营权分离,所有者与经营者之间、经营者不同集团之间的利益关系的处理直接影响到企业的效率、业绩和成败。处理好这些利益关系需要一套相应的制度,这就形成了公司治理结构理论。

公司治理结构,狭义的理解是指投资者(股东)和企业之间的利益分配和控制关系,包括公司董事会的职能、结构、股东的权利等方面的制度安排;广义地讲是指关于公司控制权和剩余索取权,即企业组织方式、控制机制和利益分配的所有法律、机构、制度和文化的安排。从广义上界定的不仅是所有者与企业的关系,而且包括相关利益集团(管理者、员工、客户、供货商、所在社区等)之间的关系。公司治理结构的内容由一系列契约规定。这些契约包括正式契约和非正式契约两种。正式契约包括政府颁布的适用于所有企业的法律,如公司法、破产法、劳动法等,也包括企业自己的正式规定,如公司章程以及各种合同。非正式契约指由文化、社会习惯而形成的行为规范。这些规范没有具体化为成文的合同,从而不具有法律上的强制性,却在实实在在地起作用。公司治理结构决定企业为谁服务、由谁控制,风险和利益如何在各个利益集团中分配等一系列根本性问题。

(一) 基本构成

股东(大)会由全体股东组成,是公司的最高权力机构和最高决策机构。公司内设机构由董事会、监事会和总经理组成,分别履行公司战略决策职能、纪律监督职能和经营管理职能,在遵照职权相互制衡的前提下,客观、公正、专业地开展公司治理,对股东(大)会负责,以维护和争取公司实现最佳的经营业绩。董事会是股东(大)会闭会期间的办事机构。股东(大)会、董事会和监事会皆以形成决议的方式履行职能,总经理则以行政决定和执行力予以履行职能。

股东(大)会是公司价值聚焦"顶点",为了维护和争取公司实现最佳经营业绩,公司价值投射向董事会、总经理和监事会三个利益"角位点",此三个利益"角位点"相互制衡形成"三角形";"顶点"和"三角形"构成"锥形体",这是公司治理结构的标准模型,如图4-1所示。股东判定公司的安全性和成长性基准是董事会、总经理和监事会三个利益"角位点"不可以重合或者处于同一直线,更不得与"顶点"重合或处于同一平面;一旦出现这些状况,表示该公司处于特定时期或危机状态。董事会、总经理和监事会需要根据各自利益趋向争取权力和最大利益,"三角形"版图面积逐渐变大,这也正是企业实力不断增强的体现,否则结果正好相反。"三角形"和"顶点"构成"锥形"的高度,体现了企业发展战略的高度,"锥形"的体积体现了企业的市场竞争力[①]。

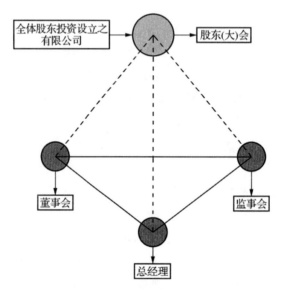

图4-1　公司治理结构基准图

(二) 两种模式

现代公司治理结构通常有英美模式、日本欧洲大陆模式两种模式。

1. 英美模式。英美重视个人主义的不同思想,在企业中的组织是以平等的个人契约为基础。股份有限公司制度在股东的治理下运营,这种模式可被称为"股东治理"模式。它的特点是公司的目标仅为股东利益服务,其财务目标即股东利益最大化。在"股东治理"模式下,股东作为物质资本的投入者,享受着至高无上的权力。它可以通过建立对经营者行为进

---

① 朱长春,2014.公司治理标准:第一集[M].北京:清华大学出版社:54.

行激励和约束的机制,使其为实现股东利益最大化而努力工作。但是,由于经营者有着不同于所有者的利益主体,在所有权与控制权分离的情况下,经营者有控制企业的权力。在这种情况下,若信息非对称,经营者会通过增加消费性支出来损害所有者利益。至于债权人、企业职工及其他利益相关者会因不直接参与或控制企业经营和管理,其权益也必然受到一定的侵害,这就为经营者谋求个人利益最大化创造了条件。

2. 日本欧洲大陆模式。日本和欧洲大陆尊重人和,在企业的经营中,提倡集体主义,注重劳资的协调,与英美形成鲜明对比。在现代市场经济条件下,企业的目标并非唯一地追求股东利益的最大化。企业的本质是系列契约关系的总和,是由企业所有者、经营者、债权人、职工、消费者、供应商组成的契约网。契约本身所内含的各利益主体的平等化和独立化,要求公司治理结构的主体之间应该是平等、独立的关系,企业的效率就是建立在这些利益相关者基础之上。为了实现企业整体效率,企业不仅要重视股东利益,而且要考虑其他利益主体的利益。在董事会、监事会当中,要有股东以外的利益相关者代表,其目的是发挥利益相关者的作用。这种模式可被称为共同治理模式(图4-2)。

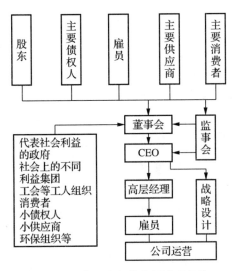

图4-2 共同治理的公司治理架构

该模式认为,大型公司是社会机构而不是私人合约的产物,公司董事会应看作公司有形和无形资产的受托人,职责是使在其控制下的公司资产价值得到保护和不断增长,并使资产在不同的相关利益者之间得到均衡的分配,受托人不仅应考虑现有股东的利益,而且应平衡现在和将来相关利益者的利益。公司治理更强调共同治理的治理模式,共同治理的突出特点是强调各种利益相关者对公司治理的广泛参与,从而彻底改变了单边治理的治理方式。

3. 模式比较。两种模式的比较如表4-1所示:从公司目标看,股东至上主义追求的是股东利益最大化,利益相关者理论追求的是公司价值最大化。从公司治理模式看,股东至上主义是委托人模式,利益相关者理论是受托人模式。从公司治理的主要问题看,股东至上主义是董事会结构,利益相关者理论是更广泛意义上的结构的有机整合。从治理方式看,股东至上主义是单边治理,利益相关者理论是共同治理。

表 4-1 股东至上主义与相关利益者理论的比较

现代公司治理结构两种模式	公司目标	公司治理模式	公司治理的主要问题	治理方式
股东至上主义	股东利益最大化	委托人模式	董事会结构	单边治理
利益者相关理论	公司价值最大化	受托人模式	更广泛意义上的结构的有机整合	共同治理

三、事业单位法人治理结构

事业单位法人治理结构,是指提供公益服务的事业单位,以依法独立运作、自我管理和承担职责,实现事业单位宗旨和职责为目标,各利益相关方共同参与治理的组织架构与运行机制等相关制度安排。

(一)基本架构

事业单位法人治理结构的基本架构包括决策层和管理层。决策层是事业单位的决策与监督机构,负责对本单位的重大事项进行决策,并对管理层执行决策层决议事项的有关情况进行监督。管理层是决策层的执行机构,对决策层负责,并向决策层汇报工作。服务事项涉及公众普遍需求,承载较多公共利益,以及可以依法开展相关经营活动的事业单位,可设置监事会,作为本单位的专门监督机构,负责对本单位的财务、理事和管理层履行职责的情况进行监督。

1. 决策层。事业单位法人治理结构决策层的主要组织形式是理事会,也可以探索董事会、管委会等多种形式。举办主体、投资主体单一的事业单位,一般采用理事会的组织形式。存在不同的举办主体、投资主体多元化的事业单位,也可以考虑采用董事会或者管委会的决策组织形式。具体采用何种形式,由事业单位、举办单位和同级机构编制部门商榷确定。事业单位的理事会主要由政府有关部门、举办单位、事业单位、服务对象和其他有关方面的代表组成。政府有关部门的具体范围应结合事业单位的业务情况和工作实际需要进行确定。其他有关方面的代表,指相关领域的知名人士、专家、行业代表等。直接关系人民群众切身利益的事业单位,应尽可能增加代表服务对象利益的理事人数,且本单位以外的人员担任的理事要占多数,具体比例应结合本单位实际在事业单位的章程中予以明确。事业单位的理事会成员一般 7—11 人,为奇数。事业单位的理事会应设理事长 1 名,根据工作需要,规模比较大的理事会可设副理事长或常务理事长协助理事长开展相关工作。事业单位的理事会作为本单位的决策与监督机构,其职责权限主要包括以下几个方面:① 拟定和修改本单位的章程;② 拟定本单位的发展规划;③ 审议和决定本单位重大业务事项;④ 负责本单位管理人员的任免或任免提名;⑤ 审议和批准本单位的财务预决算;⑥ 审议和批准内部职工的收入分配方案;⑦ 监督管理层执行理事会决议;⑧ 拟订单位合并、分设、变更、解散的方案;⑨ 法律法规和本单位章程规定的其他工作。事业单位理事的具体产生办法应在本单位章程中予以明确。一般而言,代表政府部门或者相关组织的理事由政府部门或者相关组织委派,代表服务对象和其他利益相关方的理事原则上由服务对象群体和其他利益相关方群体推选产生,事业单位党组织负责人、行政负责人以及其他管理岗位负责人可以确定为当然的理事。理事成员应报主管部门和同级机构编制部门备案,并由主管部门颁发聘书。一般而言,理事长原则上由举办单位分管领导兼任,具体产生办法、方式应在事业单位章程中予以明确。

2. 管理层。事业单位的管理层由行政负责人及其他主要管理人员组成。管理层的职责主要体现在:① 拟定业务活动计划;② 组织开展业务活动;③ 管理本单位财务和资产;④ 向理事会提出一般管理人员的任免建议;⑤ 负责一般工作人员的聘任和管理;⑥ 执行理事会的其他决议。管理层实行行政负责人负责制,由行政负责人就管理层的整体运作情况对理事会负责。一般情况下,行政负责人也是本单位的法定代表人。事业单位主要管理人员的任命和提名,根据不同情况可以采取不同的方式。比如,事业单位行政负责人等主要管理人员可以由理事会任命或提名,并按照人事管理权限报有关部门备案或者批准。专业技术性较强的事业单位,可以选择1—2名行政副职领导岗位和总工程师、总经济师、总会计师等管理层岗位实行公开招聘。一般管理人员可由管理层向理事会提出任免建议,再由理事会决议任免。

3. 监督层。事业单位应建立和完善决策失误追究制度、年度工作报告制度、重要信息公开制度和绩效评价制度,拓展社会公众参与事业单位管理、运作和监督的渠道。政府主管部门可以通过委派理事会成员的方式,参与事业单位的决策管理;通过参与事业单位年检、绩效评价等方式,监督事业单位的管理运作。社会公众可以通过推选代表参加理事会、事业单位重要信息公开制度等方式,对事业单位进行监督。机构编制部门可以通过绩效评价机制、章程审核备案制度、年度报告备案制度等方式对事业单位的管理运作进行监督。

(二) 主要功能

开展事业单位法人治理结构工作,是进一步转变政府职能,创新体制机制的重要内容,是实现政事分开、管办分离的有效途径:一是通过明确理事会等决策层的决策地位,减少政府主管部门对事业单位的微观管理和直接管理,有利于明确事业单位的功能定位,进一步激发事业单位从业人员的积极性和主动性。二是通过吸收事业单位外部人员参加决策层,扩大参与事业单位决策和监督的人员范围,有利于进一步规范事业单位的行为,确保公益目标的实现。三是明确决策层与管理层的职责权限和运行规则,有利于进一步完善事业单位的激励约束机制,提高公益服务的质量和效益。

四、国外大学理事会制度[①]

(一) 美国大学董事会制度

大学董事会发源于美国,美国第一所高等学校哈佛大学于1642年把学院的事务管理权交由校外12名非教育行业人士组成的"校监委员会"负责,开创美国高校"外行"领导"内行"的传统。

美国公立大学实行董事会领导下的校长负责制。董事会是学校的最高决策与审议机构,董事会通过宏观调控实现对高校的治理,董事会成员主要由校外人士组成。董事会对大学享有全部的权力,主要有:① 确立大学的性质、发展目标,制定大学长期和短期规划;② 维护和修订大学章程;③ 选聘、留用和解聘校长;④ 审批学校固定资产和重要项目的财产的购买和出售合同;⑤ 审批学校的财政预算;⑥ 收集学校行政人员、教师、学生提出的建议并做出相应的反应;⑦ 评估学校行政工作的绩效;⑧ 建立大学的公共关系;⑨ 筹集大学办学资金,监督大学对捐赠款项的投资;⑩ 批准法定文件。美国高校几百年发展的历史有力地证明了这是一个行之有效的制度。大学董事会代表公众利益与教育消费者的观点,避免了高等学校忽视各行业的需求;同时,外行的组合不会以专家自居而直接干预日常校务的运作,这为大学的学术自由与学术自治提供了良好的学术生态。

美国公立大学董事会的董事主要由校外人士担任,美国大学是典型的校外人士控制模式,在哈佛大学和耶鲁大学成立之初,其董事会成员全部是公理会牧师,从而奠定了其大学董事会由外行把持的基调。以加利福尼亚大学为例,加利福尼亚大学董事会由26名董事组成:18名由政府任命,任期是12年;1名学生董事,由董事会任命,任期1年;7名当然董事,包括州长、副州长、州议长、州教育部长、校友会主席和副主席、校长。另外,学术委员会主席和副主席列席董事会,没有投票权。美国大学董事会成员多数为工商企业、金融界、法律界和政府的名流。美国大学董事会的董事构成无疑对美国大学走向社会,成为社会的轴心机构起着至关重要的作用,它使得大学更多地与社会发生联系,如加强与企业发展相关的科学研究,参与众多社会问题的解决,对社会发展起着发动机的作用。

(二) 英国大学理事会制度

英国市立大学实行理事会领导下的校长负责制。大学理事会是市立大学的最高权力机构,在大学治理中起着决策和监督作用,拥有监督学校活动及资源使用、人事任命、财务管理等权力。如索尔福德大学理事会的权力包括:① 监督大学的活动,决定大学的使命和未来的发展方向;② 培育促使大学目标实现的环境和为大学政策制定和事务处理提供战略性指导(包括采纳和出版理事会主要职责声明);③ 任命和调整理事会成员;④ 设定大学组织机构和部门、院系并赋予其相应的职能、职责和权力;⑤ 雇用员工和调整员工工作;⑥ 确保有

[①] 贺永平,郭平,2012."党委领导、校长负责、理事会监督"大学治理模式研究[J].求实(2):284-286.

处理员工表现、纪律、解雇、申述和学生纪律、抱怨及学术要求的政策和程序;⑦ 任命校长;⑧ 任命首席执行官副校长并监督其表现;⑨ 给予特定理事以理事会认为合适的特定的权力;⑩ 制定理事会代表大学行使职责的条例和规例;⑪ 提供设施以便开展必要和适宜的能够实现大学目标的活动;⑫ 建立和监测系统的控制和问责制度,包括财务和业务控制和风险评估制度;⑬ 审查和监督大学的管理和它的业绩。

英国市立大学理事会成员包括校外的代表及校内的代表。校外的代表主要为地方政府官员、商业机构的代表、其他大学的代表以及毕业生代表等;校内的代表主要为大学里的不同群体,如副校长、教授和学生等。如索尔福德大学规定,理事会成员最多24人,其中独立理事最多15人,内部理事最多9人,并始终确保独立理事与内部理事的比不低于5∶3。理事会主席应从独立理事中产生。其现有理事会成员19人:独立理事13人;内部理事6人,包括副校长、3名教授理事(1名由学术委员会任命,1名由全体学术人员从学术人员中选出,1名由非学术人员从学术人员中选出)、2名学生理事(1名研究生,1名本科生)。

(三) 德国大学理事会制度

德国大学实行校长负责制。校长是大学法人代表,对内对外全权代表大学行使权力,校长是大学学术委员会和其所有委员会的主席。校委会(董事会)是大学最高权力机构,对外代表大学,对内协调大学成员的合作。校委会成员由校长、副校长组成,如海德堡大学校委会有2名全职人员和4名副校长组成。2名全职人员是校长和常务副校长,由选举产生,4名副校长是由校长提名,由学术委员会选举产生,分别负责科学研究和组织结构、内部关系、质量发展、教育方面。

德国大学理事会是大学的监督机构。理事会的主要职能是:① 提名和选举校长;② 决定大学的结构和发展计划;③ 批准大学包括两所医学院的年度账目。其他职责包括:通过与其他大学和非大学院校的合作决议;建立、分类、修改或解散大学中的组织机构;决定成立公司和公司的持股数。德国大学理事会理事由大学外部成员和大学内部成员组成,如2006年巴登-符腾堡州科学部部长任命的新一届海德堡大学理事会由11名成员组成,即包括理事会主席在内的6名大学外部成员和包括副主席在内的5名大学内部成员。

(四) 日本大学经营协议会制度

日本2003年公布的《国立大学法人法》规定,国立大学的运营体制是总长(校长)负责。法人组织"管理人员会"(董事会)(日语叫作"役员会")为学校法人的最高权力机构,"经营协议会"与"教育、研究评议会"分别为学校经营事项和教育、研究事项的决策机构。"管理人员会"是日本大学最高权力机构。《国立大学法人法》第十四条规定:总长在任命理事及文部科学大臣在任命监事时,所任命的理事与监事中必须包含非该国立大学法人管理人员或职员的人员。《国立大学法人法》第十条至第十九条规定,总长对学校的重大事项做出决定之前必须经过管理人员委员会的审议,这些事项包括:① 关于中期目标的意见及年度计划;② 根据本法律规定必须经文部科学大臣认可或承认的有关事项;③ 预算的编制、执行及决算;④ 该国立大学、学部、学科等重要组织的设置、撤销;⑤ 其他役员会规定的重要事项。

在日本,大学"经营协议会"是专事审议有关国立大学法人经营重要事项的机构。《国立大学法人法》第二十条明确规定经营协议会"就国立大学经营中的重大事项加以审议"。具体审议事项有:① 中期目标意见中,与国立大学法人经营相关的事项。② 中期计划及年度计划中,与国立大学法人经营相关的事项。③ 制定或修改校规(仅限于与国立大学法人经营相关的部分内容)、会计规程、管理人员的报酬及退休金标准、员工的薪酬及退休金标准等与经营相关的重要事项。④ 与财务上的预算制定、使用及决算相关的事项。⑤ 对组织及管理状况所作的自我检查及评价加以审议。⑥ 其他与国立大学法人经营相关的事项。《国立大学法人法》规定,校外人士必须占"经营协议会"委员人数的1/2以上。以东京大学为例,经营协议会分为学内委员和学外委员,学内(校内)委员12人,学外(校外)委员12人。

通过美国、英国、德国和日本公立高校的治理比较,我们可以得出这样一些基本的结论:无论是董事会(理事会)领导下的校长负责制(美国和英国),还是校长负责制(德国和日本),均是"委员会制"与"首长制"的某种结合。同时,校外人士参与大学治理是各国大学治理的共同特征。董事会(理事会)领导下的校长负责制的大学,董事会或理事会是大学最高权力机构,在成员组成上,校外人员占多数;在实行校长负责制的大学,最高权力机构主要由校领导构成,同时还有一个校外人士占多数的理事会或经营协议会作为大学的监督审议机构。

4.4 高职院校内部治理结构的构建路径

根据高职院校管理结构的历史沿袭以及目前高职院校内部治理结构中存在的问题,在借鉴相关治理结构模式的基础上,以提升教育质量为核心,重新构建高职院校内部治理结构,理顺内部关系,激发全员参与的积极性,共同提升高职院校办学质量,提升高职院校服务经济社会发展的能力。

一、高职院校内部治理结构改革思路

(一)以提升教育质量为治理结构改革的核心

1998年召开的世界高等教育会议就已明确强调了教育质量的重要性,并将提高教育质量列为世界高等教育改革的中心议题之一。时至今日,教育质量越来越受到重视。

1. 高等教育质量生成机制与治理理论的内在契合

高等教育质量生成受到诸多因素的影响,主要包括政府管理体制机制、校企合作成效、社会对职业教育的认知等外部因素以及学校内部体制、治理结构、制度环境等内部因素。高

等教育质量生成机制与治理理论在参与主体的多元性、公共权力的分散化、治理方式的多样化、终极目标的同一性等方面有着内在的契合。

(1) 参与主体的多元化

治理与管理的本质区别在于治理的"多元性"与管理的"一元性"。传统的管理是自上而下的具有典型科层制特征的一元管理,管理者既是"裁判员"又是"运动员",既是"掌舵者"又是"划桨者"。权力集中、责权不清是管理的典型特征;喜欢大包大揽管理事务,焦头烂额、手忙脚乱是管理者的现实写照;疲于应付、唯命是从是管理者的现实困惑。"全能型"的管理不仅因挫伤了员工的积极性而造成管理乏力,而且由于管理层的权力过大导致监督失效。治理提倡参与主体的多元化,通过共同治理达成共同目标,实现共同使命。纵观国内外的发展经验,由管理走向治理是解决组织内部问题的有效途径[1]。这与教育质量生成机制有着内在的契合,教育质量的生成不是孤立因素作用的结果,而是不同因素共同作用的结果。如果只重视管理层的因素,而忽视了教职员工的因素,必然影响教育质量的生成效果。只有认识到影响教育质量的各种因素,通过体制机制改革、制度建设、机制建设等最大限度调动各种因素的积极性,才能形成正向合力,也才能够从根本上提高教育质量。

(2) 公共权力的分散化

治理的精髓在于权力的去中心化,这就要求对权力重新分配。分权不但是一种权力转移和利益的重新分配,也是一种责任与义务的转移[2]。高职院校权力分配体现在横向分权和纵向分权两个方面。在横向上重点向学术组织、民主组织分权,在纵向上向二级院系分权,形成组织结构的扁平化、权力主体的多元化、责任和义务的全员化的格局。通过权力的重新分配,明确各权力组织的责权和义务,激发组织的能动性,激发全员参与的积极性,这与全面质量管理的理念一致,即强调全员的广泛参与,而权力的分散化是全员广泛参与的前提和基础。建立全员参与机制,教育质量问题才能够被广泛关注,教育质量也才能够趋向最优化生成。

(3) 治理方式的多样化

治理理论既强调实行正式的强制管理,也强调实行民主协商管理;既强调依法管理、按章办事,也承认非正式的协商约定。一切有利于利益相关者的治理方式都会在治理过程中使用,治理方式的多样化是治理的过程特征。在教育质量生成过程中,政治权力不再直接提供服务产品,而是负责决策和制定形成服务产品的规则;行政权力也不再直接干预教育教学和科研,而是负责执行政治权力的决策,并为决策的顺利实施提供更加有效的服务;学术权力负责教育教学和科研等方面的具体决策与实施;民主权力在过程治理中发挥监督和反馈作用。各种权力组织从不同的维度,共同服务于教学质量的生成过程。通过多样化的治理

---

[1] 孙建,2017. 企业化管理:公办高职校内部治理的一种选择[J]. 教育与职业(5):63-68.
[2] 王恩华,2004. 我国大学学术管理体制改革研究:一个治理的视角[J]. 研究与发展管理(4):108-113.

方式,实施全过程的协同管理,这与全面质量管理的全过程管理的理念一致,即要求将教育工作以及构成和影响教育工作的资源与活动都作为过程来管理,在过程管理中实施有效控制和及时反馈,以利于教育质量的改进。

(4) 终极目标的同一性

各类治理主体本着利益的共同诉求,在互信、互利、相互依存、民主协商、求同存异的基础上,通过决策、执行、检查与反馈的质量循环,实施高职院校内部治理,其终极目标是提高学校的教育质量,包括人才培养质量、科学研究质量、社会服务质量和文化传承质量等。教育质量是亘古不变的话题,提高教育质量是学校治理永远追寻的目标。学校治理的终极目标与教育质量追寻的目标具有同一性。正是这种同一性,增强了教育质量与治理理论的内在契合,奠定了从教育质量的视角开展高职院校内部治理结构改革的理论基础。

2. 教育质量提升满足了教育者、受教育者以及社会的愿望和需求

2010 年颁布实施的《国家中长期教育改革和发展规划纲要(2010—2020 年)》提出要"建立高等学校质量年度报告发布制度"。2011 年,39 所"985"高校第一次向社会公布了质量报告,此后每年各高校发布质量年度报告。在职业教育领域,《职业院校管理水平提升行动计划(2015—2018 年)》指出,国家中职示范(重点)学校自 2016 年起,其他中职学校自 2017 年起,每年发布质量年度报告。2016 年,教育部发布的《中国高等教育质量报告》是世界上首次发布的高等教育质量的"国家报告"。由此可见,国家、社会和学校对教育质量的关注度越来越高。

按照国际标准化组织的界说,全面质量管理是一个组织以质量为中心,以全员参与为基础,目的在于通过让顾客满意和本组织所有成员及社会受益而达到长期成功的途径[①]。高职院校内部治理结构改革与全面质量管理在目标、过程、方式等方面都存在一致性。在目标方面,两者都是以质量为中心;在过程方面,两者都需要激发全员参与的积极性,围绕质量管理中的 PDCA 质量环,按照计划(P)—执行(D)—检查(C)—纠正(A)的循环,构建院校内部治理结构的计划与决策机构、实施与保障机构、检查与评估机构、反馈与改进机构,通过各机构权力的合理分配,实现分工明确、责权清晰、民主参与、共同管理的治理结构体系;在方式方面,两者都力图通过全员管理、全过程管理和全面管理,实现提升教育质量的目标。将提升教育质量作为院校内部治理结构改革的终极目标满足了教育者、受教育者以及社会的愿望和需求。

(二) 以去行政化为治理改革的手段

钟秉林认为,所谓大学"行政化",是指以官僚科层制为基本特征的行政管理在大学管理中被泛化或滥用,即把大学当作行政机构来管理,把学术事务当作行政事务来管理[②]。这里所说的"去行政化",即去除特指公办高职院校内部的不遵循教育教学规律和高等职业教育

---

① 唐仁春,2011.高等学校全面质量管理策略研究[M].长沙:湖南人民出版社.
② 钟秉林,2010.关于大学"去行政化"几个重要问题的探析[J].中国高等教育(9):4-7.

特点,把教育教学和科研的事务当作行政事务来处理的现象。

1. "去行政化"有助于高职院校法人主体地位的确立。事业单位是中国公益机构的主体,是提供教育、科技、文化、卫生等公益服务的重要载体。目前,事业单位管理体制不顺、运行机制不畅,是制约社会事业健康发展和公益服务有效提供的关键所在。明确政府对事业单位的管理主要是管政策、管规则、管监督,真正实现政事分开。同时,要进一步落实事业单位自主权。既要下放政府对事业单位的具体管理权限,明确事业单位独立法人地位,使事业单位自主管理微观运营事务;也要强化对事业单位的宏观管理,确保事业单位服务质量和效率不断提高,公益目标更好得以实现。要建立健全现代事业法人制度,真正确立事业单位的法人主体地位,首要的就是要对照公益性社会服务组织这一事业单位基本的职能定位,对事业单位进行全面清理,合理划分和界定行政机关和事业单位的职责。《中共中央 国务院关于分类推进事业单位改革的指导意见》指出:承担高等教育、非营利医疗等公益服务,可部分由市场配置资源的,划入公益二类。对面向社会提供公益服务的事业单位,积极探索管办分离的有效实现形式,逐步取消行政级别。公办高职院校属于此列,逐步取消公益二类事业单位行政级别已经纳入改革进程。职业院校"去行政化"的目标是通过纠正由于行政权力泛化导致的不按规律办大学的路径,以科学的管理,使高职院校实现更好的发展。"去行政化",意味着政府将还权于高职院校,高职院校作为独立的办学主体开展办学,将高职院校法人作为具有责、权、利相统一的法人主体来实施办学。

2. 高职院校内部去行政化有助于打破行政垄断。事业单位企业化管理与职业院校治理都有协调各方利益,寻求更为科学的办法,提高办学效益的内容,其内涵和目标具有一致性,只不过大学治理的内涵更为宽泛,而去行政化则主要关注管理层面[1]。去行政化的管理体系打破行政垄断的格局,能够让职业院校专家、教授等专技人员更多参与到职业院校行政与决策、实施与保障、检查与监控等事务中,在质量保障体系中发挥更大的能量,为职业院校人才培养提供更有效的保障。在打破行政垄断的前提下,"去行政化"有助于内部权力之间形成合力。

当然,不能以教育去行政化取代必要的行政干预。教育行政与学校管理之间的关系是相互联系、密不可分的。首先,教育行政组织与学校教育组织之间的一般关系应是宏观指导与微观实施的关系、一般指导与具体执行的关系。"教育行政机关制定的方针政策,归根结底要通过学校教育过程来体现并得到检验,而学校的行政管理过程也不能游离于国家之外,成为一种孤立的管理。"[2]如校长可以有权聘用教师,但必须事先向教育行政主管部门申报,得到正式的审批认可才能聘用。同理,学校预算以及经费的使用等都必须事先向教育行政主管部门进行申报。

---

[1] 黄泽龙,刘璧玉,2013.治理理论及对我国大学去行政化改革的启示[J].黑龙江教育学院学报(8):17-19.
[2] 吴志宏,2000.教育行政学[M].北京:人民教育出版社:19.

（三）以构建有中国特色的理事会制度为治理结构改革的方向

结合组织理论、公司治理结构、事业单位法人治理结构和国外大学理事会制度的相关理论和做法，以及高职院校职业性、开放性的特点，我们认为高职院校内部治理结构改革不可回避利益相关者的问题，高职院校的改革与发展都与高职院校利益相关者的利益密切相关，也只有发挥利益相关者的能动性，高职院校才能取得更好的发展。为此，探索构建具有中国特色的理事会制度成为治理结构改革的方向。

1. 理事会制度改革动因。一般认为，在高职院校中存在三种主要权力，即党委的政治影响力、以校长为首的行政系统的行政权力以及以教授为核心的学术权力。如何协调这三种权力的关系？如果仅靠这三种权力自身来进行协调，很难做到合理的分权和制衡。有学者认为高职院校应该由党委来协调，但在实践中经常出现以党代政、党政不分的局面，从而削弱了行政权力和学术权力。有学者认为应该由以校长为首的行政权力来主导一切，其实这正是当下被学术界所诟病的行政化的模式。有学者认为应该由教授来治校，但我们应当看到能够搞好学术的教授未必能够治理好学校，理论与实践有相当大的差距，完全由教授来治校，其效果可能适得其反。为此，必须跳出这三种权力的争论，重新构建一种凌驾于这三种权力之上的权力来进行决策和协调三者之间的关系，让党委、行政和学术这三种权力在其之下各行其是、分工合作，我们认为这种权力应该就是理事会。2010年，国务院办公厅下发的《关于开展国家教育体制改革试点的通知》以及《国家中长期教育改革和发展规划纲要（2010—2020年）》等文件都指出了"要探索建立高等学校理事会或董事会"。由此可见，探索和构建理事会制度成为高职院校内部治理结构改革的方向和重点。

2. 如何设置理事会。理事会作为一种决策的权力机构，其权力凌驾于党委权力、行政权力和学术权力之上。有学者提出了理事会可能遇到的问题：我国高校实行的是党委领导下的校长负责制，设立理事会后如何保证办学方向不偏离党的方向？校长负责制如何体现？学术权力如何体现？民主监督如何开展？这些问题都是在设置理事会时必须考虑到的。为此，在设置理事会时我们应该做到以下几点：一是明确理事会与党委、行政、学术之间的关系。理事会是在学校咨询委员会基础上建立的学校发展的决策机构，主要负责听取学校发展情况汇报、审议学校发展战略、把脉学校发展方向，但不会负责学校发展的具体事务，具体事务由党委权力、行政权力和学术权力负责。二是合理设置理事会人员组成。根据高职院校的特点，基于利益相关者理论，理事会由校内外人员共同构成，校内人员包括党委、行政和学术人员以及教师和学生代表等，校外人员包括院校主办方、行业企业、社区代表、家长、杰出校友等。我们认为改革初期理事会成员校内人员比例应该大于校外人员比例，这样确保改革的稳定性，在改革过程中根据改革效果可以逐步加大校外人员比例，直至校外人员超过校内人员比例。党委人员比例应该高于行政人员比例，这样可以确保决策方向符合党的方针政策。其人员构成为：校内人员构成为党委3人，行政2人，学术2人，教师1人，学生1人，校内人员合计9人；校外人员构成为主办方1人，行业企业2人，社区1人，家长1人，校友1人,校外人员合计6人。理事会合计成员15人。这样的人员规模相对比较合理,人员太多,则难以议事;人员太少,则不具备代表性。三是在设置理事会的同时要相应设置监事会。监事会是对学校办学行为进行监督与反馈的机构。监事会由校内外专业人员组成,下属机构有纪律检查委员会、审计委员会和监督委员会。纪律检查委员会的主要任务是维护党的章程和其他党内法规,检查党的路线、方针、政策和决议的执行情况,协助党的委员会加强党风建设和组织协调反腐败工作。审计委员会主要负责高职院校内外部审计的沟通、监督和核查工作,可以独立、公正、有效地评价内部控制的有效性及财务报告的可靠性并向理事会报告。监督委员会主要负责高职院校质量监督,包括教学质量监督、行政质量监督,并形成办学质量报告向理事会汇报并向社会公开发布。

3. 如何保障理事会功能发挥。理事会在学校发展中起着决策作用,其决策的科学性、有效性直接影响了高职院校的办学质量。为此,必须从以下方面保障理事会功能的发挥。一是科学遴选理事会成员,无论是校内成员还是校外成员都必须有战略高度、发展视野,有时间和精力,有热心、责任心和主见真正考虑学校的利益、关心学校的发展。要建立遴选机制,特别是校内学术人员、教师和学生的遴选要通过自愿报名、考核答辩和组织考察的程序进行,真正让合适的人成为理事会成员。二是要制定理事会议事规则并严格按照议事规则开展工作,真正发挥每个成员的作用,杜绝领导至上、领导说了算的现象,让理事会真正成为利益相关者的代表性组织。

理事会制度在高职院校特别是公办高职院校改革中,尚处于尝试阶段,要在吸收和借鉴企业治理结构的基础上,根据高职院校的特点进行改革和实践,并在实践中不断总结经验,推进理事会制度的完善。

(四) 以多元参与为高职院校内部治理结构改革的基础

我国经济学家张维迎教授指出:"大学作为一个非营利性组织,是一个典型的利益相关者组织,每个人都承担一些责任,但没有任何一部分人对自己的行为负全部责任。大学里的利益相关者包括教授、校长、院长,包括行政人员,包括学生以及毕业了的校友,当然也包括我们这个社会本身(纳税人)。"[1]借鉴企业利益相关者的分类,根据利益相关者与大学的密切程度,可以把大学的利益相关者分为四个层次:第一层次是教师、学生和管理人员;第二个层次是校友和财政拨款者;第三层次是与学校有契约关系的当事人,如科研经费提供者、产学研合作者、贷款提供者等;第四层次是当地社区和社会公众等[2]。由此可见,多元参与的院校治理是利益相关者的自身诉求,在高职院校内部治理结构改革中考虑多元参与的因素是治理结构改革的基础。

1. 政府参与高职院校内部治理。作为高职院校的主办者和出资者,政府在高等教育管

---

[1] 张维迎,2004.大学的逻辑[M].北京:北京大学出版社:19.
[2] 李福华,2007.利益相关者理论与大学管理体制创新[J].教育研究(7):36-39.

理中处于"同辈中的长者"地位,因此我们在关注高职院校内部治理结构改革时不能忽视政府作为"元治理"的存在。当然,政府在参与高职院校内部治理的过程中要转变角色定位,改变权力行使的范围和权力运作的方式,即从高职院校的实际控制者转变为组织者和服务者,从"全能政府"转变为"有限政府",从"既掌舵又划桨"转变为"只掌舵不划桨"。

2. 行业企业参与高职院校内部治理。行业企业与高职院校有着天然的联系。高职院校既是行业企业人才的供给者、科研的合作者,又是高职院校社会服务的对象,学校的发展会给产学研合作的企业带来潜在的利益,并在一定的条件下转化为企业的直接利益。行业企业也为高职院校人才培养提供资源,为科学研究提供需求。行业企业与高职院校紧密的融合关系决定了行业企业是高职院校的有契约关系的当事人。

3. 家长参与高职院校内部治理。家长属于学校办学的实际出资人,家长最为关注的是投入与产出的效益,即学生在校学习与未来就业之间的效益。家长也希望自己的孩子能够在有品牌、有声誉的学校就读,希望自己的孩子经过在校学习后能够有良好的就业环境和就业岗位,家长具有参与高职院校内部治理的潜在积极性。

4. 校友参与高职院校内部治理。校友是学校培养出来的,正如一句口号所说"今天我以学校为荣,明天学校以我为荣",其对学校的感情是持久的。杰出校友都希望学校越来越好,也希望自己越来越好,能够有能力回馈母校。

5. 社区参与高职院校内部治理。社区是学校社会服务的主要对象,学校的办学能力和水平直接决定了学校的社会服务水平。同时,社区也能够为学校的社会服务提供需求和建议,促进学校社会服务水平的提升。

6. 党委参与高职院校内部治理。党委是高职院校内部治理的主力,学校党委把握着学校发展的方向,是国家教育方针政策在高职院校的贯彻者。党委在高职院校内部治理中要发挥决策作用和监督作用,同时建立渠道,关注师生员工的思想政治工作,让党的方针政策在学校基层中得到落实。

7. 行政人员参与高职院校内部治理。行政人员是高职院校的核心和中坚力量,是学校政策的具体执行者,是利益相关者的代理人。作为高职院校运行的组织者、协调者和服务者,行政人员尤其是校长等高级管理人员在高职院校内部治理中所面临的一项艰巨的任务是怎样使高职院校以一种尊重各方利益的方式协调和处理好各方关系,以使高职院校利益最大化。

8. 教授参与高职院校内部治理。教授是高职院校学术力量的核心,其在高职院校的治理中发挥的作用主要包括教授治学即掌管高职院校的学术事务和教授参与管理整体事务等。教授治学是指教授对高职院校重大学术问题进行决策,如学术政策、规划的制定、职称的评定、专业设置与建设等。

9. 学生参与高职院校内部治理。学生是高职院校存在的理由,学生对高职院校具有重要的意义。为此,高职院校改革必须以学生为基础,而不是以教师或知识为基础。重视学生的参与、重视学生的需求是高职院校内部治理改革必须考虑的重要问题。要建立学生参与反馈和评价的渠道,如建立学生信息员制度,通过学生信息员收集学生对学校的意见和建议,让学校的改革和发展满足学生的需求,为人才培养提供更为良好的环境。

综上,每一个利益相关者团体对高职院校的发展都具有重要的意义,通过建立相应机制,发挥每个利益相关者的能动性,将促进高职院校的发展与利益相关者的要求一致、与社会对高职院校的要求一致,实现高职院校办学能力和水平的提升。

(五) 以权力分配为改革的切入点

管理的典型特征是集权,而治理的典型特征是分权,管理和治理是两种截然不同的思维模式。治理的出发点在于打破行政权力的中心,通过利益相关者的共同参与,形成多中心的权力机构。利益相关者有参与的权利和途径,也必须承担与权利相匹配的义务。为此,院校内部治理结构改革要从权力的分配切入,对原本集中的行政权力进行合理分配,激发全员参与的积极性,构建利益相关者共同治理的治理结构。

1. 分权的必要性。新中国成立以来,公立高校的管理体制经历了不同的变化,如从"大学及专门学院采取校(院)长负责制"到"党委领导下的以校长为首的校务委员会负责制",再到"党委领导下的校长分工负责制",最后到"国家举办的高等学校实行中国共产党高等学校基层委员会领导下的校长负责制"。其间,第一要义提出了以党委领导为指导地位的政治权力。高校行政机构和行政人员履行管理的权力是行政权力,具有"科层化"特征。它以效率为目标,以严格的等级制度为依托,是一种制度化的权力。其作用方式是通过指示、指令、决议等,以自上而下的途径贯彻执行,以一定的强制性确保高校运行机制正常进行。高等教育管理系统各个层次的管理机构和人员所享有的高等教育管理权力被称为学术权力。学术权力被划分为扎根于学科的权力、院校权力和系统权力[1],是专家学者依据其学术水平和学术能力,对学术事务和学术活动施加影响和干预的力量。政治权力、行政权力与学术权力之间相互影响、相互制约,以对立统一的形式存在。政治权力在公立高校权力体系中居于政治主导地位,行政权力和学术权力要服从政治权力;行政权力是由上而下逐级进行的,在高校权力系统中处于管理主导地位;学术权力是大学核心和内在逻辑的基本体现。学术权力发挥的目的在于求得学科发展,创造学术自由的氛围,提高大学的水平。三种权力在实际运行过程中会出现矛盾的一面,如何将三权的对立转为统一,是高校内部权力治理机制必须解决的问题。

2. 分权的原则。第一,遵循管理权力重心下移、权力相对分散的原则。分权不但是一种权力转移和利益的重新分配,也是一种责任与义务的转移[2]。公立高校内部权力管理体制的管理权限应该采取由上至下逐渐下放的模式及由体制内向体制外转移的趋势。第二,遵

---

[1] 克拉克,1994.高等教育系统:学术组织的跨国研究[M].王承绪,等译.杭州:杭州大学出版社:34.
[2] 王恩华,2004.我国大学学术管理体制改革研究:一个治理的视角[J].研究与发展管理(4):108-113.

循政治权力、行政权力与学术权力相分离的原则。三权既要相互独立,又要相互协调,共同解决三者之间的对立和冲突,实现三者的协调和统一。第三,继续倡导学术自由、学术自治、学术中立的"三A原则"。"三A原则"在大学基层学术组织中最为适用,它们与大学基层学术权力密切相关[①]。学术活动的探究性、自由性、自主性、科学性的特点,从本质上规定了大学必须是一个充分自由与自主的机构。大学理应是新知识、新思想、新文化的发源地,是科学技术的源泉,是社会发展的动力源。大学要充分发挥其学术自由,成为学者自由探求真理、学术自由成长的场所。

3. 如何分权。权力分配可以从横向分权和纵向分权两个方面开展。在横向分权方面,一是政治权力向行政权力分权,即以党委为代表的政治权力向以校长为代表的行政权力分权。我国高等院校实行的是"党委领导下的校长负责制",这已经明确表明了党委和行政之间的关系,党委主要是领导和决策作用,行政是在党委的领导下负责决策的实施。在一些高校,党委和行政的关系比较微妙,根源在于两者的责权不清,政治权力往往替代行政权力,而行政权力往往又僭越政治权力。从治理的角度看,党委在决策时要充分征求行政的意见,以免决策与实施脱节;行政在决策实施时需要拥有一定的自主权,创造性地开展工作。二是行政权力向学术权力、民主权力分权。在行政权力和学术权力之间的关系方面,行政权力要改变大包大揽的常规做法,明确各自的职责,让渡学科专业建设、学术研究等方面的决策权;在行政权力和民主权力之间的关系方面,行政权力要让渡监督权,重视原本忽视或者不够重视的民主监督环节,充分尊重民主权力的监督反馈作用,充分落实反馈意见和建议。在纵向分权方面,要注重权力的下放,在科学设置院系的基础上,权力向二级院系下移,强化院系的教育与管理的职责和职能。同时,行政权力要向其他基层的利益相关者组织下移,发挥基层组织的能动作用。在横向分权和纵向分权的基础上,构建立体化的治理结构体系。

(六) 以权力制衡为改革的立足点

分权制衡是被西方国家普遍运用在政治体制和其他国家管理活动中的重要法理。分权制衡的要义在于权力制衡。权力制衡,是指在公共政治权力内部或者外部,存在着与权力主体相抗衡的力量,这些力量表现为一定的社会主体,包括个人、群体、机构和组织等,他们在权力主体行使过程中,对权力施以监督和制约,确保权力在运行中保持正常、廉洁、有序、高效等,并且使国家各部分权力在运行中保持总体平衡。这些制衡有利于保证社会公正合理的发展方向,以及社会整体目标的实现。高职院校内部治理结构改革既要合理分配权力,又要让各种权力相互制约,以利益相关者的共同利益为目的,逐步达到权力制衡的局面。在制衡的治理结构中,行政权力不再泛化、学术权力不再弱化、民主权力也不再虚化。各种权力,各司其职,各尽所能,共同服从和服务于利益相关者的共同利益,即教育质量的提升。

1. 行政权力与学术权力之间的制衡。这里的行政权力包括高职院校党委和行政的权

---

① 陈何芳,2003. 大学基层学术权力探析[J]. 清华大学教育研究(5):30-35.

力。在行政权力内部,要协调党政关系,既要贯彻执行党和国家的路线方针政策,又要结合高职院校自身的工作实际,寻求党政权力的协调和制衡。在行政权力与学术权力之间,既要避免行政权力对学术权力的过度干预,保证学术权力的独立性,同时也要避免学术权力僭越行政权力,造成对行政的干预。这就需要协调行政权力与学术权力之间的制衡关系,既保障双方的独立性,又要保障双方在工作上领导与被领导关系。

2. 其他各种权力之间的制衡。厘清高职院校内部各种权力的分类归属及其边界,避免职能交叉,权责不清,形成良好的权力制衡与监督的运行机制。传统的高职院校管理之所以产生领导权力膨胀、民主利益受到压制、基层自主权缺乏等弊端,权力制衡缺乏是一个重要原因。要解决这些弊端须让权力之间、利益之间、职能之间、上下级之间形成相互牵制、相互监督的关系,做到权力分散而不乱,权力集中而不专制。权力之所以被称为权力,根本原因在于它的独占性,利益之所以重要,根本原因在于它的稀缺性。让独占的权力和稀缺的利益在高职院校进行多元配置,让独占的权力变得不可能,这就会使得利益受到牵制。如决策制定、决策执行和决策反馈等流程都应该受到监督,校务公开透明,让"暗箱操作"成为不可能,只有这样才能最大限度遏制公权力的异化,避免权力部门之间因争权夺利造成高职院校整体利益受损。

(七)以制度完善为改革的归宿点

"把权力关进制度的笼子",制度是权力得以规范的保障。加强制度建设才能够巩固高职院校内部治理结构改革的成果,制度建设和完善是治理改革的归宿点。高校制度建设以章程为核心,以各类具体的规章制度为准则。章程是高校的"基本法",也是各类规章制度建设的基础。以章程为核心的各类规章制度是一切办学活动的指南。章程建设要体现学校的个性,符合利益相关者的共同利益,在明确大学的治理结构、管理模式,落实治理主体间的权力关系的基础上,健全各项管理规章制度与决策程序,并充分接受利益相关者的广泛参与和监督。

二、高职院校内部治理结构改革策略

高职院校内部治理结构改革思路主要围绕两大方面进行:一是要构建"开放多元"的治理结构;二是要构建"分权制衡"的权力体系。

(一)构建"开放多元"的治理结构

"开放多元"的治理结构包括开放的治理结构和多元的治理主体两个层面。"开放"是为了有更"多元"的主体参与治理,"多元"则体现出了"开放"的特征,也是"开放"的结果,两者相辅相成。

1. 开放的治理结构。治理本身就是由封闭的管理走向开放的治理的过程,开放是治理的本质要求。高职院校开放的治理结构包括向外部开放和向内部开放两个方向。一方面是向外部开放,即高职院校内部治理向企业和社会开放,吸纳企业和社会力量参与院校治理。

高职院校与企业和社会接触紧密,特别是在产教融合的大背景下,学校和企业之间、产业与教育之间形成了融合发展的关系,企业也已成为重要的办学主体,职业教育发展成为院校和企业共同关心的话题。高职院校内部治理向企业开放,既有助于吸纳企业的发展意见和建议,也有助于共享企业的资源,还有助于高职院校资源的输出,院校与企业相互促进、相得益彰。高职院校除了向企业开放之外,还要向社区、家长、校友、媒体等开放,这是职业教育与社会互动发展的必然,也是高职院校服务社会的使命。高职院校要主动构建社会参与院校治理的平台,打通院校和企业、社会互动发展的通道。另一方面是向内部开放。党委、校长、教授、民主力量是院校内部治理的几类重要主体,从治理的角度看,这几类主体共同服务于高职院校的发展。在由管理走向治理的过程中,要求内部主体之间相互沟通,形成院校内部治理的"质量环"。这就要求:一是决策层向执行层开放,即党委的决策过程向校长等行政权力开放,涉及"三重一大"项目,要领导班子共同决策,同时在决策前要充分征求意见,确保决策的科学性。二是执行层向民主层开放,即校长等行政权力的行政事务向广大教职工和学生开放,做到校务公开,维护广大民主力量的知情权和监督权。三是民主层之间的开放。在治理的过程中,形成了各类具有协商和决策职能的民主机构,如教学工作委员会、校企合作工作委员会、学生自治委员会等,这些民主机构要做到每次会议形成会议纪要,并将之公开发布,让高职院校内部相关人员了解协商与决策情况,接受监督。四是民主层向决策层反馈。民主层在民主参与、民主监督过程中形成了代表广大民主力量的意见和建议,这些意见和建议通过民主反馈的途径和通道,被及时反馈给决策层,有利于决策趋向科学合理。

2. 多元的治理主体。治理要求从"一元管理"走向"多元治理",在治理结构开放的前提下,院校治理要改变以往自上而下的单向管理,形成多元主体参与的共同治理。一是要注重发挥企业及社会力量的作用。从大学功能的角度看,高职院校有为经济社会发展培养专门人才,开展满足行业企业需求的应用性科学研究,为社会提供培训、技术研发等服务以及开展传统文化和现代企业文化传承的功能。要实现高职院校的功能,高职院校必须充分借助于企业及社会的力量,为学校发展提供决策咨询、提供人才培养及实践的岗位、为科学研究提供研究需求、为文化传承提供源头活水。这就要求高职院校要将企业及社会力量作为重要的治理主体,吸纳企业及社会中具有代表性的人员参加学校的决策咨询机构,如成立董事会、理事会等机构,充分发挥其应有的作用。二是要注重发挥学术力量的作用。教授等学术力量要在科学研究、专业建设、课程改革等方面具有引领作用,高职院校要通过构建以各类专业委员会为核心的学术组织,为学术力量作用的发挥搭建平台。三是要注重发挥民主力量的作用。高职院校的民主力量包括广大教职工和学生,高职院校要将教职工和学生视为重要的治理参与主体,充分利用教职工代表大会、工会、学生代表大会等各类民主性的议事组织,发挥其监督与反馈作用。

(二)构建分权制衡的权力体系

权力的分配与相互制约是相辅相成的两个方面,分权制衡的权力体系包括"分权"和"制衡"两个方面。"分权"是治理的核心要求,由中央集权向地方分权,由组织集权向民主分权,由个人集权向大众分权,这些都是分权的基本要求和具体体现。在分权的同时,要处理好权力之间的制衡关系,否则容易出现因权力之间的不均衡而形成新的集权或权力过度分散而造成权力无法集中的情况。

1. 分权。分权就是要把原本集中在某些人或某些组织和机构中的权力根据治理需要合理分配给相关组织和机构,并由相关人员代表组织和机构行使权力。分权要做到三个方面:一是要做到权力合理分配。高职院校分权改革主要向两个方向分权。一个方向是向内部分权,包括纵向分权和横向分权两个部分。纵向分权即原本掌握在高层的权力向中层和群众分权,如高职院校开展二级管理改革,校级部门的权力向二级学院分权,二级学院的权力向系部分权,系部的权力向系部教师分权。横向分权即学校高层的权力向校级各管理部门分权,向各类民主决策机构和各类委员会分权,如学术事务向学术委员会分权,教学事务向教学委员会分权,等等。另一个方向是向外部分权,高职院校与行业企业和社会本身就是一种生态关系,高职院校的发展与外界环境息息相关,高职院校要让渡部分权力给行业企业和社会,让行业企业和社会能够参与到学校的决策与发展中来,发挥外界的决策、咨询与监督作用。二是要做到权责清晰,即赋予相应岗位以相应权力和责任。一方面要赋予岗位相应的权力,并通过约束机制杜绝有权不用的渎职现象和权力乱用的弄权现象;另一方面赋予岗位相应的职责,做到不同岗位之间的职责不重复、少交叉,并落实到具体的岗位制度中,以解决组织内因职责不明确而造成的做事推诿、效率低下的问题。三是要处理好民主与集中之间的关系。分权是民主的体现,权力让渡是为了共同治理,但在"民主"的基础上,权力还需要"集中",这样才能够保证决策的有效开展。

2. 制衡。高等学校内部管理体制中的治理结构系统就是基于党委领导、校长、行政管理人员以及教职工之间权、责、利的制衡关系[1]。制衡是在合理分权的基础上,通过制度约束,使得权力之间形成相互制约和相互监督的关系,让权力在规范的轨道上运行,把权力关进制度的笼子。高职院校内部权力制衡,从横向的角度看就是要让决策权力、执行权力、民主权力之间形成制约、监督与反馈关系,每一种权力都要接受其他两种权力的制约和监督,同时按照民主权力向执行权力、执行权力向决策权力的方向进行反馈,在良性循环的基础上促进办学质量的提升。从纵向的角度看就是要让学校与二级学院之间、二级学院与系部之间形成一种制衡关系,不能因任何一方的权力的无限放大而造成新的垄断。这就需要明确各自的职能和职责,在职、权、利相统一的基础上形成相互监督与制约的关系。制衡关系是一种动态平衡,高职院校在办学实践中要根据历史传统和办学重点,动态调整权力分配与权力约束关系,逐步优化权力结构,并以制度的形式逐步固化制衡系统,逐步形成相对稳定的制衡关系。

---

① 汤萱,2009.我国公立高校内部权力研究——基于治理理论的视角[J].大学教育科学(3):62-66.

三、高职院校内部治理结构改革举措

基于高职院校内部治理结构改革以提升教育质量为治理结构改革的核心,以去行政化为治理改革的手段,以构建有中国特色的理事会制度为治理结构改革的方向,以多元参与为高职院校内部治理结构改革的基础,以权力分配为改革的切入点,以权力制衡为改革的立足点,以制度完善为改革的归宿点的改革思路,我们构建了利益相关者共同参与的党委领导下的校长负责制的治理结构整体框架体系和以提升治理质量为核心的内部治理结构矩阵体系,两种体系分别从高职院校内部宏观和微观两个层面具体阐释了高职院校内部治理结构的创新与改革。

(一)构建利益相关者共同参与的党委领导下的校长负责制

如图4-3所示,整个治理结构分为四个部分:第一部分为以利益相关者共同参与的理事会为核心,主要负责高职院校决策,体现决策的多元参与下的民主性与科学性;第二部分为以党委书记为核心的党委领导结构,主要负责党的路线方针政策在高职院校的贯彻执行,体现了高职院校的党委领导;第三部分为以校长为核心的行政治理结构,体现了校长负责制下的行政治理;第四部门为以监事会为核心的监督机构,主要负责纪律检查、财务审计和质量监督,体现了监督的专业性。

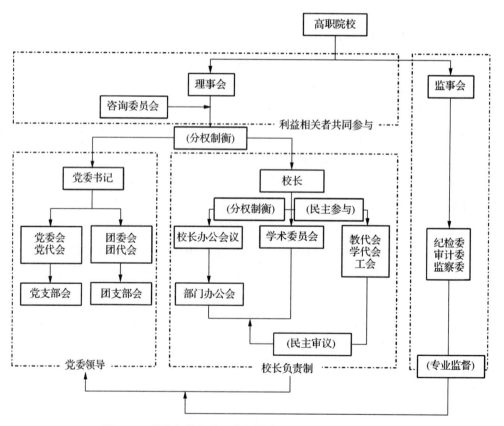

图4-3 利益相关者共同参与的党委领导下的校长负责制

1. 利益相关者共同参与的决策机构。高职院校,特别是公办高职院校一般是非营利性的公益组织,其主要功能是为学生服务、为家长服务、为社会服务,其与利益相关者之间虽然没有直接的经济效益关系,但其社会效益关系非常明显。高职院校为家长培养孩子,为学生培养其自身的素养和技术技能,为行业企业培养适合的人才,为政府的民生和社会工作提供支持,为社会经济发展提供支撑。高职院校的利益相关者包括校外的政府、行业企业、社区、家长、校友等,校内的党委、行政、学术力量以及教师、学生等。为此,理事会组成人员由以上利益相关者组成,主要负责把握学校发展的方向,听取学校发展情况,对学校的发展规划进行审议和审定,对重大人事任免和重要项目工程进行决策。理事会主要负责宏观层面的决策,具体中观和微观层面的决策由党委和行政负责。在理事会之下有咨询委员会,其人员组成与理事会相似。理事会与咨询委员会的区别在于:一是人员数量不同。理事会人员数量一般保持在十几个人,而咨询委员会人员数量可以是几十个甚至上百人。二是人员组成不同。理事会由校内外人员共同组成,而咨询委员会人员一般由校外人员组成。三是功能不同。理事会主要负责决策功能,而咨询委员会主要负责咨询功能。当然,咨询委员会成员可以成为理事会成员,理事会成员也可以是咨询委员会成员。理事会与传统的党政联席会议既有区别也有联系。党政联席会议由党委和行政领导组成,而理事会除了部分党委和行政领导之外,还有其他重要的利益相关者,体现了决策的广泛参与,特别是校外利益相关者的参与,保障了高职院校办学的开放性和决策的民主与科学。理事会的设立从某种程度上说是削弱了党委决策的权力,把宏观决策权力让渡给由党委主要成员参与,并且有更广大利益相关者参与的理事会,既保证了党委在决策中的主导作用,也发挥了多元主体在决策中的作用。同时学校中观与微观层面的事项还是由党委负责,确保了党委在高职院校发展中的领导作用。

2. 党委领导下的决策机构。党委在学校处于核心领导地位,统一领导学校的工作,并从管方向、管全局、管干部、管人才以及党要管党等方面概括了党委的10项工作内容,对党委领导的内容和途径作了规定。党委以党委书记为核心,主要负责党和团两个方面的工作,通过召开党委会、党代会、团委会和团代会进行决策。党委机构在理事会的决策下对具体的事项进行决策,可以说,党委是理事会在休会期间的常务决策机构,在理事会决定的框架内,结合学校的发展实际进行决策,如理事会确定了学校的年度工作计划,那么党委就要根据确定的年度工作计划,按照党的政策路线制定和确定本年度计划的实施细则,强化学生和广大教职工的思想政治工作,确保党的领导在高职院校的实现,确保行政力量按照党的领导意志开展工作。

3. 校长负责制下的行政机构。行政机构主要负责执行理事会决策和党委决议,由校长全权负责执行,此时的校长职能类似于企业中的总经理职能,负责学校规划计划的创造性实施。2014年10月,中共中央办公厅印发的《关于坚持和完善普通高等学校党委领导下的校长负责制的实施意见》指出,校长是学校的法定代表人,在党委领导下,全面负责教学、科研、行政管理工作。这实际上科学地界定了大学校长的职责,大学校长不仅是学校的法人代表,而且是学校学术的代表。大学不同于其他社会组织的一个根本特征,在于大学是一个以知识分子为主体的组织,主要从事的是以教学和科研为主的学术活动。大学校长不仅要具备一定的行政管理能力,还要有较高的学术造诣和学术地位,能够对大学的学术活动发挥重要作用。与此同时,校长还必须能够坚决贯彻落实中央的大政方针,坚持社会主义办学方向,领导学校的教学、科研工作服务于国家战略,体现国家意志。校长治校,一手抓行政权力,一手抓学术权力,同时还要发展民主力量的作用,注重民主参与和民主监督。为此,校长一方面要处理好行政权力与学术权力之间的分权和制衡关系,既能够让各自在自己的职责范围内开展工作,又要能够形成相互制衡的关系,防止权力的僭越;另一方面要注重民主参与,发挥教职工代表大会、学生代表大会、工会等组织的民主作用,开展对学术权力和行政权力所决定的重点事项的审议和监督,以保障整个以校长为首的行政系统决策、实施、反馈的良性循环,确保创造性地完成理事会的决策和党委的决议,提高学校的办学质量和水平,提升学校品牌内涵和影响力。

4. 以监事会为核心的专业监督机构。监事会由校内外专职、兼职人员组成,主要包括党委领导下的纪律检查委员会、审计委员会和监察委员会。其功能主要是对党委和行政进行监督,对理事会进行反馈。监事会的最重要的特点是专业性,包括人员的专业性、业务的专业性两个方面。人员的专业性是指监事会的组成人员要有专业,熟悉相关业务,要有固定的时间和精力对学校的党委和行政进行监督,并通过合适的途径进行恰当的反馈。业务的专业性是指监事会各个组织所从事的业务具有特殊性,有的是从纪律方面、有的是从财务方面、有的是从质量方面等开展监督与反馈。业务的专业性决定了人员的专业性,要从校内外遴选相关人员担任监事会成员,真正发挥监事会监督与反馈的作用,以此促进学校各项工作的良性开展。监事会在开展工作时要遵循以下原则:

(1) 监督而不监视。从字面意义上看,监督即对现场或某一特定环节、过程进行监视、督促和管理,以达成预定的目标。因此,监督与监视两者之间有着密切的关系。在教学质量监控过程中,我们往往运用监视的手段来进行监督,如通过教室内的视频监控来监视师生上课的一举一动,这会造成师生心理上的压力。长此以往,一旦突破了师生的心理压力,所有的监控将失去其应有的意义。因此,监视不仅会扰乱正常教学秩序,而且会给师生造成焦虑。2002年,在英国利兹的一场"质疑真相"的演讲中,奥诺拉·奥尼尔(Onora O'Neill)的一番话对质量监控有着极大的启发意义:如果我们不停地将植物拔出来确认它的根是否生长了,这样植物是无法生长茂盛的。同样地,如果我们总是不停地终止工作接受检查,来证明一切都是透明的和可信赖的,那么这些行政组织、职业生涯也无法开展得如火如荼。因此,在教学质量监控过程中,我们应该处理好"监"与"督"的关系,做到监督而不监视:一是要公开监督,即师生在被告知的情况下接受监督;二是要开展常规性监督,不搞突袭;三是要进行参与式监督而不是旁观式监督,如在课堂听课时监控者可以将自己当作学生,适当参与课堂活动。

(2) 管理而不管束。质量监控的目标是为了促进教师教学水平与能力的提高,促进学生在知识与能力、情感态度与价值观等方面的发展。教学质量监控在一定意义上对扭转教学风气、提高教学质量具有一定的作用。但是,过度的管理往往造成管束的现象,即在规范教师教育行为和学生学习行为的同时,束缚了教师和学生的思想和行为,使得本应具有灵动与创意的教学变得拘束、拘谨,压抑了师生教与学的智慧,阻碍了人才培养。因此,在教学质量监控过程中,我们应该处理好"管理"与"管束"的关系,形成管理而不管束的良性质量监控:一是要适度监控,不要让监控成为师生的心理负担。二是要处理好监控的"有形"与"无形"的关系。"有形"即监控是公开的,而不是隐蔽的;"无形"即监控不能影响正常教学。三是要合理运用监控结果。对于监控中发现的问题,要在认真调查与分析的基础上,进行个别化的交流和处理,切忌抓小放大、小事放大。四是要确保监控结果处理的公平性。在异常问题的处理上不能厚此薄彼,更不能把监控作为政治手段。

(3) 宽松而不放松。坚持管理而不管束的原则,会使整个教学监控氛围变得宽松。但是,如果不能把握好宽松的尺度,就很容易造成放松的现象,所以"宽松"和"放松"之间并没有明显的界限和尺度。宽松而不放松的氛围是教学质量监控永恒的追求目标。因此,在教学质量监控过程中,我们应该做到让教学质量监控在"有形"与"无形"中并存:一是要做好事前常态性教学质量监控,让师生感觉到教学质量监控的存在,并能够及时发现问题的苗头,将问题扼杀在萌芽中。二是在教学质量监控过程中要做到"督"与"导"的结合。教学质量监控应以"导"为主,以"督"为辅,重在引导,实现有形的监督与无形的引导的有机统一。三是要加强对监控中发现的问题进行研究,区分问题的个别性与普遍性。个别性的问题个别解决,普遍性的问题共同解决。

综上,利益相关者组成的理事会、党委书记为首的党委系统、校长负责制下的行政系统、以监事会为主体的监督反馈系统共同组成了高职院校内部治理结构。系统之间形成了良性的质量循环,在整个系统框架下进一步明确各自职能和职责,以质量为核心,推进高职院校内部治理能力建设,促进高职院校良性发展。

(二) 以提升治理质量为核心的内部治理结构矩阵体系

如图 4-4 所示,以全面质量管理为出发点,以提升教育质量为目标,结合高职院校内部管理实际,构建高职院校内部治理结构矩阵。矩阵的纵轴参照 PDCA 质量环,将质量系统分为计划与决策系统、实施与保障系统、检查与评估系统、反馈与改进系统四个部分,四个部分之间形成质量循环关系;横轴按照质量的决策、执行、监督反馈的职能分成三大权力机构和一个非权力机构,即政治权力机构、行政权力机构和学术权力机构及民主监督机构。通过矩阵的坐标体系分配内部治理机构的权职,实现政治权力、行政权力、学术权力之间的横向分权,每一种权力机构又按照质量改进系统进行纵向放权。通过分权和放权,形成权责分明的内部治理结构。

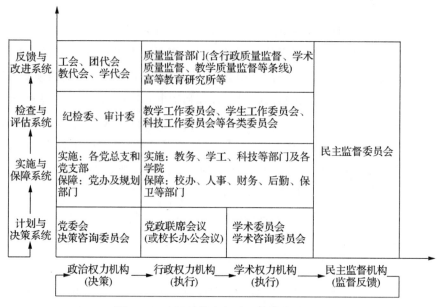

图 4-4 高职院校内部治理结构矩阵体系

1. 基于横向质量循环的分权结构。政治权力、行政权力、学术权力之间打破以往行政权力一览独大的局面,实行决策权和执行权分离。政治权力负责全校的发展规划与决策,行政权力负责在行政业务方面执行规划与决策,学术权力按照规划和决策的要求负责学术事物的执行。"三权"各负其责,分工负责。但如果仅有"三权",缺少有效的监督就不能形成质量循环,因而需要民主监督机构负责质量的监督与反馈。按照决策、执行、监督反馈的职能进行横向分权,并构成有效的质量循环,是内部治理结构改革的首要环节。其中,最为重要也是我们以往所缺少的环节就是建立民主监督机构,这里的民主监督机构构成成员比较广泛,按照治理的利益相关者理论,应该由学校的利益相关者,如合作单位、主管部门、校友、家长、学生、教师、员工等构成,代表了最广泛的群众利益。民主监督机构主要对行政权力和学术权力进行监督,直接对政治权力进行问题反馈。

2. 基于纵向质量循环的放权结构。纵轴坐标的计划与决策系统、实施与保障系统、检查与评估系统、反馈与改进系统构成了纵向质量环,各机构按照各系统的职能分工负责、相互配合,共同推进质量的改进与提升。政治权力的最高决策机构是校党委会,校党委会的决策需要依托工会、团代会及教代会、学代会等广大师生员工为决策提供参考,依托纪检委及审计委为决策提供支持,依托各党总支和党支部以及党办及规划部门为决策提供依据,更需要依托由校内外专家组建的决策咨询委员会为决策提供建议,确保决策具有科学性、发展性和可行性。行政权力的最高决策机构是党政联席会议或校长办公会议,该组织负责对政治权力的决策进行任务分解并对任务执行计划的可行性进行决策。学术权力的最高决策机构是学术委员会,负责对政治权力的学术方面的规划与决策进行任务分解,并借助学术咨询委员会的力量进行学术事务决策。行政权力和学术权力都需要通过各行政部门和二级学院对各自的决策实施,通过教学工作委员会、学生工作委员会、科技工作委员会等各类委员会检查与评估计划实施的情况,并由质量监督部门对实施情况进行监督与反馈,由高等教育研究所总结固化经验,提出问题与改进建议。基于纵向放权的质量循环确保了政治权力、行政权力、学术权力各自的决策与执行的质量。

3. 基于质量改进的立体式质量循环结构。政治权力机构、行政权力机构、学术权力机构内部的纵向循环形成了每种权力机构的内部质量循环,权力机构之间的横向循环形成了外部质量循环。通过内部质量循环和外部质量循环,构建立体式质量循环体系,各机构和组织在各自的职能和职责权限范围内各司其职,同时通过质量循环体系勾连各机构和组织之间的关系,形成分工清晰、职权明晰、有机结合、相互配合的内部治理结构体系,既有利于内部治理的实施,更有利于教育质量的改进和提升。

4. 基于民主参与的各类委员会结构。在治理结构体系矩阵中,我们通过成立各类委员会,保障民主参与,让权力在阳光下运行。主要有三种类型的委员会:一是咨询类委员会,如决策咨询委员会成员主要由与学校发展密切相关的利益相关者,如政府主管部门、合作企业、咨询机构、杰出校友等组成。学术咨询委员会成员主要由在学校相关科研领域取得学术成就的专家组成。二是检查与评估类委员会,如教学工作委员会、学生工作委员会、科技工作委员会等,成员主要由教师代表、学生代表和行政人员等组成,负责教育教学和行政质量的检查与评估。三是监督类委员会,如民主监督委员会,其成员由各类利益相关者组成,负责有关学校的各类信息的反馈。质量监督部门下设学生信息员队伍、教师信息员队伍、督导信息员队伍等,从不同的角度监督教育教学质量。基于各类委员会的民主参与是各种权力规范运行的保障,也是教育质量改进的保障。

综上,以提升治理质量为核心的内部治理结构矩阵体系是对利益相关者共同参与的党委领导下的校长负责制框架体系的完善和落实,进一步明确了办学质量在高职院校中的地位,按照质量优先的原则设计治理结构体系,通过纵向和横向的质量循环推进高职院校的质量体系建设。

第5章 高职院校内部治理制度现代化

高职院校内部治理制度既是高职院校内部治理改革成果的固化,也是深入推进治理改革的保障。高职院校内部治理制度体系现代化建设要以院校的章程为核心和引领,形成既具有激励功能又具有约束机制的现代化制度,并在规范运行中不断完善。开展高职院校内部治理制度现代化建设要从实际出发,根据现有制度体系存在的问题,按照治理的要求,逐步推进治理制度体系建设。同时,高职院校内部制度体系与外部制度体系是一个生态系统,内部制度体系不可能独立于外部制度体系而存在,因此在研究内部制度体系时,既要依据外部制度体系的框架进行研究和制定,也要从内部制度体系建设中发现外部制度体系的问题,从而倒逼外部制度体系改革,推进制度体系生态系统建设。

5.1 高职院校内部治理制度的现实困境

我国经济社会发展迅速,制度建设远远滞后于经济社会发展需求,高职院校同样面临这样的现状。高职院校内部治理制度体系面临着国家法律制度滞后于高职院校内部治理需求、高职院校章程建设落后于院校治理实践、高职院校内部制度建设滞后于办学实际等现实困境。

一、国家法律制度滞后于高职院校内部治理需求

改革开放后,我国高等职业教育迎来了发展的春天。四十年来,我国高等职业教育取得了世人瞩目的成就,为经济社会的发展培养了大批高素质技术技能型人才,为行业企业合作开展了技术技能研发,为社会提供了职业技能服务。特别是2010年以来,我国高等职业教

育在国家大政方针的指引下取得了快速发展。大力发展职业教育,构建人才培养的立交桥已经成为高等职业教育发展的共识和自觉行为。但在国家法律制度层面,尽管我国出台了一些法律法规,但总体还不够健全,我国高等职业教育发展尚未走上法治化的轨道。相对于我国高等职业教育的快速发展,我国相关法律法规稍显滞后,高等职业教育发展过程中出现的新情况、院校治理中出现的新形势未能在法律法规中得到及时响应。

(一)法律法规滞后

高职院校依法治校,需要法律的保障。从我国现有教育法律法规看,法治基础薄弱、法律法规滞后,已经影响了高职院校内部治理改革的进程。以《中华人民共和国职业教育法》(以下简称《职业教育法》)为例,其滞后性表现在以下方面:

1. 颁布时间久远,用政策文件作弥补。《职业教育法》颁布于1996年,距今已经20多年,作为职业教育基本法,颁布时不可能对职业教育作详细的规定,需要下位法作补充和支撑,而自颁布以来,国家没有颁布任何关于职业教育的专门性法规。随着形势的变化,出现了形势发展与法律法规不适应的地方,国家通过政策文件来推动。与法律法规相比,政策文件缺少了强制力,在执行层面落实的效果大打折扣。长期以来,以政策文件替代法律法规的后果是政策文件的可变性带来了高职院校发展的不确定性、不稳定性和被动性。某种程度上说,职业教育法律法规的滞后,影响了高职院校发展的持续性和延续性。

2. 法律内容陈旧,不适应时代发展。《职业教育法》颁布20多年来,我国经济社会发生了翻天覆地的变化,国家、社会和高职院校自身对高职教育的认识也发生了巨大变化。内外部环境的变化致使《职业教育法》从理念到制度、从形式到内容都与我国经济社会发展的"新常态"不相适应。比如职业教育强调校企合作、产教融合,这个思想观念已经成为职教人的共识,但校企合作、产教融合并未在法律层面上予以体现。企业与院校开展合作,并不是法律层面的强制规定,而是一种可有可无的或形式上的合作,造成高职院校校企合作"剃头挑子一头热"的困境,严重影响了职业人才的培养,这也是高职院校人才培养与企业实际需求脱节的原因之一,导致企业用人"回炉再造"现象,浪费了社会资源。

3. 法律条文过于宏观,操作性不强,缺乏强制性的法律责任。从国家法律的角度来说,虽然内容不可能细化,但《职业教育法》的条文过于宏观,基本是目标性、原则性的陈述和指导性的规定,缺少了实践的操作性,又没有相应的下位法作补充,地方性的法律法规比较缺乏,致使在执行层面容易落空。《职业教育法》缺乏明细的罚则、考核问责等约束条款,致使原本就有限的职业教育法律难以发挥效力。所以,有专家说我国职业教育法是一部无强制力的"软执"[①]。

4. 结构不合理、体例不完整。现在我们已经认识到,职业教育是一种类型教育,而不是一种层次教育。作为类型教育的职业教育,在我国一般分为初等、中等、高等三个层次,但在

---

① 阮李全,2013.论我国职业教育立法——兼论《职业教育法》的修订[J].社会科学家(9):95.

《职业教育法》中没有相应的合理分区,导致各个层次的职业教育在办学定位、人才培养目标、服务面向等问题上边界模糊。于是,在行政文件中就出现了不同时期的不同表述,如关于人才培养目标,自 1999 年以来,就有"技术性、实用性、应用性、高技能、技术技能型"等不同定位。

职业教育具有开放性、职业性、实践性的特点,这也就决定了职业教育有其自身的运行规律,普通高等教育的法律不能完全适用于高等职业教育,有必要构建适合职业教育特点的法律法规体系,包括职业教育的全国性法律法规、地方性法规、部门规章、政府规章等组成,对各层级职业教育的性质、任务以及各级政府及教育主管部门、举办方、学校的职责等用法律形式予以规定,明确政府、行业、企业、职业院校等治理主体的权利与义务,加快探索建立健全符合职业教育特点、适应经济产业结构转型升级要求的职业教育法律法规体系,保障高职教育治理体系和治理能力现代化建设。

(二) 法律法规滞后的弊端

1. "去行政化"步履艰难。我国对高职教育的管理更多的是通过政策来调节,而不是通过法律来规定。政策与法律具有不同的特点。政策具有灵活性,而法律法规具有稳定性。法律法规的不完善,恰恰给政策带来发挥的空间。行政化的管理思维催生了我国靠政府通过出台政策来对高职院校进行管理,而不是通过制定法律法规来管理,政策的灵活性甚至有时与现行法律法规相违背,与"依法治校""依法治教"的要求渐行渐远。政策治校的现实难以为我国高职教育治理提供稳定的保障,政府运用政策进行管理导致高职院校内部治理依据行政政策、去行政化难以实现。

2. 高职院校法人治理结构得不到保障。虽然《中华人民共和国教育法》《中华人民共和国高等教育法》对我国高校法人资格做出了相应规定。但这个法人只是民法意义上的概念,高职院校作为事业单位法人,能够以民事主体的身份参与民事活动,解决民事权利问题,但不能依此处理与政府的关系。因此,高职院校只是名义上获得了独立法人地位,而实际上不能行使法人权利,履行法人义务。从规定内容来看,有关高校内外部权力主体的法律职责和义务并不明确。政府的管理权力和高校依法自主办学权力并没有清晰的界定。高校内部以党政权力为代表的学校管理层与以教授为代表的学术权力之间的利益冲突如何处理,法律法规对大学自治、学术自由及相关权力的划分仍然缺乏明确的规定和合理配置。因此,在行政主导的管理体制下,大学作为政府的附属机构,还没有成为真正意义上的独立法人。政府还没有把高校作为独立法人看待,政府多采用行政手段直接管理高校,经常出现缺位、越位甚至错位的现象,并没有把相应的办学自主权下放给高校,高校亦无法真正落实办学自主权,无法实现真正意义上的自我管理和自我发展。

3. 问责难。问责制是指问责主体对其管辖范围内各级组织和成员承担职责和义务的履行情况,实施并要求其承担否定性后果的一种责任追究制度。问责机制说到底是一个谁来问责的问题,是一个向谁负责的问题。高职院校在办学过程中是否出现过问题,出现了什么问题,不同的问题应该追究什么人什么样的责任等,这些都需要法律的支撑。特别是一些高职院校领导办学不力、办学懈怠等这些表面看起来没有违反法律,但实际上有损职业教育发展的情况,需要在职业教育法律法规中予以规定,这样才能为问责制度的实施找到法律的依据。

二、高职院校章程建设落后于院校治理实践

大学章程是规范高校组织内部活动和调节利益相关者行为的"宪法"。然而,从目前高职院校大学章程的建设情况来看,章程内容落后于高职院校内部治理实践的要求,其滞后性与我国职业教育法律法规滞后于职业教育发展的情况类同。也许,我们的传统的"人治"文化决定了我们不善于先定好规矩再做事,而是善于在做事情的过程中人为来调控事情的方向和进展。这种文化与治理的要求很不一致,我们要按照治理的理念来逐步改变人为因素,以章程来约束人为因素,以规章来促进发展,"把权力关进制度的笼子"。

(一) 从"无章可循"到"一校一章"

长期以来,我国公办高职院校一直在政府的管理和支配下,按照政府的文件和行政命令办学,办学自主权严重缺乏,高职院校内部基本处于"无章可循"的状态。无论对于政府,还是对于高职院校来说,章程的存在与否并不重要,因为院校办学听命于政府,院校内部管理听命于院校领导者,章程就没有了存在的必要性。随着国家简政放权战略的实施、高职院校办学自主权的增强以及院校内部治理的需要,寻求治校依据、开展章程建设就显得非常必要。新中国成立后的几十年间只有少数高校制定和颁布了大学章程,我国大学章程起步建设是近几年的事情。一般认为《吉林大学章程》是新中国成立以来最早制定并实施的大学章程之一,这部章程对我国大学章程制定产生了深远影响。2010 年国家公布实施《国家中长期教育改革和发展规划纲要(2010—2020 年)》,要把加强大学章程建设提上议程,2011 年教育部发布了《高等学校章程制定暂行办法》,标志着以政府为主导的我国大学章程制定工作全面启动,普通本科高校和高职院校为响应教育部对高校章程建设所提出的"一校一章"的整体要求和战略部署,先后启动大学章程建设。到目前为止,我国几乎所有的公立高校都完成了大学章程的制定工作。短短几年间,我国高校实现了由少数零星大学章程存在到基本形成"一校一章"的格局,这对于高职院校来说,应该是发展进步的表现。然而,学校章程是在行政命令下制定的,有完成任务的嫌疑,而不是高职院校发自内生的需求,难免造成章程与办学实际不符、对章程制定的意义认识不到位和有章不依的现象。在高职院校办学自主权尚未充分落实以及事业单位法人治理结构尚未完全形成的情况下,学校章程的效果在高职院校内部治理实践中有待检验。

(二) 大学章程的法律地位与作用

我国大学章程是依据国家法律法规制定的,从国家法律体系上看大学章程是教育法律

法规的延伸和细化,属于法律法规的"下位法"。经教育主管部门核准后的大学章程,显然具有法律效力。从高校内部来看,由于大学章程上承国家法律法规,下启学校规章制度,具有"宪章"的地位,其效力又高于其他校内规章制度。因此,大学章程的效力范围不仅限于校内对学生和教职员工的效力,同时鉴于公立大学章程是兼有行政法性质和民法性质的规范性文件,因此公立大学的章程也应当对政府、其他社会组织和公民产生效力。大学章程特殊的法律性质和地位决定了其在大学治理中必然发挥着重要作用。大学章程对大学独立法人地位的规定使其成为调整大学与政府、社会关系的有效制度途径,是公立大学依法行使办学自主权的重要保障。同时,大学章程也是大学深入推进依法治校的基本依据,是规范高校内部治理的基本准则。

(三)高职院校章程存在的问题

1. 章程的法律地位不明确,治理效力缺失。大学章程在高等教育法律体系中的地位并不明晰。理论上讲,部属院校的大学章程由国家教育主管部门批准,省属高校的大学章程由省级教育主管部门批准,理应具有与相应教育部门规章同等的法律地位,实际上这种法律地位只是高校的想当然行为。毫无疑问,大学章程的效力来自教育行政部门对大学章程的授权和批准,但经核准后的大学章程的法律地位并没有得到明确,法律地位的不明确必然导致其法律效力的缺失。因此,从外部看,大学章程在处理高校与外部关系的时候并不具备约束力。从内部看,大学章程作为高校的"基本法"的作用并没有发挥出来,在大学管理中的纲领性地位也没有得到体现。

2. 大学章程内容模糊,在治理中缺乏可操作性。在制定过程中,章程文本的一些内容缺乏充分论证,在表述上较为抽象、空洞。比如,有关高校管理体制、学术权力与行政权力的关系、师生权利义务、校院两级关系等的重要内容虽然都有阐述,但规定较为模糊,对一些具体事务的处理并不具备直接的指导作用。更为重要的是,章程文本的内容多是应然状态,缺少程序性规定,没有说明怎么才能实现这些规定,操作性大大降低。

3. 章程制定程序缺失,制定、修改过程缺乏规范性、合理性,缺乏治理的权威性。大学章程从准备、起草、论证、征求意见、审议通过到实施、修改都有相当严格的程序规范,但目前各大学在章程制定过程中还不够科学严谨。比如,章程制定过程没有广泛征求师生的意见和建议,广大师生的利益诉求没有得到很好的体现,章程得不到广泛的认同。即使考虑到校内各方利益,却没有征求校外利益相关者和政府部门等的意见和建议等,这些都降低了章程制定的科学性。章程制定不是一劳永逸的事,章程修订至关重要。目前,我国大学章程的修订程序还不够完善,影响章程文本质量。

4. 章程内容趋同,特色与个性不足,缺乏治理的针对性。大多数章程符合法律法规要求和主管部门的要求,回答了办学的普遍性问题,但共性有余而个性不足。大学章程文本结构基本一致,一些规定内容较为相似,在办学理念、办学定位、育人目标等方面没有形成特色,千校一面、千校一章的大学章程显然是不利于实施的。

可见,制定大学章程只是万里长征的第一步,大学章程的生命力在于实施,在于在大学治理中发挥有效作用。目前,我国大学章程面临的主要问题是如何推进大学章程实施的问题,如何把大学章程实施与现代大学制度建设有机结合的问题。在政府主导的情况下,高校就会出现"重制定"而"轻执行"的情况,高校往往把章程制定作为上级部门交给的"硬任务"来完成,但大学章程制定完成后,没有了对章程实施的"硬约束",章程实施就会流于形式。有些高校不研究大学章程究竟怎么实施,也不清楚该实施什么,最终导致大学章程作为摆设,被束之高阁,这样一来不"按章办学"甚至"违章办学"的情况时有发生。显然,由于管理的惯性和时间较短,章程的价值还没有得到普遍认同。对广大师生而言,大学章程只是一个象征性符号,大学章程的理念尚未融入他们的思想观念和行为规范中,大学章程作为保障和维护师生基本权利的价值和作用也没有体现出来。当高校还没有把章程价值作为大学普遍价值共识时,即使颁布了大学章程,也只是一纸空文,并无实际意义。而且,人们对章程实施也存在认识误区。通常认为大学章程规定的是学校的根本任务,而不是高校内部机构和个人必须遵守的行为准则,通常情况下并不具备直接的约束力。人们对章程只是根本制度而不是实施制度的认识尚未转变,直接影响着章程的实施。当然,政府对依法治国、依法治教大环境的优化以及高校自身对依法治校工作的重视程度、氛围的营造也影响着大学章程的实施。

三、高职院校内部制度建设滞后于办学实际

规章制度是用人单位制定的组织劳动过程和进行劳动管理的规则和制度的总和,也被称为内部劳动规则,是内部的"法律"。对于高职院校而言,规章制度是高职院校内部治理体系建设和改革保障和支撑。在推进治理改革的过程中,高职院校要把规章制度建设摆在重要的位置,规章制度建设贯穿于治理改革的始终,是治理改革的起点,也是治理改革的终点。构建科学有效、系统完备、运行规范的规章制度体系,是高职院校内部治理改革的重要目标。高职院校内部制度建设主要存在以下问题。

(一)管理层对规章制度建设不够重视

长期以来,我国高职院校依赖于政府管理,政府的行政命令就是高职院校行动的指南,高职院校缺少自主发展意识,缺少建章立制意识。同时在传统的"人治"思想的主导下,高职院校管理层管理的随意性也导致管理层不愿意把内部规章制度建设摆在重要的位置,内部规章制度建设的内容和运行的效果也就可想而知。即使在国家"一校一章"的要求下,有些高职院校也只是把其当作行政任务来完成,没有真正从学校自主运行的角度制定规章制度,这也就导致了有章不依现象的出现。

(二)规章制度制定程序不够规范

规章制度制定程序的严肃性决定了规章制度制定的科学性,也决定了制度执行的可行性。规章制度制定流程要规范,一般要经过调研、立项、起草、征求意见、修订、审核、签发、实

施等多个反反复复的环节,每一个环节都要慎重对待。而有些高职院校在调研时浮于表面,甚至未经调研,有的只是把其他院校的制度文本拿来参照制定,依葫芦画瓢,难免走样。有些高职院校对规章制度制定缺乏必要性和可行性论证,以完成制定任务为目的,导致执行难或执行过程中漏洞百出,终致制度"流产"。有些高职院校在制度的征求意见过程中缺少民主参与的程序,更缺少民主参与的广度和深度,很多情况只是在中层范围内征求意见,而中层代表的是管理者的利益,往往对制度三缄其口。制度制定者对寥寥无几的意见也不能够认真对待,所谓的民主程序其实是"假大空"的表现,导致连基本的合法、合规性审查也没有,内部规章制度与上位法律法规存在冲突。有的高职院校在审核签发制度的时候仅仅是签字,履行程序,很少有领导能够认真对待制度文本内容。对于重大制度的制定与修订,大部分高职院校能够做到通过教职工代表大会通过,但教职工代表大会往往会出现行政权力替代学术权力和民主权力的现象,一团和气的教职工代表大会是形式主义的表现。

(三) 规章制度体系不完善

体系和内容是规章制度的核心,但规章制度制定者态度不严肃、程序不规范、方向不明确、方法不严谨等原因,造成规章制度体系不完善、内容不科学。其主要表现在:一是纲领性制度粗糙。这里所说的纲领性制度主要是指高职院校发展规划、学校章程等。由于缺乏对发展的科学判断和对学校治理理念的指导,纲领性制度文件过于宏观,缺乏针对性,成为所谓通用的指导意见,拿到哪个高职院校都能使用。二是纲领性文件的配套性实施细则缺乏。过于宏观的规章制度必然遇到执行难的问题,这就需要有配套的实施细则来完善,而这往往是高职院校所缺乏的。没有实施意见的情况,往往是靠实施者的人为想象,想当然地开展工作,人为的因素起着决定性的作用。三是制度制定的主体混乱,出现关于同一事项,不同的部门制定出相互冲突的制度,没有从全校的角度对制度进行统一的梳理和整理,制度之间不能形成链条关系,导致制度缺失、制度交叉、制度重复和制度断层的问题。四是制度内容较多呈现的是应该怎么做,缺少不这么做由谁来负责的问题,即问责机制缺乏,只有正面的规定,没有追责的条款。

总之,高职院校内部规章制度存在的种种问题表明高职院校内部制度建设滞后于高职院校办学实际,与院校内部治理的要求相距甚远。按照内部治理的要求,加快高职院校内部制度建设,成为当前和今后一段时期高职院校的主要任务之一。

5.2 高职院校内部制度建设经验借鉴

高职院校内部制度体系建设是高职院校内部治理体系的一个重要组成部分,是治理理念在高职院校内部运行过程中的物化体现,起着制约权力结构之间的关系、规范高职院校内部治理行为的作用,是治理体系良性运行的保障。高职院校内部制度体系建设既需要借鉴治理相关理念,也需要借鉴国内外比较成熟的内部制度体系建设框架,比如以章程为核心的内部制度体系建设和以 ISO 9001 为标准的内部制度体系建设。

一、以章程为核心的内部制度体系建设

高职院校内部治理必须要有强有力的法律法规和内部规章制度作为保障,这就需要从法制的角度加以审视。教育法制化起源于西方国家,西方国家主要通过法律法规对大学进行规定与约束,大学在法律法规的框架下,加强内部制度体系建设,形成以国家法律法规为基础,以大学内部制度体系为准绳的内部治理体系。

(一) 国外大学章程的发展与特征

1. 国外大学章程的发展

一般认为,世界高等教育发展进程有三个重要的标志性节点:第一个节点是以学生为中心的早期西方大学,第二个节点是强调"教学与科研相统一"的办学理念,第三个节点是更强调学为所用的美国大学。大学章程与中世纪大学相伴而生,随着高等教育的发展转型而变化。

(1) 以学生为中心的早期西方大学的章程。一般认为,产生于 12 世纪 50 年代的博洛尼亚大学章程是大学章程的最早雏形。博洛尼亚大学建立于 1088 年,被誉为欧洲"大学之母",在它建立的 70 年后即 1158 年,皇帝颁布法令承认博洛尼亚大学的独立地位,学生团体获得各项特权,如组织行会的权利、免交市政税的权利等。同样,1215 年,教皇颁发特许状取消了巴黎圣母院对巴黎大学的控制权,巴黎大学取得行会式特许权并成为自治机构。教师团体可自行决定教学方法,可制定内部规则作为特许状的补充条款。特许状还对师生的责任、教师候选人的条件以及考试制度等做出了相应规定。1254 年,教皇向牛津大学颁发特许状。特许状规定了政府如何介入大学治理,社会如何参与大学治理,大学如何在适应社会发展要求和保持大学自治、学术自由中取得平衡等。这些来自皇帝或教皇颁布的特许状,虽然与现在的大学章程相去甚远,但它们不仅成为一所大学获得办学资格的标志,也是中世纪后期的大学在内部制度方面的根本性文件,可以被列入大学章程的范畴。

(2) 强调"教学与科研相统一"时代的大学章程。随着高等教育的发展,教学科研成为大学的重要功能。1810 年威廉·冯·洪堡创办了柏林洪堡大学,强调"教学与科研相统一"的办学理念,成为高等教育发展进程的第二个重要节点。1817 年,由施莱尔马赫起草的《柏林洪堡大学章程》作为"永久章程"得到了国王的批准,该章程为柏林洪堡大学的办学奠定了基本框架,主要包括:学院制、教师等级制、教授会制、讲座制、利益商谈制。学术自由和大学自治由此成为现代大学制度的两个基石。

(3) 强调学为所用的美国大学的章程。大学章程发展变化显著,其作为大学内部制度的重要组成部分是从美国大学开始的。1636 年,哈佛大学成立;1650 年,州议会通过了《哈

佛学院的校长和评议员特许状》是第一个由国家(当时的州)议会立法程序通过的大学章程,但这并不是真正意义上现代大学章程的发端,因为这部章程是以自上而下的形式规定的,而且统治者拥有随意改动大学章程的权力。耶鲁大学成立于1701年,是美国著名的私立大学,其治理主要由三个文件来指导:一是1701年耶鲁学院的特许状,包括大学名称、地点、权力、董事会成员的数量、产生方式等;二是《耶鲁宪章》,于1745年颁行,主要包含大学的组织结构、教师聘任、学生注册、校友会等方面内容,是耶鲁大学治理结构的框架;三是成型于1792年并不断修订中的补充条款,包括了一系列政策和细则,用于理解和处理大学的一些具体事务。1817年,密歇根大学由州议会通过立法而建立,通过董事会制度,明确政府与学校的权责边界,在特许状的基础上逐步演化和派生出形式多样、内容多元的大学章程。大学章程真正拥有自主性并成为真正意义上的大学章程,是从1819年"达特茅斯学院案"开始的,自此大学自主制定章程受到了法律保护,大学章程和大学自治充分结合了起来,这对现代大学章程建设具有重要意义。随着大学的发展,大学章程也在不断变化,其内容更加丰富,表现形式十分多元,在现代大学治理和制度建设中也发挥着越来越重要的作用。

2. 国外大学章程的特征

从大学的发展进程看,早期西方大学形成时并没有大学章程,章程是因学校"自主"而产生的,界定了大学与外部社会(主要是教会、王室、政府)的权利与义务关系,规范了大学内部的权力边界和运行规则。大学章程的形成和颁布对大学发展而言都是重要的时间节点。大学章程中明确的核心要素在推动大学发展的进程中起到了关键性作用,是现代大学制度中的首要文本。具体而言,国外大学章程的特征可总结为:一是突出办学理念。大学理念是一所大学的"精气神",最能反映出它的历史传统、精神底蕴和价值追求。二是体现管办分离。"政校分开、管办分离"是现代大学制度的基本原则,这是落实大学法人地位、保障大学自我管理、避免外部横加干预的客观需要。大学章程最重要的功能是划定政府权力边界和大学自治范围。三是决策执行分离。决策执行分离是现代大学内部治理的重要原则,体现在治理架构中就是由董事会负责大学决策,校长为首的行政团队负责贯彻执行。四是实施民主管理。"学者参与、民主决策"是管理大学事务尤其是大学学术事务的普遍做法,学术评议会、学术委员会是民主管理的主要形式。

(二)我国近现代大学章程的发展与特征

1. 我国大学章程的发展

(1)近代大学章程的发展。1895年,盛宣怀草拟的《拟设天津中西学堂章程禀(附章程、功课)》,是现存高校中校史最长的天津大学的创校文献。1898年,梁启超起草《奏拟京师大学堂章程》,提出京师大学堂"各省之表率,万国所瞻仰"的世界一流大学的目标。1902年,张百熙起草《钦定大学堂章程》,这个章程虽未实施,但提出几点重要办学思想:一是提出了德智体全面发展的教育思想;二是提出了"全学"和"通才"的概念;三是建立我国高等教育体制。1904年,张之洞等起草《奏定大学堂章程》,首次提出了在大学堂内设通儒院即研究生院的主张,并对各分科大学和通儒院的学习年限作了规定,其标志着涵盖由学前教育到研究生教育层次的中国现代大学制度正式确立和延续千年的科举制度被最终废除。1921年,厦门大学在上海《民国日报》上发表的《厦门大学大纲》,就是章程性质的纲领性文件,对办学目的、经费、董事会、评议会、委员会、组织系统等都作了规定。

(2)现代大学章程的发展。一是章程碎片化阶段。20世纪50年代初,由于大规模的院系调整,新中国高校通常已经没有了章程的形制。调整后,高校经过多年的办学实践自觉形成了办学理念、定位、宗旨和目标以及校训、校徽、校歌等章程元素,但这些元素相对独立、零散,一般通过文件、请示、报告等进行表达,文本形式不一致、决定主体不统一、权责边界不完整。例如,中国人民解放军军事工程学院成立前,聂荣臻和粟裕向中央军委呈送了《关于成立军事工程学院的报告》,该报告就明确了校名、校址、领导职数、内部机构、编制配备、专业设置、招生规模、学业年限等章程元素。毛泽东主席为学院颁发《训词》,对学校办学宗旨、培养目标(培养什么样的人)、开放办学和发扬传统(怎么样培养人)都提出了明确要求。二是大学章程建设启动阶段。1992年,《关于国家教委直属高校内部管理体制改革的若干意见》,规定教育部直接管理的教育实体具有法人地位。1995年,《中华人民共和国教育法》明确学校具有"法人资格",有按照章程行使自主管理的权利。1998年,《中华人民共和国高等教育法》规定,申请设立高等学校应当向审批机关提交章程等内容。2010年7月,《国家中长期教育改革与发展规划纲要(2010—2020年)》第四十条提出加强章程建设。2011年11月,教育部第31号令即《高等学校章程制定暂行办法》,为高校章程建设提供了具体指南。三是加速推进阶段。2013年9月,《中央部委所属高等学校章程建设行动计划(2013—2015年)》出台,计划自2013年9月起实施,2015年年底完成。该计划要求,"211工程"建设高等学校原则上于2014年年底前完成章程制定工作。2013年11月,教育部核准了《人民大学章程》等6所高校大学章程,为其他高校章程制定提供了样板。到2014年10月,通过教育部核准大学章程的高校已达32所。值得一提的是,众多高等教育的基本规章制度的出台,为章程建设提供了可参照规则。如2010年8月中共中央组织部出台的《中国共产党普通高等学校基层组织工作条例》、2011年12月教育部出台的《学校教职工代表大会规定》、2012年11月教育部出台的《全面推进依法治校实施纲要》、2014年1月教育部出台的《高等学校学术委员会规程》、2014年5月教育部出台的《教育部办公厅关于加快推进高等学校章程制定、核准与实施工作的通知》以及2014年6月出台的《高等学校理事会规程(试行)》(征求意见稿)。其中,《教育部办公厅关于加快推进高等学校章程制定、核准与实施工作的通知》规定,要明确一把手亲自主持和推动大学章程建设,确保按时完成工作任务;要把推进章程建设作为体现学校办学水平和治理能力、衡量领导班子管理水平和改革精神的重要标志,纳入高校评估、领导班子考核的重要内容;校长要作为章程执行的第一责任人,要把章程执行情况作为年度述职报告的内容,向教职工代表大会做专门报告。

2. 国内近现代大学章程的特征

一是中国近代大学章程由侧重于对办学思想的阐述向侧重于对办学方式的阐述转变，比如早期的章程阐述了德智体全面发展的教育思想、"全学"和"通才"的概念等，而后期的章程对办学目的、经费、董事会、评议会、委员会、组织系统等都作了规定。二是中国现代的大学章程体现了从行政化管理向大学治理的转变。早期的章程一般通过文件、请示、报告等进行表达，毛泽东主席为中国人民解放军军事工程学院颁发《训词》，对学校办学宗旨、培养目标（培养什么样的人）、开放办学和发扬传统（怎么样培养人）都提出了明确要求，这些都是行政意识的体现。直到1992年，《关于国家教委直属高校内部管理体制改革的若干意见》出台，规定原国家教委直接管理的教育实体具有法人地位。随着《中华人民共和国教育法》《中华人民共和国高等教育法》等的颁布，大学治治才开始走上法治的轨道。特别是2011年教育部颁发第31号令《高等学校章程制定暂行办法》，为高校章程建设提供了具体指南。其后，各高校普遍制定了学校章程，标志着我国章程建设提上了议事日程，章程得到了前所未有的重视。

（三）我国大学章程的内容与制定、核准程序

《高等学校章程制定暂行办法》（中华人民共和国教育部令第31号）规定了我国大学章程的内容、制定程度及核准与监督。

1. 章程内容

章程应当按照高等教育法的规定，载明以下内容：① 学校的登记名称、简称、英文译名等，学校办学地点、住所地；② 学校的机构性质、发展定位、培养目标、办学方向；③ 经审批机关核定的办学层次、规模；④ 学校的主要学科门类，以及设置和调整的原则、程序；⑤ 学校实施的全日制与非全日制、学历教育与非学历教育、远程教育、中外合作办学等不同教育形式的性质、目的、要求；⑥ 学校的领导体制、法定代表人、组织结构、决策机制、民主管理和监督机制，内设机构的组成、职责、管理体制；⑦ 学校经费的来源渠道、财产属性、使用原则和管理制度，接受捐赠的规则与办法；⑧ 学校的举办者，举办者对学校进行管理或考核的方式、标准等，学校负责人的产生与任命机制，举办者的投入与保障义务；⑨ 章程修改的启动、审议程序，以及章程解释权的归属；⑩ 学校的分立、合并及终止事由，校徽、校歌等学校标志物，学校与相关社会组织关系等学校认为必要的事项，以及该办法规定的需要在章程中规定的重大事项。

章程应当按照高等教育法的规定，健全学校办学自主权的行使与监督机制，明确以下事项的基本规则、决策程序与监督机制：① 开展教学活动、科学研究、技术开发和社会服务；② 设置和调整学科、专业；③ 制订招生方案，调节系科招生比例，确定选拔学生的条件、标准、办法和程序；④ 制订学校规划并组织实施；⑤ 设置教学、科研及行政职能部门；⑥ 确定内部收入分配原则；⑦ 招聘、管理和使用人才；⑧ 学校财产和经费的使用与管理；⑨ 其他学校可以自主决定的重大事项。

章程应当依照法律及其他有关规定,健全中国共产党高等学校基层委员会领导下的校长负责制的具体实施规则、实施意见,规范学校党委集体领导的议事规则、决策程序,明确支持校长独立负责地行使职权的制度规范。章程应当明确校长作为学校法定代表人和主要行政负责人,全面负责教学、科学研究和其他管理工作的职权范围;规范校长办公会议或者校务会议的组成、职责、议事规则等内容。章程应当根据学校实际与发展需要,科学设计学校的内部治理结构和组织框架,明确学校与内设机构,以及各管理层级、系统之间的职责权限,管理的程序与规则。章程根据学校实际,可以按照有利于推进教授治学、民主管理,有利于调动基层组织积极性的原则,设置并规范学院(学部、系)、其他内设机构以及教学、科研基层组织的领导体制、管理制度。章程应当明确规定学校学术委员会、学位评定委员会以及其他学术组织的组成原则、负责人产生机制、运行规则与监督机制,保障学术组织在学校的学科建设、专业设置、学术评价、学术发展、教学科研计划方案制定、教师队伍建设等方面充分发挥咨询、审议、决策作用,维护学术活动的独立性。章程应当明确学校学术评价和学位授予的基本规则和办法;明确尊重和保障教师、学生在教学、研究和学习方面依法享有的学术自由、探索自由,营造宽松的学术环境。

章程应当明确规定教职工代表大会、学生代表大会的地位作用、职责权限、组成与负责人产生规则,以及议事程序等,维护师生员工通过教职工代表大会、学生代表大会参与学校相关事项的民主决策、实施监督的权利。对学校根据发展需要自主设置的各类组织机构,如校务委员会、教授委员会、校友会等,章程中应明确其地位、宗旨以及基本的组织与议事规则。

章程应当明确学校开展社会服务、获得社会支持、接受社会监督的原则与办法,健全社会支持和监督学校发展的长效机制。学校根据发展需要和办学特色,自主设置有政府、行业、企事业单位以及其他社会组织代表参加的学校理事会或者董事会的,应当在章程中明确理事会或者董事会的地位作用、组成和议事规则。

章程应当围绕提高质量的核心任务,明确学校保障和提高教育教学质量的原则与制度,规定学校对学科、专业、课程以及教学、科研的水平与质量进行评价、考核的基本规则,建立科学、规范的质量保障体系和评价机制。章程应当体现以人为本的办学理念,健全教师、学生权益的救济机制,突出对教师和学生权益、地位的确认与保护,明确其权利义务;明确学校受理教师、学生申诉的机构与程序。

2. 章程制定程序

高等学校应当按照民主、公开的原则,成立专门起草组织开展章程起草工作。章程起草组织应当由学校党政领导、学术组织负责人、教师代表、学生代表、相关专家,以及学校举办者或者主管部门的代表组成,可以邀请社会相关方面的代表、社会知名人士、退休教职工代表、校友代表等参加。

高等学校起草章程,应当深入研究、分析学校的特色与需求,总结实践经验,广泛听取政府有关部门、学校内部组织、师生员工的意见,充分反映学校举办者、管理者、办学者,以及教职员工、学生的要求与意愿，使章程起草成为学校凝聚共识、促进管理、增进和谐的过程。章程起草过程中，应当在校内公开听取意见；涉及关系学校发展定位、办学方向、培养目标、管理体制，以及与教职工、学生切身利益相关的重大问题，应当采取多种方式，征求意见、充分论证。起草章程，涉及与举办者权利关系的内容，高等学校应当与举办者、主管教育行政部门及其他相关部门充分沟通、协商。

章程草案应提交教职工代表大会讨论。学校章程起草组织负责人，应当就章程起草情况与主要问题，向教职工代表大会做出说明。章程草案征求意见结束后，起草组织应当将章程草案及其起草说明，以及征求意见的情况、主要问题的不同意见等，提交校长办公会议审议。章程草案经校长办公会议讨论通过后，由学校党委会讨论审定。章程草案经讨论审定后，应当形成章程核准稿和说明，由学校法定代表人签发，报核准机关。

3. 章程核准与监督

地方政府举办的高等学校的章程由省级教育行政部门核准，其中本科以上高等学校的章程核准后，应当报教育部备案；教育部直属高等学校的章程由教育部核准；其他中央部门所属高校的章程，经主管部门同意，报教育部核准。核准机关应当指定专门机构依照该办法的要求，对章程核准稿的合法性、适当性、规范性以及制定程序，进行初步审查。审查通过的，提交核准机关组织的章程核准委员会评议。章程核准委员会由核准机关、有关主管部门推荐代表，高校、社会代表以及相关领域的专家组成。

经核准机关核准的章程文本为正式文本。高等学校应当以学校名义发布章程的正式文本，并向本校和社会公开。高等学校应当保持章程的稳定。高等学校发生分立、合并、终止，或者名称、类别层次、办学宗旨、发展目标、举办与管理体制变化等重大事项的，可以依据章程规定的程序，对章程进行修订。高等学校章程的修订案，应当依法报原核准机关核准。章程修订案经核准后，高等学校应当重新发布章程。

高等学校应当指定专门机构监督章程的执行情况，依据章程审查学校内部规章制度、规范性文件，受理对违反章程的管理行为、办学活动的举报和投诉。高等学校的主管教育行政部门对章程中自主确定的不违反法律和国家政策强制性规定的办学形式、管理办法等，应当予以认可；对高等学校履行章程情况应当进行指导、监督；对高等学校不执行章程的情况或者违反章程规定自行实施的管理行为，应当责令限期改正。

(四) 大学章程必备内容清单

《江苏省教育厅办公室关于做好南京师范大学等 14 所高校章程送审稿修改完善工作的通知》(苏教办法〔2014〕3 号)规定，章程必备内容清单如下：

章程必备内容清单

一、学校特征与定位

1. 登记名称简称

2. 办学地点住所地

3. 变更增加办学地点的规则

4. 机构性质

5. 发展定位

6. 培养目标

7. 办学方向

8. 办学层次

9. 办学规模

10. 学科门类及其设置原则程序

11. 教育形式

12. 经费来源渠道

13. 财产属性

14. 财产使用原则和管理制度

15. 接受捐赠规则与办法

16. 章程修改的启动、审议程序

17. 章程解释权的归属

18. 分立、合并及终止事由

19. 学校标志物

二、学校与举办者

20. 学校举办者

21. 举办者的职责描述

21. 举办者对学校管理或考核方式

22. 学校负责人的产生与任命机制

三、自主权行使与监督机制

23. 总体规定

24. 教学科研自主权及管理体制

25. 学科专业设置的原则与程序

26. 招生的原则及自主招生基本规则程序

27. 规划制定

28. 内部机构设置

29. 收入分配

30. 人事管理(教师职务评聘权)

31. 财产使用

四、领导体制

32. 党委领导下的校长负责制

33. 党委职权

34. 学校议事规则和决策程序

35. 校长职权

36. 校长办公会组成及议事规则

五、内部管理机制

37. 学院(系)设置规则与管理体制
38. 各项重要管理制度的基本规则
39. 主要机构的职能

六、学术组织

40. 学术委员会组成、职权与运行规则
41. 学位委员会及其他学术组织职权及运行规则
42. 学术评价标准与规则
43. 学位授予规则

七、质量保障

44. 质量保障原则与制度
45. 教学科研考核规则

八、民主管理与监督

46. 信息公开制度
47. 教代会组成职权及运行规则
48. 学代会职权及运行规则
49. 民主监督的其他机制

九、学校与社会

50. 社会服务原则与办法
51. 董事会(理事会)职权组成及运行规则
52. 其他服务社会的体制机制(校友会)

十、师生权益保护

53. 教职工权利义务
54. 学生权利义务
55. 教师学生权益救济机制

(五) 大学章程要素的国际比较

1. 大学章程的制定、生效与修改

我国《中华人民共和国高等教育法》提出了申请设立高等学校应当向审批机关提交章程的要求。《高等学校章程制定暂行办法》规定："地方政府举办的高等学校的章程由省级教育行政部门核准，其中本科以上高等学校的章程核准后，应当报教育部备案；教育部直属高等学校的章程由教育部核准；其他中央部门所属高校的章程，经主管部门同意，报教育部核准。""经核准机关核准的章程文本为正式文本。高等学校应当以学校名义发布章程的正式文本，并向本校和社会公开。""高等学校章程的修订案，应当依法报原核准机关核准。章程修订案经核准后，高等学校应当重新发布章程。"

美国大学章程是以特许状为基础发展而来，大学的权力机构有权根据大学设立的特许状及国家或地方政府教育法律法规制定章程,大学自治、学术自由等大学自主理念在大学章程中得以体现。法国的大学章程由校务委员会批准生效,并要求大学把通过的章程报送负责高等教育的国家部门。日本的大学宪章也是大学根据国家有关法律自行制定,由大学评议会通过生效。如日本的东京大学特别成立 21 世纪学术经营战略会议,下设宪章准备委员会,为大学宪章制定事宜曾向学校全体教职工和学生发出公开征询意见书。英国的大学特许状和章程需要获得枢密院批准才能正式生效,其废除与修改也要获得枢密院批准。大学确定了修改内容后,先要非正式地向枢密院办公室的顾问咨询。大学需要正式提交三份签名盖章的修改提议文本和一份电子文本,外加一份有关改动目的和效果的说明性备忘录,枢密院才会正式考虑批准修改提议。枢密院负责向女王提出修改特许状的建议,女王拥有最终批准特许状修改的权力。西班牙《马德里自治大学章程》由校务委员会起草,全校代表大会批准,并提交教育部管理理事会议,由教育部部长和管理理事会主席签发后在马德里自治区官方简报上公布后生效。《联邦德国高等教育法》规定:"高等学校自行制定的基本章程,须州政府审批。"《波鸿-鲁尔大学章程》先由校务委员会决议通过,然后由北莱茵-威斯特法伦州创新、科学、研究与技术部批准签发。新的《柏林洪堡大学章程》先由全体教职工代表大会根据柏林大学法第三条第一款、第二款(2003 年 2 月 13 日版本)及工资改革实施法(2004 年 12 月 2 日版本的相关内容)于 2005 年 11 月 22 日表决通过,然后洪堡大学学术评议会对章程进行表决,校董会根据柏林大学法第六十四条规定于 2006 年 5 月 11 日对该章程表决通过后,最后由负责高校事务的评议管理委员会根据柏林大学法第九十条第一款规定于 2006 年 6 月 1 日批准了《柏林洪堡大学章程》生效的提案。

2. 大学章程彰显的办学使命

大学的理念、宗旨、目的、目标、任务等,是事关学校发展的重大问题,彰显了大学办学的使命。

(1) 办学理念与宗旨。大学的办学理念与宗旨有其共性的特点,比如都要具有教学、科研、服务三大功能,我国大学的功能还包括文化传承的功能。但各大学的特点不是体现在共性的一面,而是体现在个性化的一面,大学的差异性的本质体现是个性差异。杨福家在评述耶鲁大学的使命时说:"初看耶鲁大学的基本使命(保护、传授、推进和丰富知识与文化),似乎只是词语的堆砌,但是仔细品味,就能了解:假如使命只是传授知识,那么它就对美国近 4 000 所大学与学院都适应;若加上推进和丰富,只有 3% 的大学能够胜任;再加上文化两字,就只剩 1%;至于能够涉及保护知识和文化的,只怕不足 3‰。大学的使命要有差别性、特殊性,如果一所大学的使命什么学校都能用,那它的表述就不很贴切了。"

日本的大学宪章被誉为大学"精神构造上的骨骼"。从《东京大学宪章》中,我们可以感受到一种立足于全球视野和全球思维的战略选择高度和指向。其理念不是仅仅停留在日本本国的现实情况,而是瞄准全球定位,其名字前置定语是"世界的"东京大学而不是"日本的"东京大学。努力"通过教育教学和科学研究,追求超越国籍、民族、语言等所有界限的人类普遍的真理和客观事实,为世界和平和人类福祉、人类与自然的和谐共存、安全环境的创造,各地域间的均衡可持续发展、科学与技术的进步,以及文化的批判传承与创新做出应有的贡献"。其他著名的日本大学的宪章的设置理念、构筑体系等,也均表现出强烈的全球化、国际化价值取向,追寻在积极的合作交流中打造大学的国际竞争力。

1650年特许状所规定的哈佛学院的宗旨为:"促进所有有益的文学、艺术和科学的发展,借助所有有益的文学、艺术和科学发展、教育青年人,并为教育本国的青年人提供所有其他必要的东西。"

德国《柏林洪堡大学章程》明确规定"致力于教研的统一、教与学的结合,科学的命脉根植于自由,而自由源于责任,学校因而也致力于学术自身责任及自我管理"。《波鸿-鲁尔大学章程》在第二条规定"鲁尔大学及其成员和附属成员肩负着创新与批判并存的科学教育使命"。

巴黎第四大学明确其"普遍使命是在文学、语言和人文与社会科学领域的知识设计与知识传授、初始培训与继续培训、文化进步、研究的提升与增值。它通过其物质、智力与精神的全部组成部分,研究不同文明的历史发展与现状"。为了实现大学使命,大学要为其成员提供自由的学术氛围,"要在作为绝对准则的自由精神之中,完成其教育任务和学术任务"。

(2)办学目标。大学的办学目标是在理念、宗旨的指导下明确具体的办学定位与目的。在日本的国立大学中,像东京大学、京都大学、九州大学等著名的大学,其宪章的目标面向的是国际科学的最前沿,瞄准的是全球、全人类发展的战略需求。东京大学提出:将基于学术自由的精神,追求真理的探究与知识的创造,维持和发展世界最高水准的教育作为目标;培养拥有广阔视野,具备高度的专业知识和理解力、洞察力、实践力、想象力,具备国际性和首创精神的人,培育具备领导素质和人格的人。牛津大学的主要目标是:通过教学和研究以及各种方式的传播,使大学的教育和学术研究日臻完善。德国的《波鸿-鲁尔大学章程》规定"作为德国第一所综合性大学,波鸿-鲁尔大学依照学科价值同等的原则,将传统大学与科技大学的学科相结合,学科设置涵盖了神学及工程学",并进一步提出要"为日后的就业做准备,使学生能够将科学知识应用到实际工作中去"。

3. 大学章程的内部治理要素

内部治理是大学章程的重点,国内外大学章程都对内部治理加以重点阐述。

(1)决策机构。各国大学章程都规定了决策机构和重大问题的决策程序。在美国,董事会是大学的最高决策和审议机构,其行使的职权具有决定性和宏观指导性。如《芝加哥大学章程》明确规定,董事会拥有大学的最高决定权,大学校长向董事会负责,并执行董事会决策;《康奈尔大学章程》规定,按照特许状和州法律,董事会是大学包括每一个学院、学术单位、部门、中心的最高领导机构,董事会拥有所有法人权利。法国大学校务委员会是大学的决策机构,负责决定本校的政策,尤其是审定与国家签订的多年合同的内容、决定预算和决算、分配人员编制等事项。根据特许状和章程,英国大学理事会或校董会作为大学的议事决策机构,对处理大学的事务拥有最高权力,包括制定大学的发展规划的战略方向,确保对大学事务、财产和金融的有效管理和控制,决定大学的组织结构、人员编制和总体构成,理事会还是大学公章的唯一使用者和监护者。大学章程还规定了大学决策机构自身的运作和具体的权力。董事会制度是美国大学治理的重要内容。为规范运作,大学章程规定了董事会的规模、职责、组织结构、选拔和任期等。董事会一般下设一些委员会,章程要对各自不同的职能做出具体规定。如《康奈尔大学章程》规定董事会由64名成员组成,其常务委员会包括执行委员会、学术事务委员会、学术生活委员会、投资委员会、审计委员会、财务委员会、政府关系委员会、不动产和资产委员会、董事会成员资格委员会以及校友事务和发展委员会等,相关委员会或监事会依据章程或董事会的决议授权履行职责。英国大学理事会规模通常为20—40人,校外人士占大多数。理事会成员一般包括校长或代理校长,大学财务官,大学所在地行政当局代表若干名,学术评议会指定代表若干名,教职工全体大会非辅助性成员若干名,全体辅助性成员若干名,非本校成员若干名,本校学术代表若干名。理事会有权任命理事会主席、副主席和其他成员,与学术评议会联合提名荣誉校长人选,任命校长、代理校长、财务官、审计师等,根据学术评议会的推荐和建议设立学术岗位和学术管理机构。

(2) 行政机构。行政机构负责决策的实施,行政机构的代表是校长。一般董事会抓大事,校长管理具体事务。大学章程还规定了各个委员会、行政部门的职能及权限,保障各部门能够在校长的主持下各司其职。英国校长的权力是大学法和大学章程所赋予的,属于职位性权力。校长是掌管大学学术和行政的首席执行官,是大学学术领域的主要负责人,直接对理事会负责,校长的产生方式、任职期限和任职条件各校基本一致。法国大学校长由政府任命,但不属于行政官员。校长一旦当选,他的职权就由大学的章程界定,校外官员或工商界无权干涉。美国大学的内部管理体制实行董事会领导下的校长负责制。校长是学校最高行政负责人,承担学校办学、发展的全部职责。《康奈尔大学章程》规定,校长是学校最高行政和教育长官,负责学校事务的全面管理,是董事会与各个院系和学生团体之间公务交流的媒介。校长界定所有负责人职责,界定章程和董事会决议中没有描述人员的职责;校长每年必须向执行委员会提交年度财务计划,对学校所有部门提供适合的拨款;校长拥有使用法人印章签署契约和其他法律文件的权力;校长应向董事会提议财务和其他管理规章规范学校商业事务行为;校长应就学校的状况和需要向董事会提交年度报告等。

(3) 学术机构。国外大学重视发挥教授的作用,学校的决策机构、重要管理机构都吸收教授加入。《耶鲁大学章程》规定:"每个学院的终身教授同时是行政人员,他们和校长、教务长、院长一起组成终身职员理事会。该理事会是学院的管理机构,处理有关教育政策、学院管理的事情。"法国大学设立学术委员会,对科研政策及科研经费的分配提出建议,就科研计划、科研指导资格、文凭的设置与变动等方面的问题提供咨询。学术评议会是英国大学最高学术权力机构,负责管理大学的学术工作,享有制定大学学术政策的全部权力,是可以直接和各个学部、系打交道的机构。德国大学的学术评议会对学术事务以及重大的行政事务拥有审议权、决策权。柏林洪堡大学的学术评议会由25名成员组成,即13名高校教师、4名学术人员、4名在校学生、4名其他工作人员。德国大学的学术评议会中通常设立专门委员会,处理不同领域的事宜,各委员会成员中教授占多数[①]。

综上,大学章程建设是大学制度建设的核心,章程既规定了大学与外部之间的关系,也规定了内部权力运行的结构及准则。国外高等教育治理早于我国,体制机制相对比较成熟,取得了较为成熟的经验,值得我国借鉴,为我国高等职业教育治理改革提供了经验。

二、以全面质量管理为核心的内部制度体系建设

按照国际标准化组织的界说,全面质量管理是指:一个组织以质量为中心,以全员参与为基础,目的在于通过让顾客满意和本组织所有成员及社会受益而达到长期成功的途径。全面质量管理在高校管理中具有应用的可行性和必要性。

(一) 质量管理的发展历程

质量管理作为一项专门管理活动是从19世纪末工业化生产开始。到20世纪后期,质量管理的发展已经经历了三个发展阶段:一是以事后检验为主的质量检验管理阶段,二是以预防为主的统计质量管理阶段,三是以强调质量持续改进为主的全面质量管理阶段。

1. 质量检验管理阶段(19世纪末到20世纪40年代)。在工业化出现之前,制造厂商完全依赖于工匠自定规格、自定标准、自把质量关。但随着工业化的出现,大批量的生产已经不能够采用这种方式,于是消除次品、降低成本成为厂商考虑的问题。1881年,美国工程师泰勒进行了一个著名的"生铁搬运实验",奠定了泰勒式科学管理的基础。其要求将计划与执行分离,并将质量检验作为一道专门的工序从生产过程中分离出来,于是出现了"质量检验"的管理方式。这种管理方式的特点:一是标准由生产者预先设定,与消费者无关,即"质量"是生产者的质量,而非消费者的质量;二是质量管理是根据生产者的标准对产品进行质量查对,这是一种事后检验的产品质量控制方法;三是质量管理与生产制造分离,产品出现质量问题追究的是质量检验者的责任,而不是生产者的责任。

2. 统计质量管理阶段(20世纪20年代到20世纪60年代)。第一阶段的质量检验出现了一些缺陷:一是事后检验不能预防不合格产品的产生,二是全部产品的检验增加了生产的间接成本,三是生产过程缺乏必要的督促和提醒,产品质量不够稳定。为此,人们开始研究新的模式。20世纪20年代,贝尔研究所和霍桑工厂进行的统计质量控制实验引起了美国军方的重视,美国军方决定在产品质量管理中启用统计质量控制方法,采取制定质量标准、培训检验师、强制执行质量标准等方法。其特点是注重对生产过程的质量控制,成立专门的质量控制部门,专门负责对生产过程的质量分析与控制,采用统计方法及基于统计方法发展起来的各种统计质量管理工具。统计质量管理模式强调质量的预防性控制并将之和事后检验

---

① 欧阳恩剑,2017.法治视角下高职院校内部治理现代化研究[M].广州:广东高等教育出版社:90-95.

相结合,同时强调了定量分析。

3. 全面质量管理阶段(20世纪60年代至今)。1961年,美国著名质量管理大师费根堡姆提出了全面质量控制的理念,除了对产品进行质量管理外,还将设计、制造、成品机售后服务等项目纳入质量管理中,强调"全面""全过程",甚至将治理管理向售后服务、顾客使用满意度延伸。尽管全面质量管理的理念由美国人首先提出,但其实践和完善在日本。"二战"后的日本面临战后恢复,推行"以质量取胜"的战略,日本科学家与工程师联合会于1950年邀请美国当时著名的质量管理大师戴明、朱兰到日本,帮助日本企业提高产品质量,形成了日本企业界称之为"全公司范围内的质量管理"模式。其特点是:确立质量第一的理念,一切以用户为中心,围绕"让用户满意"开展工作,将用户对产品的使用纳入生产工序,强调各工序的相互衔接、相互协调,防检结合,以防为主,注重发挥一线员工的积极性等。1980年美国人喊出了"请回戴明"口号,美国企业界邀请戴明等人在日本的"全公司范围内的质量管理"模式的基础上,开发改造出美国的全面质量管理,直至1989年,美国国防部正式提出了全面质量管理概念。

(二)高校实施全面质量管理的可行性

1. 全面质量管理的原理具有普适性。全面质量管理最早应用于制造业,但很快就推广到服务业并且获得了巨大成功,如美国的联邦快递公司一跃成为该行业的龙头,英国玛莎百货公司成为英国当时赢利最高的百货连锁集团。根据教育的服务性特点,《世贸组织协定》第十四条款将教育定义为服务行业。由此可见,学校管理也适合全面质量管理。美国的俄勒冈州立大学和英国的胡弗汉普顿大学引入全面质量管理大大降低了教育成本,提高了教育的质量和效益,得到了美国教育部的高度好评。

2. 高校对质量的追求与全面质量管理的要求一致。1998年召开的首届世界高等教育会议明确强调了质量的重要性,并将提高教育质量列为世界高等教育改革的中心议题之一。产品的质量是企业的生命线,对于高等学校来说,其产品——学生、科研成果和社会服务的质量也是学校赖以生存和发展的根本。全面质量管理强调全员参与下的全面管理,这与高等教育对质量的要求一致,办学校如同办企业一样,对质量的追求是永恒的主题。

3. 高校逐步走向以顾客为中心的服务意识。高校与企业一样,都必须追求服务意识。制造业原本"以产品为中心",逐步转变到"以顾客为中心",从"卖方市场"转变到"买方市场",提出了"顾客就是上帝"的口号,在提升产品质量的同时更加注重服务质量的提升。职业教育采取"订单培养"等方式,也是以顾客为中心的办学方式,体现了学校服务企业的意识。

(三)高校实施质量管理的特殊性

高等教育与企业经营管理有着本质的区别,高校的全面质量管理有其特殊性。

1. 高校与企业有着本质不同。企业生产的是产品,高等教育培养的是人才,人才与产品具有完全不同的性质。教育的本质是一种培养人的社会文化活动,以人为本,提高人的素质是教育价值的核心,对高等教育人才培养质量评价标准不能照搬对企业产品的评价标准。

2. 高校与企业的社会责任不同。高等教育机构是非营利性公益社会组织,企业是营利性的社会组织,两者承担的社会责任不同。企业产品质量的好坏影响的是企业的品牌和消费者的利益,一般不对全社会造成大的影响。而高等教育培养的人才具有广泛的公益性,人才质量直接影响国家民族的发展。由此,高等学校人才培养的社会责任远远大于企业产品生产的社会责任,在高等学校实施全面质量管理要注重研究高校的特殊性。

3. 高校与企业的运营方式不同。企业运营讲究成本核算,遵循经济规律;高校运营讲政治,强调人才成长,遵循教育规律。物质产品的生产与人才的培养在运营上有本质的差异。因此,企业的质量管理模式不能机械地移植到高校,必须在尊重差异性的基础上,科学移植,合理借鉴。

(四)高校全面质量管理的内涵

高校全面质量管理是指在高校高层管理者的领导与参与下,以教师为主导,以学生为主体,以培养德智体可持续发展的高素质人才为中心,以全校人员参与质量管理为基础,以让学生、家长、社会、政府满意和学校、社会受益为宗旨,以有效的质量保障为手段,学校所有部门同心协力,综合运用现代管理技术和科学方法,预防并控制影响教育质量的主要因素,经济、高效、系统地实现高校规模与质量持续协调发展的管理理念、模式与方法[①]。其内涵具体表现为以下方面:

1. 强调教师是提高教育质量的主导资源。教师是知识的主导传授者,在提高教育质量过程中起着主导作用,这符合我国"百年大计,教育为本;教育大计,教师为本"的现代教育思想。

2. 强调可持续发展的高质量人才观。既要注重学生德智体等智力因素和待人接物等非智力因素的全面协调发展,还要注重学生适应未来社会发展变化所需要的跨界学习能力、多岗位适应能力的培养。

3. 强调以学生为中心的教育观。"一切为了学生,为了学生的一切,为了一切学生"这种现代教育理念正是体现了以学生为中心的教育观。实施全面质量管理的最终目的是为了学生的可持续发展。

4. 强调以预防为主的全过程的教育管理。在学习型社会和高等教育大众化的背景下,高等教育不再是一个终点,而是终身教育的一个组成部分,高校除了关注学生从入学到毕业的全过程培养,还要注重从毕业到再培训的教育过程,做到"事先预防""事中监管""事后把关"。

5. 强调质量管理的全员性。高校人才培养不仅仅是教学部门的事情,也不仅仅是老师的事情,全校员工都要为高等教育质量提升做出努力,从环境育人、文化育人的角度做好教

---

① 唐仁春,2011.高等学校全面质量管理策略研究[M].长沙:湖南人民出版社:36-39.

育质量提升。同时，政府、社会和家长也是人才培养的一个重要主体，要从关心呵护人才成长的角度支持学生成长，做到全员育人。

5.3 高职院校内部治理制度体系构建路径

高职院校内部治理制度体系建设要以章程建设为核心和统领，以提升院校质量管理水平，特别是教育教学质量管理水平为目标，在法律制度范围内，本着以人为本、公正公开的原则，构建符合社会发展实际和院校发展特点的内部治理制度体系。

一、治理制度体系建设的原则

（一）法律优位原则

法律优位原则，是行政立法中重要的原则，是指其他国家机关制定的一切规范，都必须与全国人大制定的法律保持一致，不得抵触。这在我国宪法和有关组织法中有明确规定：国务院根据宪法、法律制定行政法规，国务院各部、委根据法律、行政法规制定规章，地方政府根据法律、行政法规和地方性法规制定规章。同样，高职院校制定规章制度的权力是法律所赋予的，其效力也是国家法律所认可的，违反国家法律的规章制度是无效的。高职院校要在认真学习国家相关法律和相关行政部门法令法规的基础上制定内部规章制度，并聘请法务对规章制度内容进行把关，确保其符合国家和地方的法律法规原则和要求。

（二）以人为本的原则

以人为本，是科学发展观的核心。"坚持以人为本"，是党的十六届三中全会《中共中央关于完善社会主义市场经济体制若干问题的决定》提出的新要求。只有坚持以人为本，才能真正实现人与自然、人与社会、人与人之间的和谐发展。高职院校在制定规章制度的时候要充分体现人的主体性，发挥人的主观能动性，制度建设要把人的发展作为首要考虑的因素，要把尊重人、激励人、解放人和发展人作为制度建设的指导思想，树立服务的理念，按照人的成长和发展规律办事，达到组织发展与个人发展的和谐统一。

（三）民主公开的原则

民主和公开是规章制度科学制定和良性运行的保障。高职院校在制度建设过程中要发动广大师生广泛参与，在广泛征求意见的基础上开展制度建设，特别是在涉及广大教职工切身利益的制度审议过程中，要自上而下、自下而上反复讨论，保障制度能够切实代表广大教职工的利益。在制度执行的过程中，要严格按照制度规定的内容和流程执行，并做到公开透明，公平公正，让制度成为全体教职员工共同遵守的规范，树立制度的可信度和权威性。

二、治理制度体系建设的方法

高职院校内部制度体系建设主要抓住两个方面：一是要重点建设好高职院校章程，并以章程为总纲，开展内部相关制度建设；二是在制度形式与逻辑上结合高职院校追求质量的办学宗旨，借鉴全面质量管理理念，开展以全面质量管理为核心的制度体系建设。

（一）以章程为统领的内部制度体系建设

如前所述，章程是学校内部治理的统领和核心，章程建设要从制定程序层面、制定内容层面及章程实施层面三个方面开展，保障章程建设的科学性和有效性。

1. 在章程制定程序层面，要按照章程制定的要求，保证多元主体的共同参与。章程是学校利益相关者的共同保障，是学校办学质量提升的保障，要制定规范、全面、体现特色和具有前瞻性的章程，必须充分考虑学校相关利益群体的合理诉求。一是要专门组建章程制定或修订工作委员会，由校领导牵头，学校相关行政部门负责人、教师、学生代表等共同组成，负责章程的起草工作。二是要广泛征求广大利益相关者的意见和建议，既要征求校内师生员工的建议，也要征求校外利益相关者如政府管理部门、行业企业和家长、校友等各方意见，同时还要征求有关法律专家的意见，保证学校章程的合法性和文本的规范性。三是要结合征求的意见对章程进行修订完善，然后再次征求意见，直至章程相对完善。四是章程的确定要提交教职工代表大会表决通过，如果表决不通过，要根据意见再行修改。五是在校内通过的基础上，将章程报上级教育行政部门核准，在核准通过后，公开发布章程。章程制定的程序要严谨，要充分调动利益相关者参与章程制定的积极性、主动性和能动性，确保章程真正代表了广大相关者的利益。

2. 在章程的内容上，既要体现高职教育的共性，更要体现学校办学的特色和个性。特色和个性并不是为了标新立异，而是学校办学理念、思路和方法在章程中的自然流露。为此：一是要结合学校发展现状、发展理念、发展目标和愿景、发展定位等，制定符合学校治理文化的章程，满足学校内涵式发展的需要，促进学校办学质量的提升。二是要结合本校实际，在总结经验的基础上，对有利于学校发展、经实践证明有效的做法和经验，在提炼的基础上固化在学校的章程中。三是要充分体现学校的文化特色。学校文化是指学校长期形成的并为全体师生所认同的校园精神、校园制度、文化氛围，以及承载这种精神、制度、文化氛围的活动形式和物质形态的总称。学校的文化是彰显学校办学特色的一张名片。学校在制定或修改章程时要注意对已有校园文化的传承，并加以提炼、升华，以校园文化引领个性化发展。

3. 在章程的实施上，要将建章立制的"硬"管理和人文精神的"软"管理有机结合。章程能否有效地得到执行，首先在于校长的勇气和行动，作为一校之长要带头收集、研究关于学校章程的研究成果和国内外较好的学校章程文本，积极调动学校管理层和广大教职工学习章程建设的有关精神和知识，向他们解读学校章程文本，倾听他们的意见建议，使学校章程充分体现学校各方成员的共同意志,将章程的有关规定转化为教师、学生的自觉行为,成为大家乐于遵守的"公约"。同时,校长要带头去落实章程,依法办事、按章程办事,以自身的行为为全校师生树立榜样。学校章程的实施既要体现刚性,确保利益相关者共同遵守,更要充分体现尊重和激励的管理理念。从制度功能的角度讲,学校制度文本内容要具有发展性,要对教师和学生的发展起到更大的激励作用,而不是仅仅起到约束作用[①]。要充分尊重教师、学生的相关权利,多通过激励性的民主管理方式,体现对广大师生的人文关怀,增强教师、学生依法按章行动的自觉性。

(二) 基于全面质量管理的内部制度体系建设

全面质量管理需要全体员工和所有部门共同努力,运用各种方法和手段,建立组织的质量保证体系。全面质量管理有利于激发全员共同参与质量治理,从而提升办学的能力和水平。基于全面质量管理的内部制度体系建设要从聚焦顾客需求、全员参与、过程导向、持续改进等方面整体设计制度体系。

1. 聚焦顾客需求。全面质量管理的首要要求是以顾客为中心开展各项活动。顾客在购买过程中享受到的服务及产品功能将成为购买产品的依据。聚焦顾客要求做到以下方面:一是设计顾客喜欢的产品;二是设计让顾客感到欣喜的产品;三是快速应对市场及顾客需求变化;四是能够预测顾客尚未表述出来的需求;五是不断开发强化顾客关系的新方法。高职院校一方面为家长培养孩子,努力促成学生的成长;另一方面为行业企业培养适用的人才,因此高职院校的顾客既包括学生及其家长,也包括行业企业。高职院校聚焦顾客需求,要做到聚焦学生及其家长的需求,聚焦行业企业的需求。在制度建设层面,要建立了解需求的通道,包括需求信息采集制度、信息反馈与评价制度,建立与学生及其家长以及行业企业的沟通对话机制,在充分了解需求、科学合理评价的基础上提升服务的质量,提供超越顾客期待的服务。

2. 全员参与。全员参与是质量管理的保证。全面质量管理要求从顾客、采购、产品设计、制造、物流、销售到售后的每个环节都要关注质量,任何一个环节出问题都将影响产品的最终质量。有研究表明,虽然所有的检验和质量控制活动都发生在制造过程,但在所发现的产品质量问题中,有60%—70%的问题是直接或间接地由产品设计、制造、原料采购、储存、装运等方面的缺陷造成的。高职院校开展全面质量管理要从招生、人才培养到就业等各个环节的人员参与质量管理,要在制度层面建立全员参与的机制,让高职院校全体员工将注意力集中到以学生为核心的人才成长全过程。特别是人才培养环节,涉及的工作众多,要在培养的各个环节建立人人参与的制度,并形成制度间的配套与配合,让每位员工的能动性在人才培养各个环节中得到体现。

3. 过程导向。美国电话电报公司认为,过程就是工作为顾客创造价值的方式。全面质

---

① 范魁元,刘景,2010.现代学校制度建设:现状与出路[J].中小学管理(2):40.

量管理关注的是质量形成的过程,在过程中形成和完善质量。高职院校人才培养质量同样要关注过程,这就要求细化人才培养环节,设计人才培养各个环节的配套制度,形成人才培养相关制度体系,特别要改变评价方式,改变传统的注重结果性评价的方式,形成过程性评价与结果性评价相结合的评价方式,并提高过程性评价在整个评价中的分量。

4. 持续改进。全面质量管理的思想基础和方法依据就是 PDCA 循环。PDCA 循环的含义是将质量管理分为四个阶段,即计划(Plan)、执行(Do)、检查(Check)、纠正(Act)。在质量管理活动中,要求把各项工作按照做出计划、计划实施、检查实施效果的流程来完成,然后将成功的纳入标准,不成功的留待下一循环去解决。高职院校内部治理管理体系包括由计划与决策系统、实施与保障系统、检查与评估系统、反馈与改进系统组成的四大系统,各系统又可以分为若干子系统,在后面我们将会介绍。高职院校内部治理制度建设要围绕质量系统,设计相关制度体系,形成基于制度体系的质量循环。

三、治理制度体系建设路径——以教育治理监控与保障体系为例

高职院校教学质量监控与保障体系是高职院校内部治理制度体系的核心和保障,通过八个子系统的建设实现教学质量保障与监控体系,即教学质量生成系统、教学质量保障系统、教学质量管理系统、教学质量监督系统、教学质量信息系统、教学质量评估系统、教学质量反馈系统、教学质量改进系统,如图 5-1 所示。

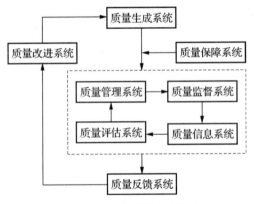

图 5-1 教学质量治理体系

(一)教学质量生成系统

教学质量生成系统由校党委会、校长办公会议、教职工代表大会和学校教学工作指导委员会、主管副校长、教务处和教学二级学院组成。其职责是遵循教育规律和现代教育思想,依据学校办学定位,确立和创新人才培养目标、相关教学环节质量标准、教学质量评估方案、教学质量评估体系及标准等。本子系统主要是通过运用必要的组织和制度达成对教学地位、模式与质量准则的共识,形成教学的质量评价准则和分专业质量标准。其关键质量控制点与相应的质量管理重点措施包括教学定位的确立、分专业定期修订培养目标、主要教学环

节教学质量标准、二级学院教学质量评估方案、二级学院教学质量评估体系及标准、教学质量研究与创新等。

1. **教学定位的确立。**学校党委、行政负责贯彻执行党的教育方针,依据《中华人民共和国高等教育法》等,确定学校的办学思路和目标定位,规划近期和远期教学工作的目标,建立教学管理制度,并保证实施。确定学校定位,可通过定期举行学校党委及行政工作联席会议(每学期不少于一次)和校长办公会议、适时组织教育思想讨论、举办教育高级研讨班、邀请专家做专题报告、总结概括办学经验等形式进行。学校每两年召开一次全校教学工作会议,审定修订教学定位,研究一个时期有关教学质量和教育教学改革的重大议题。

2. **分专业定期修订培养目标。**学校原则上每三年一次分专业重新修订培养目标与课程计划。修订工作应建立在现有教学水平评估的基础上,吸纳新的教学理念和教学改革成果,有充分的毕业生调研资料、在校生反馈资料、家长和社会需要方面的调研资料、专家研讨结论等。

3. **分专业建立教学质量标准。**结合学校教学目标定位,制定教学质量标准,以此为基础全面规范教学;同时,结合不同专业培养目标与培养模式,建立分专业教学质量标准。

4. **二级学院教学质量评估方案、教学质量评估体系及标准等。**结合学校教学目标定位,制定二级学院教学质量评估方案、二级学院教学质量评估体系及标准等。

5. **教学质量研究与创新。**结合时代发展,密切跟踪国内外不同院校、不同专业教育教学改革的发展,研究确立学校人才培养目标、培养模式、教学质量评价准则与质量标准,推动学校教学改革与创新。

(二)教学质量保障系统

教学质量保障系统由组织人事处、教务处、招生就业办公室、财务处、后勤管理处、实验和网络信息中心、图书馆等组成。其职能是为提高教学质量提供人(师资、生源)、财(教学经费)、物(校舍、实验室与仪器、实习实践基地、运动场馆设施)、图书资料信息等条件保障。本子系统通过相关制度和规定等,确保教学的投入以及投入的有效利用。其关键质量控制点与相应的质量管理重点措施包括教学经费与设备设施的投入、教师队伍建设、教学管理队伍建设、招生制度建设、专业建设、课程与教材建设、教学管理制度建设等。

1. **教学师资队伍建设。**加强教师学历、学位、职称、年龄、授课、培训、师德、教研制度等方面的建设,以此建立一支高素质、高质量的教学师资队伍。

2. **招生制度建设。**优质的生源是教学质量的关键环节,必须建立和完善相关制度,如"招生章程"等,切实予以保障。

3. **教学管理队伍建设。**创办一流的教育,首先要有一流的管理。建立高质量的教学管理队伍是加强教学质量管理的关键。要通过建立健全教学管理干部选拔条例,制定教学管理干部队伍建设规划,适时组织教学管理干部的选拔、考核、任用和调整,组织教学管理干部的进修、培训等,不断提高教学管理干部队伍素质。

4. 教学经费投入。建立和完善财务预算条例、教学经费投入管理办法等,确保学校将落实教学经费投入作为一种制度,确保每年按一定的速度递增。

5. 教学基本设施投入。建立和完善教学基本设施投入保障机制,确保教学行政用房达标,各类功能的教室齐备,运动场及体育设施满足人才培养需要;实验室配备完善,设施先进,利用率高;校内外实习基地稳定;图书馆馆藏资源丰富,管理先进、使用效果好;校园网络建设水平高,运行良好,在教学中发挥重要作用。

6. 专业建设。专业建设是教学质量保障的重要组成部分,也是投入系统的主要质量控制环节之一。建立和完善专业建设与管理规定、新办专业建设暂行规定、校级重点专业建设工作实施意见等有关保障文件、工作程序、制度等,规定专业建设措施,加强专业特别是新专业建设。

7. 课程与教材建设。课程建设、教材建设是教学基础建设的重要内容,课程教材投入是教学投入的重要内容,对教学的质量具有重要影响力。课程与教材建设的质量管理措施主要通过有关文件、制度、奖惩等来实现。因此要认真完善修订课程教学大纲的若干意见、课程建设与管理条例、校级精品课程建设工作实施意见、教材选用和采购管理办法、优秀教材评选奖励办法等规章制度,明确课程建设、教材建设的具体措施。

8. 教学管理制度建设。教学管理制度体系包括对师生、管理队伍和教学环节的管理。为此,必须建立健全教师工作条例、学生管理条例、师德规范、学生守则、管理干部工作条例、校系教学工作责任人制度及工作会议制度、学校领导专门研究教学的会议制度、学校领导听课制度、学校领导联系二级学院制度等一系列管理制度,以此明确教师、学生、各级管理人员的行为准则和工作规范。教学工作是由一个个教学环节组成的,因此,除了对各类人员的工作进行基本规范外,还必须制定实施每个教学环节的规章制度。在专业设置与调整、课堂教学、调(停)课、教学文档、实验室和各类实习实训、课程考核、评卷和试卷复查及试卷保存等方面建立一系列教学管理规章制度。这些规章制度的建立和完善,一方面要充分体现以人为本、加强素质教育、强化质量意识的教育思想观念;另一方面,要通过制度的实施,充分保障整个教学秩序的有效运行。在建立健全管理制度的同时,还应注重制度的落实和严格执行,建立有效的激励和约束机制。

(三)教学质量管理系统

教学质量管理系统由校长办公会议、主管副校长、教务处和二级学院组成。本子系统通过相关制度和规定等,确保教学管理体制和机制的形成,以及二者的有效运行。其关键质量控制点与相应的质量管理重点措施包括校系两级管理体制、教学计划管理制度、教学常规管理工作、教师教学过程管理、学生发展过程管理、课程考试考核的管理、学生毕业实习(调研)报告管理等。

1. 校系两级管理体制。它是以"校长—分管副校长—教务处"为校级管理和以"系主任—教学秘书"为系级管理的两级教学管理体系,分别承担管理教学的工作。在以"校长—

分管副校长—教务处"为校级管理的体系中,工作的重心是突出目标管理,重在决策监督,其中校长办公会议负责学校重大教学决策,主管教学副校长负责教学的日常决策,教务处代表学校全面负责教学管理;在以"系主任—教学秘书"为系级管理的体系中,工作的重点是突出过程管理和组织落实,具体组织落实和执行学校的教学任务,负责教师管理与指导。

2. 教学计划管理制度。教学计划是高等学校培养人才和组织教学过程的依据,是实现人才培养目标和规格的首要环节和根本性文件。要规范教学计划的审批程序和变更程序,维护教学计划执行的严肃性,加强监督与管理。

3. 教学常规管理工作。明确、优化学校教学常规管理的各个环节与要求;落实教学常规管理的各项责任;实现教学常规的规范化、制度化建设。

4. 教师教学过程管理。完善教学规范与教学检查制度、中期教学检查规范、学生评教等制度。通过形成性教学评价,及时反馈并调整任课教师教学行为。

5. 学生发展过程管理。通过健全和完善学生综合测评体系、校园生活指导、学生教学管理手册、分专业培养目标、教学计划与学习指导、社会实践规定、社团活动规范、学籍与学生管理、学生事务管理等方面的管理,加强学生发展过程的控制。重点控制学生评价、学习活动与教学计划、学习质量检查等。

6. 课程考试考核的管理。制定关于考试考核和学生成绩评定的规定,把有关学生学业成绩考试考核的要求明确化、具体化;明确相关方面的具体要求和责任,规范考试考核程序与要求。

7. 学生毕业实习(调研)报告管理。完善学生毕业实习(调研)报告的质量保障体系,加强过程管理,切实保障指导力量和经费投入,规范考核程序和要求。

(四) 教学质量监督系统

教学质量监督系统主要由教学督导制度、听课制度、学生信息员制度、学生评教制度、教学检查制度组成。本子系统通过相关制度和规定等,形成有效的教学督导体系和运行机制。其关键质量控制点与相应的质量管理重点措施包括教学督导制度、听课制度、学生信息员制度、学生评教制度、教学检查制度等。

1. 教学督导制度。教学督导制度是指学校教学督导组的督导员对全校教学秩序、教学质量及教学工作状况进行监督指导的工作制度。

首先,要完善日常教学督查体系,进一步完善学校、督导组及二级学院三位一体的教学督查体系,建立分工合作、灵活高效的教学督查机制。学校教学督查队伍由学校领导、督导组及相关职能部门人员组成,二级学院教学督查队伍由各教学单位领导及相关人员组成;学校、督导组负责全校的教学督查工作,二级学院教学督查队伍负责本学院的日常教学督查工作,教务处除安排并参加学校的教学督查工作外,还要负责各级教学督查队伍之间信息的沟通和服务工作。校级教学督查以定期检查和不定期抽查相结合的方式进行,要求每周深入教学一线检查工作不少于2次;二级学院教学督查要做到经常化和制度化,并要从本单位实际出发建立起领导带班的教学督查制度。

其次,要明确日常教学督查内容。日常教学督查队伍负责督查学校或二级学院的教风、学风建设,负责督查工作的安排和实施;督查教师教学计划、教学工作规程的执行情况,教学纪律及教学事故的调查与上报情况,对学生"课堂教学日志"反映的教学意见进行处理与反馈的情况。具体包括:教师课堂教学的组织情况、二级学院领导听课制度落实情况、学生考勤和课堂教学秩序情况、作业批改情况、教师上课迟到或早退情况、对教师私自调(停、代)课制度的执行情况等。日常教学督查队伍要将上述情况,特别是有关课堂教学的质量等情况进行分析整理,形成建议或意见,以书面形式向教务处和有关系、部、处提出。

2. 听课制度。听课制度是校系各级领导对教学质量进行检查,通过听课了解教学状况,总结教学经验,及时发现问题并提出改进意见的制度。建立定期听课制度,可以使学校各级党政干部深入教学第一线,倾听师生意见,及时了解教学情况,发现并解决教学中存在的问题,避免教学一线与管理层的脱节,保证教学管理工作的针对性和有效性。建立学校领导听课制度,落实学校领导每学期听课、参加教研活动不少于5节,主管教学副校长每学期听课、参加教研活动不少于10节等制度,以保证学校领导对教学工作的重视与精力投入,加强教学管理。

3. 学生信息员制度。学生在教学活动中处于主体地位,让学生参与学校管理及制度建设,从学生角度了解课堂教学效果,反馈学生对课堂讲授、教学管理、教学条件、教学改革方面的意见及建议,给学生以更直接的途径向学校反映教学及管理中存在的问题并对教学提出意见和建议,可以使学校的管理和教学更加贴近学生、贴近实际。具体按照《学生教学信息员制度实施办法》进行。

4. 学生评教制度。学生评教制度即对教师教学质量进行评估,在学生评教的基础上,根据评估指标对教师的教学过程是否达到教学目标的要求做出判断,对实现教学目标的程度做出鉴定。具体可以由学生在课程结束前,依据学校制定的课堂教学质量评价标准,对教师的教学质量和教学效果进行评价,也可以通过召开学生代表会议的形式进行评教。有关部门应对评教信息进行收集整理和分析,对反映的问题要及时研究解决。

5. 教学检查制度。教学质量要提高,日常教学检查制度是最基本和常用的手段。从期初到期末,教学情况的检查工作应贯穿始终,发现问题并及时解决问题,注意归纳分析和总结经验,以指导工作,不断提高管理者在日常教学检查中的预见问题、解决困难的能力。

"3+X"检查模式。"三项检查":一是开展教学运行检查,期初重点检查教学安排是否合理,教师、学生上课情况,教学条件、教学设施准备情况等。期中检查全面了解教学运行情况,检查专业教学计划和教学大纲的执行情况,各类课程的教学内容和教学进度,学生的学习风气等。期末检查的重点是考试管理,检查考场的安排、教师履行监考职责、学生遵守考试纪律的情况。二是开展教学效果检查,主要检查试卷质量和命题是否符合教学大纲要求,阅卷、记分是否体现公正客观。三是开展毕业实习(调研)报告质量检查,每学年进行一次,此项检查包括毕业生选题情况、中期检查和质量抽查等,组织开展优秀毕业实习(调研)报告评选。同时根据需要,开展专项检查。

（五）教学质量信息系统

教学质量信息系统由教务处、教学督导组、学生处等组成。本子系统通过相关制度和规定等,形成有效的教学信息体系和运行机制。确保收集、整理、分析教学质量的相关信息,包括毕业生评价教学质量的信息、学生实习单位、社会用人单位对毕业生质量的评价信息等,为教学质量评估和质量反馈以及质量改进提供全方位信息。其关键质量控制点与相应的质量管理重点措施包括完善日常教学信息综合采集系统和制度、应届毕业生评价学校教学制度、毕业生质量跟踪调查等。

1. 完善日常教学信息综合采集系统和制度。要健全教学信息采集制度,完善教学信息采集系统及操作规范,规定信息提交的责任和要求,通过各种信息收集渠道,如校长信箱、教学运行检查、教学专项检查、教学督导、评教、课堂教学调查问卷、教务信息平台、学生信息员等,把教学过程各环节、教学活动各因素在教、学、管过程中的基本状况、基本信息及时收集起来。

2. 应届毕业生评价学校教学制度。完善应届毕业生评价教学制度,完善相应评价工具,及时收集信息用于教学改进。

3. 毕业生质量跟踪调查。完善毕业生跟踪调查制度、毕业生评价教学制度,采用通信调查、发放回收用人单位信息调查表等形式,每年进行一次毕业生质量访谈调查,及时收集信息用于教学改进。

（六）教学质量评估系统

教学质量评估系统主要由校、系两级评估系统组成,其职能是负责对学校的教学工作进行审议、评议和咨询。本子系统通过相关制度和规定等,形成有效的教学评估体系和运行机制,确保评估工作的规范化运行。其关键质量控制点与相应的质量管理重点措施包括教师教学工作评估、专业评估、课程评估、学生评估、二级学院评估、教学条件保障情况评估等。

1. 教师教学工作评估。教师的教学质量是评估的重点。要对教师的课前准备、课堂教学、辅导答疑、作业批改、成绩考核等教学过程进行全面的评估,其中,课堂教学是评估的重点。可通过听课、问卷调查、同行评议、专家评价、学生评估等形式,对教师的教学工作进行综合考评,考评结果直接与教师的岗位聘任挂钩,力求使教师教学工作的评估发挥实际的指导作用。教师教学质量评估分学生评教、同行评教和领导(专家)评教,每学期进行一次。

2. 专业与课程评估。专业与课程建设是教学质量的两个重要载体。学校专业结构、专业水平与课程质量直接影响学校的人才培养质量,专业和课程评估工作应当在各项评估中占主要地位。因此,学校要制定和完善专业评估方案,定期对管理部门及教学部门的师资队伍建设、专业建设、课程建设、教学基地建设等教学基本建设情况进行检查和评估,及时发现问题,找出原因,以便进行整改。建立重点建设课程、精品课程评估指标体系,严格进行评审,并给予奖励、资助。

3. 学生学习质量评估。学生学习质量是教学质量的重要表现。对学生学习质量采取监控和评估时,可以以抓学风建设为根本和关键开展工作。如严格考试管理,狠抓考风建设,以考风促学风;严格过程淘汰制;严格毕业实习(调研)报告工作;鼓励学生开展课程竞赛和科技创新;不断完善学生奖学金条例,全面提高奖学金金额,扩大学生的获奖面,充分发挥奖学金的激励作用。

4. 二级学院工作水平评估。高等学校的二级学院教学工作是学校教学工作的基石,是组织教学活动,实施各项教学管理制度、规范,保证教学质量的基本单位。二级学院的教学工作状态和质量,直接体现学校的教学工作状态和质量。因此,学校要定期对二级学院的教学工作状态进行检查和评估。检查和评估的重点是对二级学院的教学质量、教学管理和教学基本建设、教学改革等内容进行量化评价。

5. 教学条件保障评估。建立完善评估规定,依据人才培养工作评估指标体系规定的教学条件标准,对教学条件保障部门的教学条件保障状况进行评估,推动教学质量保障体系建设,不断提高保障质量。

(七) 教学质量反馈系统

教学质量反馈系统由教务处、教学督导组、二级学院等组成。其职能是反馈质量评估结果,仲裁争议问题。本子系统通过相关制度和规定等,形成有效的教学反馈体系和运行机制,确保反馈工作的规范化运行。其关键质量控制点与相应的质量管理重点措施包括建立日常教学督查信息反馈制度、建立日常教学督查责任追究制度、反馈争议仲裁制度等。

1. 建立日常教学督查信息反馈制度。各级日常教学督查队伍每次检查均要填写日常教学督查信息反馈表。对检查中发现的异常问题,以及在教学检查工作中发现的教师教学过程的典型事迹或事例,应填写一式两份信息反馈表,一份留本单位存档,一份及时报教务处汇总;对检查中未发现有异常问题的,各二级学院应每天按时填写信息反馈表相关内容后留本单位存档备查。教务处将适时对教学检查中发现的问题进行分类处理并通报全校,对其中构成教学事故的,依据《教学事故认定和处理办法》严肃处理。日常教学督查尤其是二级学院日常教学督查应重视搜集、整理学生对教学工作的意见,针对学生投诉或课堂教学日志中所反映的教学质量、教风、学风等方面的问题,以及通过组织学生座谈等形式所反映出来的教学过程中存在的问题,要及时整理归纳并填入日常教学督查信息反馈表报送教务处。

2. 建立日常教学督查责任追究制度。各级日常教学督查队伍要树立起高度的责任意识,从学校发展的大局出发,认真落实学校关于日常教学督查工作的安排意见精神,坚决杜绝敷衍塞责、弄虚作假等现象的发生。对于学校通过课堂教学日志记录或其他途径发现的问题,经查实与相关单位当时日常教学督查信息反馈表记录内容不符的,学校将按照有关规定追究当日带班领导及相关人员责任。

3. 教务处要把学校对二级学院教学工作评估结果及时反馈到二级学院和有关部门负责人。各二级学院要把教师教学质量评定的等级传达到教师本人。

4. 教务处要接待教师、学生及有关人员的访问和咨询,听取他们对教学质量监控和评估工作的意见和建议。对有争议的要积极研究和予以仲裁。学校各级督导员同时也要接受群众的监督,从而保持督导队伍的客观、公正、廉洁。

(八) 教学质量改进系统

教学质量改进系统由校评估领导小组、教务处、各教学单位等组成。其职能是研究教学质量中存在的问题、提出质量改进意见、检查验收质量改进效果等。本子系统通过相关制度和规定等,形成有效的教学改进体系和运行机制,确保改进工作的有效进行。其关键质量控制点与相应的质量管理重点措施包括建立教学质量改进制度、建立教学改革的问责制度、建立教学改进的激励机制等。

1. 校评估领导小组要及时召开会议,对教学质量监控和评估过程中发现的问题进行研究,并向有关部门提出整改意见和建议。

2. 教务处根据校评估领导小组提出的意见和建议,进一步制定具体的整改措施和建设方案,并负责组织落实。

3. 各教学单位及有关部门将教务处下达的整改和建设任务认真落实,并把整改和建设情况及时反馈给教务处。

4. 教务处要对各二级学院和有关部门的整改和建设情况进行复评或验收。

5. 建立教学改革的问责制度。明确教学事故认定制度;建立教学事故责任追究制度;建立教学质量负责人制度。

6. 建立教学改进的激励机制。设立教学质量奖、二级学院及部门教学管理奖等,加大教学奖励力度,在个人职称晋升、岗位职责考核、职岗津贴、二级学院及部门资源分配等方面形成教学质量改进的激励机制。

第6章 高职院校内部治理方法现代化

目前,高职院校内部治理已经提上议事日程,相对于传统的管理,高职院校在治理方法层面已经取得了一定的成绩。但是,高职院校内部治理中尚存在"人治"的方法,在体制机制方面,特别是用人机制、考核机制等方面尚受到传统的束缚,平等、包容、参与的治理文化缺乏。借鉴共同治理、协商治理、文化善治的理论、经验和做法,高职院校开展企业化管理也不失为高职院校内部治理的一种路径;培养协商意识,开展协商治理也是高职院校内部治理方法的一种选择;发挥传统文化的善治功能,以文化人,也不失为高职院校内部治理的一种方法。

6.1 高职院校内部治理方法的现实困境

在国家大力推进治理体系和治理能力建设的背景下,高职院校也正在由传统的管理向治理转变。在传统与现代过渡交织的过程中,高职院校面临着改革的阵痛:一方面,传统的理念根深蒂固,一时难以转变;另一方面,传统的体制机制束缚让治理的方法难以实施。高职院校内部治理方法的现实困境主要表现在公办体制机制的束缚、"人治"的方法依然存在、治理文化薄弱等方面。

一、公办体制机制的束缚

公办高职院校一直以来作为政府的附属机构,政府扮演的既是管理者,又是举办者的角色,高职院校的改革一直受制于政府的管理体制机制,改革步履艰难,主要表现在"能上不能下""能进不能出"的用人机制、"大锅饭"式的考核分配机制等方面。

(一)"能上不能下""能进不能出"的用人机制

"流水不腐,户枢不蠹"说明了流动的重要性。在人事管理方面同样适用这个道理。人才只有在不断流动过程中才能衡量其价值,是人才大家都会争相抢要,人才的流动过程也是对人才的激励和警醒过程,是对优秀人才的激励,同时也是对"庸懒散"的警醒。在公办体制和传统观念的束缚下,高职院校教师及行政人员往往"能上不能下""能进不能出",除非有重大错误或违法违纪行为,这也就使得一部分高职院校教师故步自封,躺在功劳簿上混日子,失去积极进取的精气神,既不利于个人的发展,也不利于高职院校的发展,还给国家带来了负担。只有让高职院校教师和行政人员合理流动起来,才能避免这类现象的发生,也才能够激发起全体员工的精气神,保持积极进取、勇往直前的精神,学校的各类改革才能够少了些羁绊,改革的进程才能够得以推动。

(二)"大锅饭"式的考核分配机制

事业单位人事制度在一定程度上影响了事业单位的改革,如用人机制不灵活,能上不能下,能进不能出,导致部分员工将事业单位作为"铁饭碗""保险箱"。公办高职院校作为国家事业单位,在人事管理方面秉承事业单位的属性进行管理。《中共中央　国务院关于分类推进事业单位改革的指导意见》指出:对面向社会提供公益服务的事业单位,积极探索管办分离的有效实现形式,逐步取消行政级别。但迄今为止,公办高职院校大都没有取消行政级别,人事按照行政序列进行管理。近年来,事业单位大力推行人员的聘用制和绩效考核机制,但改革尚未到位。其主要表现在:一是人员聘用制尚流于形式。从聘用制的本意来说,人员应该能上能下,能进能出。但由于目前人员属于体制内的,未建立人员向体制外流动的通道。只有破除体制的束缚,打破事业单位的属性,人员流动的机制才能够得到有效实施,聘用制才能够真正实现。二是绩效考核机制尚带有"大锅饭"的痕迹。绩效考核的本意是按劳取酬,多劳多得,不劳不得。目前事业单位的绩效改革虽比计划经济下的"大锅饭"有很大进步,但改革的力度不够,尚有"保底"的措施,并未能够触及部分人的"痛处",改革的目的未能达到。只有打破行政化倾向,重建薪酬体系,才能让绩效改革发挥其应有的作用。

二、"人治"的方法依然存在

所谓"人治"是凭借个人意志并且不受外力束缚的统治与管理,是中国几千年来的统治与管理的传统。公办高职院校从诞生那天起就带有人治的属性,学校的办学水平往往由领导的素质与水平决定,正如俗话所说:一个好学校必定有一个好的校长。这正是人治的真实写照。现代社会的"法治"精神与传统社会的"人治"理念在高职院校的博弈并没有因为法制化进程而终止,决策的集中、执行的集权、监督的弱化现象依然存在,甚至在有些高校占据主流优势。

(一)决策中的集权

决策是行动的逻辑起点,也是核心环节,决策直接决定着行动的目标、内容、方式与效果。高职院校决策一般包括学术决策、行政决策和综合决策等方面。一是从学术决策的角度看,学术决策主体就学校内部教学、科研、学科建设等学术性事务做出政策性决定,如教学计划,科研和学科建设规划,教学、科研成果的评价标准和具体奖励办法,职称晋升和各种人才选拔项目人选的确定等。高职院校一般会成立学术委员会,由学校领导和具有一定资历的教授组成。学术委员会一般通过会议进行集中决策,在形式上体现了民主,但在会议过程中,掌握话语权的一般是学校领导,在有些高校,领导的喜怒哀乐都能直接影响决策的结果,那些经常提出不同意见的教授,往往会被排挤,甚至被排挤出学术委员会。长此以往,教授们只能缄口不言,所谓的"和谐"也就由此产生了。二是从行政决策的角度看,行政决策一般是指对人事管理、财务管理、资产管理以及后勤保障服务等行政事务进行的决策。高职院校的行政决策往往通过校长办公会议进行,校长办公会议应该是校长民主决策的会议,目前呈现出两种不良倾向。一种倾向是在传统的院校中,校长办公会议成了一把手校长的办公会议,往往由一把手校长直接说了算,办公会议缺少讨论过程,直接成了工作任务分配会。另一种倾向是在具有现代意识的院校中,民主氛围比较浓烈,校长办公会议成了你争我夺的角逐场,一把手校长无法定夺,最终难以决策,效率低下。第一种现象是人治的体现,而第二种现象是在从人治到法治过程中的过渡性产物,也是只有民主,没有集中的体现,这也是在院校治理中必须要解决的问题。三是从综合决策的角度看,综合决策主要指校党委或校长等核心决策主体就事关学校建设发展的重大事项所做出的决策,包括重大事项、重要干部任免、重要项目安排、大额资金的使用(三重一大)为主的决策,这类决策按照相关要求应该在广泛调研、充分征求意见的基础上由学校领导班子集体研究决策。但在实际决策中往往既没有调研,也没有广泛征求意见,而是由领导班子直接进行决策,在领导班子决策的时候,又往往由少数人甚至是个别人说了算。种种迹象表明,决策中的集权现象还广为存在。

(二)执行中的集权

行政的一元化模式是高职院校行政的主要特点。一元化模式意味着权力结构是自上而下的垂直结构。"上行下令"是褒义色彩,是对一元化权力模式中高度执行力的概括;"上行下效"是中性词,既包含好的一面,也包含不好的一面,好的上级就会有好的下级,不好的上级就会有不好的下级;"上梁不正下梁歪"则纯粹是贬义色彩,也是对执行中的集权带来的不良影响的真实写照。高职院校在党委决策后,由以校长为代表的行政负责具体决策的执行。从理论上来讲,在科层管理体制下,决策的执行应该表现为具有明确的目的性、规范性和程序性,但是由于中国社会长期存在的"官本位"和"重人情"等文化因素,现实中的执行活动往往存在着强烈的人为性和随意性。对于公立高校内部的行政管理部门,特别是行政部门的处长、主任而言,对上,学校领导抓得紧,执行得就快,效率就高;学校领导抓得松,执行得就慢,效率就低;学校领导不抓的事情就干脆拖着不去执行。对下,有"交情"的、熟悉的学院和个人请托的事情,就会抓紧办理;没"交情"的、不熟的,就严格按照"规定"和"程序"去处理,甚至以种种理由予以拖延。对于"圈内人"百般照顾,对于"圈外人"则施以苛责,这样的情况是公立高校内部日常行政管理方式的真实写照,甚至有的高校管理干部竟然戏称"有领导指示的按领导指示办,没有领导指示的按文件精神办,没有指示、没有精神的,想怎么办就怎么办",公立高校内部政策执行中"人治"倾向的严重程度可见一斑。而这样的执行方式,不仅加深了教师和学生群体同行政执行部门间的冲突和对立,而且也在事实上降低了决策执行的合法性和公平性,严重削弱了具体执行的实际绩效,更容易导致权力的腐败。

(三)监督的弱化

广泛的参与和有效的监督是民主的体现,也是科学管理的体现,更是治理现代化的体现。高职院校内部有"教职工代表大会""学生代表大会""团员代表大会"以及工会组织等,有的院校还有质量监督办公室、学生信息员队伍等,组织及机构林林总总,但监督效果收效甚微。监督的弱化集中表现在教师监督的弱化、学生监督的弱化和社会监督的弱化三个方面。一是从教师监督的层面看,教师特别是普通教师基本难以参与学校的行政事务,教职工代表大会的代表毕竟是少数教师代表,而且即使参与了也不能发挥多大作用,不能改变现实,工会组织不是维护教职工权益的组织,发放慰问品、组织工会娱乐活动成了其主要职责。教师缺乏有效参与的途径,在自身权益受到侵害或对学校事务发表看法时,往往通过举报的形式,内部矛盾往往成了外部矛盾,小事不及时化解往往成了大事情,这种现状目前在高职院校还未得到根本性的改变。二是从学生监督的层面看,学生在高职院校一般都被认为是被教育的对象,而不是一个可以参与学校事务的群体。事实上,学生群体参与和监督的事项处于学校事务的边缘,如食堂饭菜质量、宿舍管理等日常的事务性内容,在事关学校发展方向等重大决策方面,他们几乎没有任何参与权和话语权。三是从社会参与的层面看,职业院校是与社会接触最为紧密的一种教育类型,从理论上讲应该最能够发挥社会的监督作用,而事实上社会参与公立高校内部治理的程度普遍不高。一方面,高职院校不愿意接受社会的监督,在"人治"的环境下,高职院校领导希望自己的事自己说了算,不愿别人插手内部事务,也就不愿意构建社会参与监督的渠道,即使有的院校有"校友会""校董会"等组织,也不会让这些机构真正参与学校内部事务。另一方面,社会参与监督的积极性不高,行业企业与职业院校尚未形成不可分割的整体。为此,学校的社会监督既没有参与的积极性,也没有参与的渠道,社会监督也就形同虚设。

三、治理文化薄弱

文化是人类在社会历史实践过程中所创造的物质财富和精神财富的总和。组织的管理方式和水平最终都体现在文化层面,每个组织都有其独特的文化。高职院校出现的种种改革困境,其根本原因在于沿袭的是"统治""专制"的管理文化,忽视了"平等""包容""参与""协商"治理文化的建设。

(一)"平等"文化的缺乏

平等是人和人之间的一种关系、人对人的一种态度,它是人类的终极理想之一。由于人之差异,绝对的公平不存在,只有相对的平等,现代社会的进步就是人和人之间从不平等走向平等过程。由此可见,平等是我们追求的目标,我们并未能够实现绝对的平等,但在走向平等的过程中,我们都要树立起平等的意识,既希望别人对自己是平等的,也要在对待别人的时候能够平等。而在高职院校恰恰出现了与此相反的两种不良倾向。一是存在"顺民"。在长期处于被管理、习惯于被管理的环境下,高职院校师生员工对管理产生了依赖性,总是希望领导能够出主意、发号施令,然后按照领导的意志去执行,缺少思考要不要执行、有没有更好的执行方法的习惯。在自身权益遭受不平等、不公正对待时,他们总是能忍则忍,永远做一个"顺民"。二是缺少平等对待他人的意识。上层领导随意批评中层领导,中层领导就批评下层领导,而下层领导就批评教师,层层相压,不平等就被逐步放大,最终导致不平等文化的盛行,平等文化的缺乏也就可见一斑。

（二）"包容"文化的缺乏

"草木有情皆长养,乾坤无地不包容。"这是说大自然的包容。可见,包容无处不在,包容必不可少。包容是一门学问,也是一门艺术、一种境界,更是一种美德。人与人之间的交往,离不开包容。高校对真理追求的属性决定了高校必然存在着不同的研究、理解和争论,学术的自由导致了学术的差异和不同,而强大的院校文化必然是能够以开放的姿态和包容的心态接纳这种差异和不同的文化。考察高职院校文化,包容文化相对缺乏,主要表现在：一是学术之间缺少包容。不同的师承、不同的学派、不同的专业之间往往表现出相互不屑的现象。二是不同部门之间缺少包容。部门往往更多地考虑自身的利益,为了自身的利益而压制别的部门的利益现象普遍存在,缺少大局观、整体观。三是领导间缺少包容,为了维护分管部门的利益,能够漠视其他部门所取得的成绩。为了个人的利益能够忽视学校的整体利益。四是教职员工之间缺少包容,总觉得自己做得多,别人干得少。五是师生之间缺少包容,教师总觉得学生不听话,一代不如一代,殊不知是自己的思想观念落伍。包容文化的缺乏,影响了改革与发展的进程。

（三）"参与"文化的缺乏

公众的参与既是民主的体现,也是走向治理的必然条件。如何激发公众参与的热情,构建公众参与的途径,是从管理走向治理的过程中必须思考的问题。高职院校"参与"文化比较缺乏,在传统的管理模式下,师生员工逐渐形成了"事不关己,高高挂起"的习惯,参与的热情和参与的意识薄弱。主要有以下几个方面的原因：一是缺少参与的意识。传统观念认为,院校管理是管理层的事情,"肉食者谋之",与普通百姓不相干,于是,广大教师与学生在管理的氛围中逐步丧失了参与的意识。二是缺少参与的途径。只有构建相应的参与途径,广大师生员工才能够真正参与到学校事务中来,而目前高职院校师生员工扮演的是被管理的角色,没有成为学校的主人,参政议政的渠道比较少,公众参与的途径缺乏。三是缺少参与中的发言权。在有限的参与渠道中,师生员工中的少数人有机会参与学校事务的决策与执行,但管理体系中,不同角色具有不同的地位和话语权,师生员工在学校事务的管理中处于弱势地位,话语权缺乏,发表的意见也就得不到应有的重视,长此以往,参与的积极性受挫,参与的意识也就逐步丧失。参与文化的缺乏将严重影响院校治理改革,积极培育治理文化是改革过程中必须面对的问题。

（四）"协商"文化的缺乏

理性、妥协和有序是协商民主的三个重要元素和协商文化的内核,也是协商民主的重要理念[①]。高职院校通过各类会议等形式开展协商,但在理性、妥协和有序这三个层面都存在一定的问题。从"理性"的层面看,理性是从理智上控制行为的能力,共识并不是靠强制、威逼而产生,而是协商者用清醒、冷静、合乎实际的理性思维进行协商而形成。在高职院校一些会议中我们往往会见到两种现象:一种是过于理性,遇到需要协商的问题,大家保持沉默,没有人提出不同的意见,于是该协商的问题就这样草草通过,一定程度上带来了后遗症。另一种是太不理性,协商的过程往往成了争吵的过程,在吵吵闹闹中不能形成共识。从"妥协"的层面看,妥协是在做出一定让步的基础上达成共识,一般采用少数服从多数的原则。如上所述,在太不理性的协商过程中往往难以达成妥协。妥协是在坚持大的原则下的妥协,而不是无原则的妥协,过于理性往往导致无原则妥协。从"有序"的层面看,有序是指在有组织性前提下的规范化、程序化的体现,是协商正常进行的保障。而在现实中,协商往往缺少组织纪律性,缺少规范的程序,也就导致无法达成协商的结果。协商文化的缺乏将成为治理改革的障碍,为此要大力开展协商文化建设。

6.2　高职院校内部治理方法的理论借鉴

基于高职院校内部治理方法体系存在的问题,以及高职院校内部治理改革的需要,我们借鉴了共同治理、协商治理、文化善治的理念,为高职院校内部治理方法体系的构建提供理论上的参考。

一、共同治理

共同治理作为一种不同于单边治理的模式,在公司改革中得到了发展和应用,产生了利益相关者共同治理的责任模式,而高等教育治理理论也伴随着利益相关者理论的发展而变化,不断趋向完善。

---

① 阳沐乎韧,2015.以三元素为核心的协商文化建设和实践——发挥人民政协作为协商民主重要渠道作用之文化思考[J].广西社会主义学院学报(2):41-44.

(一) 共同治理理论发展

20世纪初美国的公司社会责任理论同公司治理结构成为近几十年来国内外理论界、实业界探讨的热点。从传统公司法的角度来说，股东是公司理所当然的所有者，股东的所有者地位受到各国法律的保护。由此，公司存在的目的就是追求股东利益最大化。然而，传统的公司法是建立在市场没有缺陷，具有完全竞争性，市场可以充分发挥优化资源配置的假定前提下。在现代社会市场机制并不充分的情况下，股东利益作为一种个体利益在很多场合与社会公众的整体利益存在冲突，股东只是承担有限责任，一部分剩余风险已经转移给了债权人和其他人。公司应是一个承担社会责任的组织，公司不应仅仅作为谋求股东利益最大化的工具，而应被视为最大限度地顾及和实现包括股东在内的公司所有利益相关者利益的组织体系或制度安排；公司的权利来源于公司所有利益相关者的委托，而非只根植于股东的授予；公司应对公司所有利益相关者负责，而不应仅限于对股东负责。

从20世纪80年代开始，出现了各式各样强调公司社会责任的利益相关者学说。利益相关者理论认为，公司所有利益相关者的利益最大化才是公司的经营目标。到了20世纪90年代末，主流观点认为公司不再仅仅是管理者与股东之间的信托关系，而是利益相关方面的利益共同体。与之相适应的公司治理机制也不再局限于以治理结构为基础的内部治理，而是利益相关者通过一系列的内部、外部机制来实施共同治理。治理的目标不仅是股东利益的最大化，而且要保证公司各方面的利益相关者的利益最大化，这就形成了利益相关者的共同治理。

(二) 高校共同治理

1966年，美国大学教授协会(AAUP)、美国教育委员会(ACE)及美国大学和学院董事会协会(AGB)联合发布的《学院与大学治理声明》，标志高等教育领域"共同治理"概念的提出。其定义为，"基于教师和行政部门双方特长的权力和决策的责任分工，以代表教师和行政人员共同工作的承诺"，并用两条原则来规定"共同治理"，即"大学组织重大事情的决策既需要首创能力，也需要全体人员的参与；大学各组成群体在决策中的地位有所不同，谁对具体事务负有首要责任，谁就最有发言权"。1998年AGB又颁布了《治理宣言》，基于"利益相关者"概念对共同治理中的权力进行了重新分配，将利益相关者范围扩大到社区领导、教育购买者、资金提供者等。

20世纪末期，"利益相关者共同治理"的理念得以形成与发展。该理念强调组织治理应该设计一定的契约安排和治理制度来分配给所有的利益相关者一定的组织控制权，通过吸收所有的利益相关者参与组织治理来实现全面的"共同治理"。共同治理要求所有利益相关者都参与学校战略层面的决策，这样才能体现治理的民主性与合法性。但决策参与者数量的增加必然带来决策效率低下的问题，高校共同治理最终选择有着正规决策程序的"股份制"决策模式。在教学、科研等部分议题或局部方案的决策上，一方面由于外部利益相关者与之关系并不十分紧密,另一方面也因为教学和科研的专业化程度日益提升,大多数的外部利益相关者难以置喙,所以这些决策的民主性仍然保留为内部的民主,由学校内部人员共同参与。这也就形成了高校共同治理重塑的基本导向,即学校战略层面的决策以股份制模式为主导,但在部分议题或局部方案的决策上又会呈现出合议制或代议制模式的特征①。

二、协商治理

一般来说,协商治理是通过协商和对话协调不同利益之间关系的治理方式。中国特色协商治理是协商民主在基层的实践形式,它通过搭建彼此沟通、对话的平台,通过交流、讨论,调节公共利益与不同社会主体之间的利益关系,化解矛盾,以寻求公共利益的实现方式和途径。协商治理的理念包含协商目标的凝聚共识、协商主体的地位平等、协商过程的公开对话、协商方式的包容差异和协商原则的直接参与等特征,彰显当代中国社会对平等、公正、包容的价值诉求。

(一)协商治理的原则

上海交通大学王岩教授在《协商治理——治理的中国形态》报告中认为,必须对我们的实践进行整合、升华、提炼,将其转变为体系性的话语,把碎片化的观点转变为系统的体系,把零散的观点升华为学术的话语。当代中国需要实现治理话语从西方到中国的转换,形成中国协商治理话语,探索中国协商治理路径。具体包括:马克思主义国家观是当代中国协商治理的理论前提,中国传统治理思想及其实践是当代中国协商治理的生存土壤,中国特色社会主义是当代中国协商治理的存在场域,党领导的广大人民群众是当代中国协商治理的必然主体,通过协商民主实现国家治理是当代中国协商治理的基本形式,实现公共利益、集体利益与个人利益的均衡发展,是当代中国协商治理的基本目标,当代中国协商治理的基本原则是平等、宽容与贵和,当代中国协商治理的评价尺度包括权威、共识、制度化与法治。马克思主义国家观的指导,根植于中国优秀政治文化传统,立足于中国特色社会主义理论与实践诉求,具有中国特色的社会主义协商治理构成了当代治理的中国形态。

1. 以人为本。以人为本作为协商治理的根本原则,其实质是把维护人民群众根本利益作为推进社会发展的根本目标,解决好人民群众最关心、最直接、最现实的问题,实现发展成果由人民共享。

2. 包容贵和。"包容贵和"精神体现了中华民族"礼之用,和为贵""和则相生"的传统伦理精神的精髓,体现了包纳兼容的品格,以及追求和谐、注重合作、提倡谦和、宽怀大度的精神,有利于增强社会成员的归属感和向心力,促进整个社会的团结和稳定。践行协商治理、实现社会和谐的过程中,无疑需要坚持包容贵和的理念。

3. 权利平等。协商治理强调公民平等的政治参与,其核心在于公民如何实现其对公共

---

① 罗建河,2017.重塑"共同治理":高校内部治理的改革之路[J].江苏高教(10):23-26.

权力的控制和影响力。"协商"本身契合了时代对平等性政治价值的期待。平等是协商的前提,真正的协商意味着公民权利的平等,没有平等的地位和权利,协商便无从谈起。

4. 公平正义。公平正义是社会主义的核心价值,必然成为协商治理的重要原则,成为我们化解社会矛盾、实现社会和谐应遵循的准则。公平正义,意味着社会成员对整个社会在权利的分配、利益的分享、制度的架构、社会的和谐等方面的满意程度,尤其意味着社会发展的成果在全体社会成员之间合理而公平的分配。

(二)协商治理的前提基础

协商治理是国家和社会治理的特定方式和机制,其确立和运行具有特定的前提和基础。这些前提和基础,既是协商治理得以有效实施的先决条件,也是其实际运行的基本规范。就我国的协商治理来看,这些前提和基础主要包括[①]:

1. 协商治理的政治前提和基础。我国政治协商与协商治理的政治前提和基础,在中国共产党领导的多党合作与政治协商制度、中国的基层民主制度等国家基本政治制度中,具有明确规定。

2. 协商治理的法律依据和基础。作为国家的根本大法,《中华人民共和国宪法》(以下简称《宪法》)规定,"中华人民共和国的一切权力属于人民。""人民依照法律规定,通过各种途径和形式,管理国家事务,管理经济和文化事业,管理社会事务。"同时,《宪法》对我国的政治协商和协商治理具有明确的法律规定,"中国人民政治协商会议是有广泛代表性的统一战线组织,过去发挥了重要的历史作用,今后在国家政治生活、社会生活和对外友好活动中,在进行社会主义现代化建设、维护国家的统一和团结的斗争中,将进一步发挥它的重要作用"。此外,《宪法》关于公民权利的规定,关于国有企业和集体经济的民主管理的规定,都构成了协商治理的宪法依据。而1982年12月通过,分别于1994年、2000年、2004年和2018年修订通过的《中国人民政治协商会议章程》,则是中国协商政治和协商治理的基本法律文件。在基层民主和协商治理方面,其主要法律基础则是《中华人民共和国村民委员会自治法》和《中华人民共和国城市居民委员会组织法》。

3. 协商治理的主体及其相互关系基础。协商治理是在参与这一过程的多个主体之间进行的,因此,协商治理的多个主体及其相互关系,构成了协商治理的重要前提和基础。从我国协商治理的制度和实践来看,协商治理主体具有三个方面的基本特征:首先,中国共产党是政治协商和协商治理的领导力量和中心,各级政府或者派出机构是公共事务性协商治理的指导主体;其次,协商治理的前提是多个主体的积极参与;最后,协商治理的主题通常是公共利益、公共事务或者公共政策,因此,协商治理的主体应该是担当公共责任的主体。

4. 协商治理的事务属性基础。无论在国家政务层面,还是在公共事务层面,就协商治理的事务属性来看,协商治理的基础在于:以协商实现治理的事务具有可治理性。所谓"可

[①] 王浦劬,2012.中国的协商治理与人权实现[J].北京大学学报(哲学社会科学版)(6):16-25.

治理性"通常集中体现在相关公共事务解决、公共政策制定处于公共治理主体权能阈值区间，或者围绕公共利益的矛盾关系呈现同一性大于矛盾性、合作性大于冲突性的状况；在价值取向上，"可治理性"赋予公共利益以优先性，有效地代表和实现公共利益是治理的首要目标。所谓"可协商性"则集中体现在治理涉及的公共事务、公共政策和相关矛盾问题，具有通过协商加以协调和解决的可能性。这就要求，一方面，相关公共事务、公共政策具有通过协商加以协调或者达成共识的可能性；另一方面，协商治理的参与各方具有以协商方式解决问题的出发点，协商各方具有共同或者相似的所涉思想基础和价值取向，协商各方具有平等自主的协商权利与义务。

5. 协商治理的主体权能基础。在我国，协商治理的参与主体分为政治组织和公民个人两种类型。从政党之间的协商政治和人民政协的协商治理来看，作为执政党的中国共产党，具有领导和主导协商治理的权力资格，同时，也面临进一步加强协商治理能力的任务；而作为参政党的民主党派，在具备参政议政权力资格前提下，也面临着强化自身建设，提高参政议政能力的任务。因此，执政党建设与参政党建设的相互促进，成为强化我国协商政治基础的重要途径。从政府与公民和社会自治层面的协商治理来看，政府相关领导和工作人员协商治理的权能对于协商治理的实施和目标达成具有重要意义，同时，公民的协商治理权能，实则是这些层面的协商治理顺利实施的关键基础。

6. 理性精神为核心的公民文化基础。作为特定治理形式和机制，协商治理需要政治、法律和物质条件等基础，更需要社会资本和公民文化的支撑。我国协商治理的实践经验表明，社会矛盾的解决、不同利益的整合、多样意见的协调和公共共识的达成，尤其需要以社会信任为核心的社会资本作为心理纽带，需要公民经常性交流、交往和沟通的社会网络，由此强化和提高政府的公信力和公民的信任度。而且，协商需要理性而非情绪性的意见表达和沟通，治理需要公民理性文化和政府理性行为。社会资本和理性精神，由此成为协商治理的公民文化基础。从我国的协商治理实践来看，这方面亟待进一步强化和培育。

三、文化善治

文化善治是在树立文化自信的基础上，结合治理理论要求形成的一种治理追求，采用以人为本、以文化人的方法，在共同治理、协商治理的基础上，形成具有特色的治理文化。

（一）善治

1. 善治的起源

善治是随着治理理论的发展而提出的新概念。治理理论着眼于政府与公民的合作网络，提供了自身独特的视角和范畴，体现了政治发展的方向。治理理论虽然在管理方法与技巧上更适合现代社会，却不能确保实现新模式的功能作用。格里·斯托克认为，治理失败促使善治目标的出现。治理失效的具体表现有：第一，政策制定过程的复杂性与政府治理规范相脱离；第二，责任模糊，难以界定；第三，过度依赖权力，导致政府治理结果恶化；第四，治理网络下,难以明确政府对社会的责任;第五,即使政府灵活处理集体行动,治理仍然可能失败①。

2. 善治的特征

善治的本质特征就在于它是政府与公民对公共生活的合作管理,是政治国家与公民社会的一种新颖关系,是两者的最佳状态。善治实际上是国家的权力向社会的回归,善治的过程就是一个还政于民的过程。善治表示国家与社会或者说政府与公民之间的良好合作。具体如下②:

(1) 善治模式的主体未必是政府,也无须依靠国家的强制力量来实现。一直以来,公共权力中心的唯一性被默认为是一个不可更迭的原则,但是善治理论却使公共权力中心多元化。除了政府之外,各种机构(包括社会的、私人的)只有得到公众的认可,才可以成为公共权力的中心。公共权力不再被政府所垄断,使得政府与其他公共权力中心之间不再是管理者与被管理者的关系,而是平等合作、依赖互动的新型关系。

(2) 善治模式强调国家与社会的合作,模糊了公共领域与私人领域的明确界限,并且更加强调国家与社会的依赖关系。作为政府管理模式的善治与市场、社会自治组织、社会中介组织、社会独立组织等具有许多联系。存在于私人领域和第三领域的治理并不是一个封闭的系统,它们与政府的善治有着密切的联系。现代社会国家正在把原先由它独自承担的责任转移给公民社会,后者包括各种私人部门和公民自愿性团体,它们正在承担越来越多的原先由国家承担的责任。国家与社会之间、公共部门与私人部门之间的界限便日益变得模糊不清。但这种模糊与古代社会中国家与社会的未分化有着本质的区别,当代社会的模糊说明利益整合和聚合的程度,其前提是社会利益的分化程度非常发达,而古代社会中国家与社会的模糊却是在社会利益的分化程度非常低的情况下发生的。

(3) 善治是一个上下互动的管理过程,它强调管理对象的参与。统治的权力运行方向是自上而下的,它运用政府的政治权威,通过发号施令、制定政策和实施政策的方式对社会公共事务实行单一向度的管理。与此不同,善治则是一个上下互动的管理过程,它主要通过合作、协商、伙伴关系、确立认同和共同的目标等方式实施对公共事务的管理。善治的实质在于建立在市场原则、公共利益和认同之上的合作。它所拥有的管理机制主要不依靠政府的权威,而是合作网络的权威,其权力向度是多元的、相互的,而不是单一的和自上而下的。善治组织的产生不是来自授权,而是来自协商,是由成员平等协商产生的。组织内部的议事规则、办事程序又经过成员协商约定。决定事项的过程由于通过了彻底的民主协商,成员的意见能够得到充分的表达,具有非常灵活的利益表达机制,能够更好地体现公开、公平和公正。

---

① 斯托克,华夏风,1999.作为理论的治理:五个论点[J].国际社会科学杂志(中文版)(1):19-28.
② 俞可平,2000.治理与善治[M].北京:社会科学文献出版社.

(4)善治还意味着管理方式和管理手段的多元化。统治的典型模式是运用发号施令来达成目标。而善治模式则认为办好事情的能力并不仅限于政府的权力,在公共事务的管理中,还存在着其他的管理方法和技术。政府应该运用各种可行的办法来实现公共事务的良好管理。

(二)文化善治

文化是民族的血脉,也是国家治理体系的重要组成部分。实现文化发展与国家治理现代化有机结合,是当代世界各国实现国家有效治理的战略选择。古今中外的历史证明,意识形态、思想文化对一个国家的和谐稳定、长治久安、兴旺发达起着非常重要的作用。从"人治"到"法治"再到"德治",这可以说是治理的三种境界。"人治"是封建社会的产物,强调的是以个人的意愿和意志来治理国家和社会,具有典型的专制特色。"法治"是现代社会的产物,强调的是依法治理,是一种契约精神的体现,但"法"的刚性有余、柔性不足。"德治"是在法治的基础上形成的,强调的是以文化人、以德服人。

文化善治是在以文化人、以德服人的基础上形成的善治境界,是从僵化管理到柔化治理的具体体现,也是中国的传统文化中的"无为而治"思想的精髓。

1. 文化的四种功能

(1)导向功能。文化作为组织共同的价值观、追求,对组织成员具有强烈的感召力。这种感召力能把组织成员引导到目标上来。这种功能往往在文化形成的初期就已存在,并长期地引导组织成员始终不渝地为实现目标而努力。

(2)规范约束功能。文化是无形的、非正式的、非强制性的和不成文的行为准则,对组织成员具有规范和约束作用。在一个特定的文化氛围中,人们由于合乎特定准则的行为受到承认和赞扬而获得心理上的平衡与满足;反之,则会产生失落感和挫折感。因此,作为组织的一员往往会自觉地服从那些根据全体成员根本利益而确定的行为准则,产生"从众"行为。

(3)凝聚功能。美国学者凯兹·卡恩认为,在社会系统中,将个体凝聚起来的主要是一种心理力量,而非生物的力量。社会系统的基础是人类的态度、知觉、信念、动机、习惯及期望等。文化正是以大量微妙的方式来沟通组织成员的思想,使组织成员在统一的思想指导下,产生对企业目标、准则、观念的"认同感""使命感""自豪感"和"归属感"。

(4)激励功能。所谓激励,就是通过外部刺激,使个体产生一种情绪高昂、发奋进取的效应。研究激励理论的学者发现,最主要的激励因素是被激励对象要觉得自己确实干得不错,至于用绝对标准去衡量他们是否真干得不错,那倒无关紧要。在一个"人人受到重视、个个受到尊重"价值观指导下的文化氛围中,每个成员所做出的贡献都会受到青睐,得到领导的赞赏和集体的褒奖。结果是,在这种环境中,任何一个心理健全的成员都会感到满意,受到鼓舞,同时为了进一步发挥个人的才能而瞄准下一个目标,并以旺盛的斗志开始新的行动。这就是所谓"没有什么比成功更能导致成功的了"。

2. 传统文化中的三种"治理"境界

《史记》记载,在历史上曾经出现过三种不同的治理境界,即"不能欺""不敢欺""不忍欺"。郑国的子产做郑国的宰相,他把法律、监督机制设计得非常合理严密,最后他达到的是"不能欺"的境界,因为老百姓不能够欺骗他。西门豹治邺县的时候,他把法律设计得十分严苛,老百姓一触犯法律就给以严惩,结果老百姓被吓得战战兢兢,没有人敢欺骗他,他达到的是"不敢欺"的境界。但是,孔老夫子的弟子宓子贱在治理单父的时候,把孔子仁爱忠恕的理念运用到管理之中,最后达到的是"不忍欺"的境界,那就是老百姓不忍心欺骗他们的长官。宓子贱有个同学非常想知道他治理单父到底有多好,于是就到单父去微服私访,趁着夜色来到了单父,结果看到一个人在夜色下捕鱼,但是奇怪的是他捕上了很多鱼看了看,又把这些鱼放到河里去了。他很奇怪,就上去问:"我看您捕鱼,但是为什么捕了很多鱼又把它们给放到河里了呢?"结果这个人说,他们的长官宓子贱告诉他们不要去捕捞那些还在生长中的小鱼,而他刚才捕捞上来的恰恰是还在生长中的小鱼,所以他才把它们给放了。这位同学看了之后非常感叹,回来向孔子禀告,说宓子贱治理单父能够做到即使是在没有人监管的情况下,在夜色下捕鱼的人也能够做到像严刑峻法就在身边,不知道他是靠什么达到这种治理境界的。孔老夫子说,子贱曾经跟他说过,一个人用至诚的心来处理身边的人和事,其影响自然波及远方,虽然这个捕鱼的人可能并不认识他们的长官子贱,但是子贱那种爱民如子、视民如伤的心能够为百姓所体会,所以他所制定的每一个政策、制度老百姓都愿意去配合。所以,中国治理的境界、治理的方法就是"不忍欺",实现的途径就是正己化人,治人先治己。《大学》上讲修身、齐家、治国、平天下,"自天子以至于庶人,壹是皆以修身为本",所以要治的不是别人,而是领导者自己。我们打开四书五经能够发现,其实没有哪几句话是要求老百姓怎么样的,都是要求统治者的,所以它们不是愚弄百姓的精神鸦片。这告诉我们,中国传统文化有五千年的历史,五千年的方法、五千年的经验、五千年的效果,我们必须对它有信心。

3. 传统文化中"无为而治"

20世纪末英国著名哲学家汤因比在总结了各个国家文明发展史的基础上,从文化学的角度提出了这样一个论点:能够真正解决21世纪社会问题的,唯有中国的传统文化。1988年,75位诺贝尔奖获得者在巴黎开会,面对当时世界的恐怖主义、环境危机、道德危机,他们提出了一个共同的呼吁:人类要在21世纪生存下去,就必须回到2500多年前汲取孔夫子的智慧。当我们中国人对自己的文化没有信心,要去西方寻找善治文化基础的时候,很多西方人却要向中国人学习治理的经验和智慧。

在中国古代管理哲学中,"无为而治"虽是道家首先提出的管理思想,在道家思想体系中占有重要的地位,但是它并不专属于道家。中国古代道家讲"无为而治",儒家、法家也都讲"无为而治"。虽"无为而治"是道、儒、法三家共同追求的管理模式,但是各自对它的内涵和外延的表达是不同的。

无为而治的思想首先是由老子提出来的。老子认为"我无为,而民自化;我好静,而民自正;我无事,而民自富;我无欲,而民自朴",而且一再强调无为才能无不为,"无为而治"并不是什么也不做,而是不过多的干预,充分发挥万民的创造力,使万民做到自我实现,走向崇高与辉煌。历史上的太平盛世、宏图大业,都是在道家无为而治指导下取得的。

从治国理政的角度研究无为而治是有现实意义的。所谓无为而治,就是通过无为而达到天下大治。什么是无为?从字面上看,无为似乎是无所作为、消极无为的意思,其实这是望文生义。老子所说的无为,绝不是什么也不做。他说过:"天下难事必作于易,天下大事必作于细""为之于未有,治之于未乱"。这里的"必作""为""治"都是有为的意思。"无为"并非是无所作为,而是以无为而有为。

《道德经》的思想核心是"道","道"是无为的,但"道"有规律,以规律约束宇宙间万事万物运行,万事万物均遵循规律。引申到治国,"无为而治"即是以制度(可理解为"道"中的规律)治国,以制度约束臣民的行为,臣民均遵守法律制度。老子所说的"无为而治"是以法治国,而非人治;人过多地干预社会秩序则乱,以法治国则井然有序。"无为而治"对于帝王个人准则而言,即是清心洞察、知人善任,将合适的人才摆在合适的岗位上,具体事情分摊给臣下去做,不必事必躬亲。

4. "无为而治"的思想精髓

一是在治理主体上,所谓"无为",就是如何通过道德修养使管理者具备"无为""好静""无事""无欲""不言""不争"等高尚品格,以达到"我无为,而民自化;我好静,而民自正;我无事,而民自富;我无欲,而民自朴"(《道德经》第五十七章)的管理境界。这就是说,我无为,民就自我化育,我好静,民就自然端正,我"无事",民就自然富裕,我不贪婪,民就自然朴实。

二是在治理方法上,主要是针对兵家的"以智治军"、法家的"以法治国"和儒家的"以德治国"的"有为"型管理模式,主张以道家"道法自然"为基石的"无为"型管理。所谓"无为而治",并非是管理者无所作为的懒汉哲学,而是探讨管理者何者"有所为"、何者"有所不为",即在管理场中如何正确地认识与处理"有为"与"无为"的关系。这是一种"无为"型的科学管理模式。

三是在治理境界上,"无为而治"是人类孜孜以求的最高管理境界。《道德经》第三章云:"为无为,则无不治。"在这里,"为"是管理目的,"无为"是管理手段,"无不治"是通过"为无为"所能达到的最高境界。这是一种以最小的管理行为获取最大的管理效果的高超管理,也是一种管理者从烦琐事务中解脱出来的潇洒人生艺术。道家的"无为而治",是治理主体、治理方法和治理境界三位一体的模式。

6.3 高职院校内部治理方法路径选择

基于高职院校内部治理方法存在的问题和治理方法相关理论借鉴,我们探讨构建共同治理、协商治理和文化善治的治理方法,形成具有西方经验、中国特色的治理方法体系。

一、共同治理——基于院校企业化管理的研究

如前所述,高职院校现有的公办体制机制影响了治理的改革。目前,部分高职院校借鉴企业的管理经验与模式,开展了基于企业化管理下的治理改革,取得了初步的成效。公办高职院校借鉴现代企业制度,开展基于治理的企业化管理,是解决目前学校内部管理问题的一种途径,符合国家事业单位改革的方向,也是治理理论在公办高职院校的实践。公办高职院校企业化管理是在不改变事业单位性质的基础上实行的内部管理体制改革,具有以下典型特征:一是以制度约束为核心。基于章程、符合 ISO 标准的企业化制度建设是管理和治理的关键,制度的规范性保障了制度执行的规范性。二是以全员聘用、绩效引导为保障。企业化管理制度与传统事业单位管理制度的根本区别在于企业化的人事管理,取消编制的全员聘用制和年薪制基础上的绩效考核分配机制是其典型特征,也是改革的保障。三是以民主管理、共同治理为标志。政治权力、行政权力、学术权力在制度的约束下,按照制度的规范在各自的领域开展工作,各利益相关者主体通过各类委员会协商相关事务,共同发挥决策参谋作用,为学校的发展献计献策,共同解决学校相关事务,在少数服从多数的原则下,实现民主管理和共同治理。

(一)以去行政化为目标的企业化管理机制

现代企业制度要求"产权清晰、权责明确、政企分开、管理科学"。企业化管理要借鉴现代企业制度的要求,特别要做到权责明确、管理科学,这就需要明确政治权力、行政权力和学术权力三者之间的关系,做到权责分明,三者之间既分工合作,又相互配合;既各负其责,又相互补充。从政治权力的角度看,党委要发挥决策和监督作用,必须借助于政府、行业企业、研究机构、社区组织、家长组织等外部力量,通过建立咨询委员会等决策咨询载体,发挥参谋作用;必须借助于教师、学生和职工等内部力量,通过教职工代表大会、学生代表大会等民主载体,发挥教职工和学生的作用,提高决策的科学性、民主性。在监督反馈方面,可以借鉴企业的监事会功能,由学校督导部门、教师学生代表、第三方评价机构等组建学校监事会,发挥监事会的监督和反馈功能,从而提高决策的科学性、可行性。从行政权力的角度看,以校长为代表的行政体系,主要发挥决策的执行与反馈功能。在决策的执行中,要按照高等职业教育的规律和人才成长的规律开展工作,要寻求更为科学的方法提高办学的质量和效益。为

此,行政权力可以借鉴企业管理方式,通过组建理事会等载体,定期召开会议,研讨行政管理事务,提高行政执行的科学性。从学术权力的角度看,以教授等为代表的学术委员会是学校最高的学术组织,在教育教学和科研等方面要发挥决策作用。在专业建设、师资建设、课程建设、实训建设等方面,政治权力和行政权力要让渡于学术权力,要按照学术的特点开展学术事务和人才培养工作。

(二)以学校章程为核心的企业化制度建设

用系统论的观点来看,大学章程在整个大学内部管理制度体系中处于核心地位,它不仅决定了大学管理体制及其制度运行的状态,甚至决定其发展方向[①]。因此,开展章程建设是实施企业化管理的公办高职院校的重要任务。目前,我国很多高校都已经开展了章程建设,但各校之间共性较多,个性较少,其根源在于学校在整齐划一的管理体制下,难以制定出具有个性的章程。企业化管理要求借鉴企业制度开展章程建设。"产权清晰""政企分开"是现代企业制度的特征。产权清晰:一方面要求国有企业代表国家对国有资产行使占有、使用、处置和收益等权利,另一方面要求国有资产的边界要"清晰"。这种制度借鉴到学校,我们可以理解为"事权清晰",即明确政府和学校各自的权利和责任,双方在各自责权范围内行事。政企分开:一方面要求将政府的管理职能和行业企业的经营职能分开,另一方面要求企业将原来承担的社会职能交还给政府和社会,如住房、医疗、养老等。从学校的角度讲,企业化管理的学校同样要求政府"放权让利",扩大学校的办学自主权,同时将住房、医疗、养老等通过缴纳公积金、养老金等形式由政府、社会和个人共同解决,即企业化管理的学校不再享受传统事业单位的养老待遇。这些问题都需要体现在学校的规章制度中,特别要通过学校的章程予以明确。在开展章程建设的同时,要基于章程内容,开展学校各项制度的修订和完善,使其符合企业化管理的要求,并在条件成熟的时候,开展ISO贯标工作,使学校达到运行规范化、控制标准化、管理高效化,从而提高组织管理水平,提升高等职业教育质量,促进学校愿景实现。虽然学界对学校贯标持有不同看法,但我们认为,作为与企业特别是跨国企业水乳交融的高职院校,开展ISO贯标工作,有助于提高校企合作、产教融合的满意度。在ISO的基础上,开展基于章程的企业化制度建设是完善学校制度建设的改革路径。

(三)以聘用制为主体的企业化用人机制

企业化用人机制是公办高职院校开展企业化管理的核心。企业用人机制的关键在于消除按资排辈的现象,实现人才的市场配置。能者上、平者让、庸者下是企业用人的准则。中共中央办公厅印发的《推进领导干部能上能下若干规定(试行)》指出,推动形成能者上、庸者下、劣者汰的用人导向和从政环境。可见,无论是企业还是党政机关、事业单位,都在推动用人制度的改革。人员的聘用制是我国事业单位改革的一大举措,自2002年《国务院办公厅转发人事部关于在事业单位试行人员聘用制度意见的通知》(国办发〔2002〕35号)以来,我

[①] 康翠萍,李广海,金丹,2014.现代学校制度建设框架下的大学章程建制之思考[J].高等教育评论(00):2.

国事业单位都进行了人员聘用制改革,但从现状看,公办高职院校的教师大都还属于事业单位编制,享受国家承担的养老政策。目前,机关事业单位养老金并轨改革正在进行中,国家正在逐步缩小机关事业单位与企业之间的养老差距。我们这里所说的企业化管理,已经提前实现了并轨,如前所述,高职院校在不改变事业单位属性的前提下,教职员工的人事关系实行企业化管理,即与企业一样,采取全员聘用制,不占有事业单位编制,员工缴纳企业养老金,与学校形成平等协商的聘用关系。一方面,在这种用人机制下,员工可以根据自身的发展需要,在学校与企业间自由流动,有利于高等职业教育的校企合作、产教融合的推进。学校也可根据员工的表现对员工进行提拔任用、待岗甚至辞退处理,在学校人与社会人之间有序流动,实现了员工由身份管理向岗位管理的转变。另一方面,学校只有提供员工更好的发展平台,才能留得住优秀员工,员工只有更出色地工作,才能与学校续签聘用合同,这种双向激励的机制促进了学校和员工的互动发展,更有利于提高高等职业教育质量。

(四)以绩效考核为手段的企业化分配体制

绩效考核指企业在既定的战略目标下,运用特定的标准和指标,对员工的工作行为及取得的工作业绩进行评估,并运用评估的结果对员工将来的工作行为和工作业绩产生正面引导的过程和方法。通过绩效考核,把员工聘用、职务升降、培训发展、劳动薪酬结合起来,使得企业激励机制得到充分运用,有利于企业的健康发展。目前,我国机关事业单位在人员聘用制改革后,也配套开展了绩效考核制度,但力度不够,区分度不明显,改革正在进入攻坚阶段。企业化管理下的绩效考核与目前事业单位绩效考核不同。首先,企业化管理下的绩效考核是基于年薪制的绩效考核,不同的岗位设定不同的年薪,在聘用合同上明确了岗位,也就明确了年薪,不同的岗位年薪差距比较大,从薪资的角度就已经拉开了差距。其次,绩效考核是在年薪的基础上根据工作绩效开展考核,同一岗位,或者说同一年薪档次的人员之间开展考核竞争。根据需要,可设置末位淘汰制,即末位薪资降档甚至低聘,也可设置首位晋级制,即首位薪资升档甚至低职高聘。通过这样的绩效机制,能够有效调动员工的积极性。但这种绩效考核机制也存在不利的一面,因涉及岗位和薪资的变动比较大,容易造成人与人之间的竞争加剧,如果处理不当,将会出现不正当竞争或人际关系问题。因此,需要采取以下措施防止这种现象的发生:一是绩效考核政策和实施细则要经过教职工代表大会通过;二是要广泛宣传绩效考核政策,在政策指引下开展工作;三是要实行不正当竞争的一票否决制。在改革初期,可能会遇到一些问题,但随着改革的深入,这些问题都能迎刃而解。

(五)以社会组织为媒介的参与机制

职业院校面向社会、面向市场,开门办学是职业院校的基本要求。因此,对于职业院校来说,社会参与显得尤为重要。离开了社会,职业院校的人才培养只能是闭门造车,不能适应社会发展的要求,更不能办人民满意的教育。大力发展社会组织参与学校的办学实践是企业化管理的基本要求。在办学决策方面,通过建立由政府官员、行业企业专家、社会研究机构、学生家长等组成的发展咨询委员会,对学校的发展成效、发展规划进行审议,发挥决策参考作用,这既是宣传学校的手段,也是寻求更合理决策的途径。在办学实践方面,可以建立各类有社会组织参加的委员会,对学校的办学实践发挥参谋作用。如校企合作委员会由行业企业和学校组成,共同把脉学校的校企合作工作,引导校企合作向深入开展。专业指导委员会由行业企业专家、学校专业负责人组成,指导学校的专业建设工作。学生工作委员会由学生家长、社区负责人、公检法相关人员、心理咨询专家和学校学工条线人员组成,把脉学校的学生管理工作,开展有针对性的学生管理。在办学评估方面,可以引入第三方评估机构,对学校的办学过程进行跟踪和评价,及时反馈办学中存在的问题,及时总结办学的经验,与学校的督导机构之间形成互相印证的关系,共同推动学校的发展。社会组织是学校发展不竭的资源,只有善于运用社会资源的学校才能够获得更好的发展。

二、协商治理——基于院校内部民主的视角

党的十九大报告指出:有事好商量,众人的事情由众人商量,是人民民主的真谛。协商民主是实现党的领导的重要方式,是我国社会主义民主政治的特有形式和独特优势。要推动协商民主广泛、多层、制度化发展,统筹推进政党协商、人大协商、政府协商、政协协商、人民团体协商、基层协商及社会组织协商。加强协商民主制度建设,形成完整的制度程序和参与实践,保证人民在日常政治生活中有广泛持续深入参与的权利。中共中央印发的《关于加强社会主义协商民主建设的意见》,明确了协商民主建设的指导思想、基本原则、总体布局、主要任务,是推进我国治理体系和治理能力现代化、协调推进"四个全面"战略部署的重要举措。积极探索和运用民主协商的相关机制,创新高校民主治理,对发展和完善社会主义协商民主具有重要的实践意义。

(一) 协商民主与院校内部治理的内在要求的契合

治理的积极意义在于使相互冲突的或不同的利益得以调和,并采取联合行动的持续过程,这也表明治理与协商民主存在本质的联系,只有在利益主体协商的基础上才能够调和相互间的冲突,也才能够联合行动,形成治理的合力。

1. 协商的主体与治理的主体的同一性。高职院校内部由教师、学生、员工、党委、行政等各类不同人员组成,他们治理参与的主体,代表了高职院校内部的不同利益相关者,同时也代表了党委、行政、学术力量、民主力量等不同利益主体的不同利益,他们在问题视角、思维理念、价值目标、利益诉求等方面存在差异,必然产生利益的博弈,这就需要不同利益的主体在平等的基础上通过对话进行协商,在求同存异的基础上最终达成一致。为此,高职院校内部治理的过程就是治理主体进行对话协商的过程,治理的主体就是协商参与的主体。

2. 协商的程序性与治理的有序性一致。协商是在一定程序下并在遵守一定约定的基础上开展的对话过程,协商的程序建立在公开和广泛参与的基础上,协商一般按照"少数服从多数"约定进行。协商以决策程序化保障治理的有序化。协商民主的公开性契合了大学

治理的公平性,协商民主通过程序与内容的公开和利益相关者的广泛参与确保治理的公平性。协商民主的参与、决策过程体现着合法性,协商民主的制度化、法治化契合了大学治理的制度化[①]。协商与治理在程序性与有序性方面具有高度的一致性。

3. 协商的代表性与治理的广泛参与性的要求一致。协商一般受参与人员规模的限制,不可能由所有的利益相关者参与协商。一般是利益相关者代表之间进行互动对话。由此,协商的前提是协商主体要能够代表所属利益相关者的利益,这就需要协商主体的代表能够深入所属利益群体,广泛听取所属利益群体的意见和建议,并整合意见和建议参与协商。治理的广泛参与性在协商主体征求意见的过程中就体现了出来,也就是在利益相关者广泛参与的基础上,由协商代表代表利益相关者利益进行协商。协商代表把各利益相关者参与决策过程作为价值追求,关心民主的过程和真实内容,强调的是各利益相关者平等地参与、表达,在讨论、商量中互相包容与求同存异,在多向互动中增进共识。

(二) 协商在院校治理中的必要性

协商治理是科学决策的保障,是高职院校培养公民意识的重要手段,是促进高职院校和谐发展的基础。

1. 协商是科学决策的保障。高职院校协商治理的实质是在广大师生员工广泛参与的基础上,通过协商的方式进行治理的过程,是高职院校广大师生员工民主、平等的体现。高职院校一般通过召开教职工代表大会进行民主协商。教职工代表在会前深入基层,广泛征求广大师生员工意见和建议,就学校重大发展问题和关系教职工切身利益的实际问题广泛协商、广纳群言、增进共识。广大师生员工自由发表意见。教职工代表大会代表带着意见上会协商,并将协商结果反馈给广大师生员工。这种协商不仅能最大限度地体现广大代表的民主权利,而且把决策者置身于师生员工的监督下,从而规范决策行为。协商民主既反映多数人的普遍愿望,又吸纳少数人的合理主张,既能听到支持的、相同的意见,又能听到反对的、不同的声音,充分地调动各方的积极性和主动性,为高校建设广集民智、凝聚民意,提升高校决策质量。

2. 协商是高职院校培养公民意识的重要手段。作为一种面对面的交流形式,民主协商的过程以理性为基础,强调师生员工享有平等参与协商的资格,在相互尊重、求同存异的基础上合理表达诉求,包容分歧与对立。协商过程主张"言者无罪,闻者足戒",允许对权威的观点提出质疑,有助于培养理性批判的思想意识,养成"被道理说服"而不是"被权威压制"的理性态度。在协商的过程中,协商主体间逐步理解他人的言行,抛弃个人狭隘的观念,从发展大局的角度出发思考问题,维护集体的利益。

3. 协商是高职院校和谐发展的基础。高职院校利益相关者在合理诉求能够得到尊重并通过合理渠道表达后,建构性地思考各方利益诉求并进行积极协商,逐渐改变业已形成的

---

① 王承就,2016.协商民主与我国公办大学内部治理[J].高教探索(11):5-10.

高校行政化思维模式。协商过程中各行为主体之间呈现出一种横向合作关系,各组织虽然级别不同、规模各异,但都是自愿、平等地参与协商对话。这种横向合作网络能够有效破解因垂直管理而形成的体制壁垒,有利于高校各行为主体的互动和沟通,从而实现各行为主体在协商中的互惠共赢,促进高校和谐发展。

(三)协商治理的路径

协商治理要从思想观念、协商过程中的规则与程序及机制等方面构建协商治理的路径,具体包括营造协商氛围、搭建对话协商平台、培养理性表达习惯、明确协商议事规则、构建民主决策程序、形成协商反馈机制六个方面。

1. 营造协商氛围。治理和协商民主均强调主体的多元化和多元主体的参与、互动与协商,以公民的主动参与为前提和基础。为此,高职院校要从行政管理思维向多元治理思维转变,高校管理者要广开言路,积极鼓励广大教职工关心学校发展、参与院校治理,营造建言献策的氛围,要敢于听取意见、敢于采纳意见,并对被采纳的意见进行宣传和奖励,养成人人参与治理的氛围。广大教职工要在管理者的鼓励下,积极主动参与研讨学校发展大计,从自己所在的利益群体的角度审视学校决策,切实保障所代表群体的利益,并在不同利益之间寻求最大公约数,达成满足整体利益的基本诉求。

2. 搭建对话协商平台。在治理的不同层次,人与人之间的沟通与对话,是大学有效治理的核心构成。为此,高职院校要构建对话协商的平台,在平等的基础上开展对话协商。如学生工作可以构建学生工作委员会,由班主任、学生、学工人员等利益相关者代表组成,共商学工事务;教学工作可以构建教学工作委员会,由教师、学生和教学管理人员等利益相关者代表组成,共商教学事务。高职院校还可以成立其他委员会,如校企合作委员会、科研工作委员会、膳食委员会等,以各类委员会为协商平台,推进对话协商,平等表达诉求,推进治理改革进程。

3. 培养理性表达习惯。理性表达是社会进步的表现。在传统文化心理的影响下,"人治"思想根深蒂固,人们遇到问题不是求助于法律等正规渠道维权,而是通过寻求非正规的渠道维权,久而久之形成非理性维权的习惯思维。加之我国法律体系尚不健全,法治观念尚未深入人心,以权压法、以言代法的现象依然存在,在理性维权遇阻的情况下,非理性维权成为人们维权的路径之一。高职院校要培养利益相关者理性表达的表达习惯,首先得畅通理性表达的渠道,让每个人的观点能够表达,能够被关注和重视。其次,要引导利益相关者多听、多看、多思考,坚持"慢说一点""慎说一句"的态度,以客观理性的思维评判是非曲直。最后,要以问题为出发点和解决问题为终结点进行表达,要抛开狭隘的个人利益,从全局的角度考虑问题。

4. 明确协商议事规则。吉登斯提出,社会结构是由规则或规则系统组成。规则是一种理性的观念实存,具有不以人的意志为转移的客观实在性,这就决定了协商治理是结构化观念实存,并且获得一定自主性与独立性,依据自身内在逻辑来转化外部影响。协调各利益主体,将原来具有半自律性的子系统按照一定的联系规则进行分解和创造性的再整合。各种力量形成一个群岛或集群,通过它们之间不断地转变相互依赖的关系,从而改变它们自身以及群岛的整个外形,在此过程中,逐渐显现出协商式治理体系的真面容。事实上,协商治理根植于我国政治协商的历史传统与实践,具有中国特色,并不是对西方民主思想的照搬照抄;协商治理产生于协商民主,是中国共产党基于国情、政情与社情,在长期的人民民主政治实践基础上创造和发展起来。将此历史传统用于职业教育治理,可弥补分层式治理、分权式治理所导致的民主性不足[①]。协商治理的议事规则最为重要的一条是少数服从多数的规则,即在充分表达、平等协商的基础上,尊重大部分人的意见,保留少部分人的意见。少数服从多数的原则是人类社会的重大进步,是至今社会公认的民主原则。

5. 构建民主决策程序。协商民主和治理现代化需要一种包括程序与实质两个维度的公平机会。其中,程序平等要求在制度设计上不会给予特定参与者以特别的优势,而是能提供一定的程序以保证人们之间依靠公开的理性争论作为遏制权力的有效利器。高校的党委会、校长办公会议、学术委员会、教职工代表大会等基本上都有议事规则和议事程序,一般都是会前由这些机构的主要负责人确定会议的议题、时间、参会人员;会议由负责人主持,议题提出单位做议题的说明,参会人员讨论发表意见,形成决议;会后由秘书撰写会议纪要,领导审定后发会议纪要或决议,进入执行阶段。这些程序过于简单,没有对主要领导发言的顺序、次数与时间做规定,实践上易导致主要领导人发言后,其他人员不是顺杆爬就是噤声,没有了协商的氛围,集体商讨易陷入一言堂。程序正义的不完全或缺失成为公办高校治理的短板,难以约束权力滥用和遏制腐败。从公布的大学章程看,其条款多是围绕学校管理的实体规则展开,有关权力行使的程序则鲜有规范。公平的程序是产生公平的结果的必要条件,是治理合法性和有效性的保障。有些高校在实践中开始借鉴《罗伯特议事规则》来完善各种议事规则和议事程序,对会前动议、会中发言与辩论及表决和会后纪要的规则和程序予以细化,其核心要义是充分发扬民主、程序正义、高效处事。协商民主是一种程序民主,在公众广泛的公共讨论和协商的过程中,若没有公正和合法的程序,很难找到反映合法利益与合理要求的"最大公约数",也难以达到协商共治的目的。健全公正和合法的议事程序,成为大学内部治理现代化和发展协商民主的必然要求。

6. 形成协商反馈机制。从参与者的角度看,民主协商可以分为直接参与和间接参与两个方面。直接参与即协商主体直接参与协商的过程,能够全面把握协商的内容,了解协商的结果。间接参与适用于协商主体人数众多的情况,一般由协商主体通过推荐代表参与协商,协商代表要在广泛征集民意的情况下,带着民情民意参与协商。此类情况下,建立协商反馈机制就显得非常必要。如教职工代表大学、学生代表大会、工会代表大会等都是由代表参与协商,代表不仅在事前要广泛听取意见,更要在事后将协商结果从全局的角度对所代表的协

---

① 肖凤翔,贾旻,2016. 协商治理:现代职业教育治理体系现代化的路径探析[J]. 中国职业技术教育(3):5-10.

商主体进行反馈和解释,对协商形成的决策决议进行解读,让广大协商主体能够理解协商结果的内涵,并按照决策决议的内容无条件地拥护和执行。如果缺少了协商反馈机制,广大协商参与主体就不可能全面理解协商的结果,造成"假民主"的误解和偏见,往往在决策决议执行过程中造成抵触情绪和行为,影响执行的效率和效果。因此,建立协商反馈机制非常必要。

三、文化善治——基于人的视角

党的十九大报告指出:"文化是一个国家、一个民族的灵魂。文化兴国运兴,文化强民族强。没有高度的文化自信,没有文化的繁荣兴盛,就没有中华民族伟大复兴。"文化既是国家民族发展过程中形成的积淀,也是国家民族持续发展的根基,同时,文化也为善治境界的形成提供了滋养。善治之"善"至少包含两个层次,即"善于治"和"以善治",二者的目的都在于以治成善。文化善治就是在文化积淀的基础上,通过良好的道德文化、制度文化等治理手段以达到"善治"的境界。

(一) 文化善治的基础

文化善治的根本在于人,培养良好的道德素质、制定向善的规章制度、自觉遵守制度等都需要依靠"人"。为此,突出以文化人、坚持立德树人、培养出彩新人是文化善治的基础。

1. 突出以文化人。所谓以文化人,就是强调文化对于人的教化作用,根本目的在于育人,重点是强调"以什么育人、怎么样育人、育什么样的人"的问题,具体来讲,就是以"文"育人、以文"化"人和文以化"人"的统一,就是用文化的理念、文化的内容和文化的方法培育全面发展的人。以文化人是通过隐性、柔性、渗透、体验等方式将受教育者置于文化的包围之中,使受教育者成为文化育人的主体,淡化受教育者对灌输式教育活动的抵触和排斥,通过潜移默化、循序渐进、润物无声的方式浸润人、感染人、熏陶人,从而达到入芝兰之室久而自芳的育人效果。

"文"是育人的核心内容。以文化人的"文"具有鲜明的时代性。在当代中国,要用什么样的"文"来化人呢?"在当代中国,'化人'之'文'必须以马克思主义为指导,来保证'文'的方向;必须以社会主义核心价值观为灵魂,来滋养'文'的生命;必须以中华优秀传统文化为命脉,来传承'文'的基因;必须以其他民族的一切优秀文化为借鉴,来丰富'文'的涵养。"[①]这其中,最重要的化人之"文"就是中国特色社会主义文化。中国特色社会主义文化,源自中华民族五千多年文明历史所孕育的中华优秀传统文化,熔铸于中国共产党领导人民在革命、建设、改革中创造的革命文化和社会主义先进文化,根植于中国特色社会主义伟大实践,是当代中国的主流文化。特别要坚持中国传统的"文以载道"思想,以文化背后所体现的社会主义核心价值观来化人、育人。

---

① 骆郁廷,陈娜,2016.论"化人"之"文"[J].思想理论教育导刊(11):120-125.

"化"是育人的基本方法。以文化人的"化"是育人的路径和基本方法,文化兼具无形性、渗透性、持久性、多样性和体验性等特点,通过文化的载体和方式化人、育人,既容易为"化"的对象即受教育者所参与、所接受,调动其主体意识,又能够发挥文化的价值认同、行为导向、情感激励、心灵陶冶等功能,滋养心灵、涵育德行、引领时尚,实现化人的目的。

2. 坚持立德树人。"立德树人"中的"德"最早出现在中国的国学经典著作《道德经》里面。《道德经》第三十八章:"上德不德,是以有德;下德不失德,是以无德。"这句话可以和出自《道德经》的被引用最多的"上善若水"来一起理解。上善也就是最好的真善,像水一样,润物细无声,帮助人却不让人察觉到。上德,最好的德也一样,因势利导学生却让学生觉察不到,不显示,不张扬。如果你把给别人的益处、给别人的资助、给别人的培训看作是自己给别人的恩惠,这实际上是没有德的,也就是"下德不失德,是以无德"。习近平总书记在全国教育大会的重要讲话中再次强调了立德树人是新时代中国特色社会主义教育事业的根本任务。只有把握立德树人的本质内涵,才能真正回答培养什么人、怎样培养人、为谁培养人这一教育事业的根本问题。立德树人,就是要求培养德才兼备、德智体美劳全面发展的人。实现人的全面发展是马克思主义的基本立场,也是社会主义教育的根本目标。激烈的国际竞争和技术创新决定了人才培养的极端重要性,人才是创新的关键,是发展的第一资源。国家发展需要的人才不仅要求具备丰富的知识、优秀的技能,更需要拥有坚定的理想信念、高尚的道德修养、健康的人格品质。

3. 培养出彩新人。在第十二届全国人大一次会议闭幕会上的讲话中,国家主席习近平提出,要让全体中国人民"共同享有人生出彩的机会,共同享有梦想成真的机会,共同享有同祖国和时代一起成长与进步的机会"。人人皆可成才,人人都有出彩机会。"职业教育是国民教育体系和人力资源开发的重要组成部分,是广大青年打开通往成功成才大门的重要途径",习总书记的这一重要指示,既描述了职业教育独特的地位和作用,也为我们打开了认识职业教育地位和作用的思路和眼界。近年来,我国职业教育不断创新观念,为学生多样化选择、多路径成才搭建立交桥,努力让每个人都有人生出彩的机会。培育出彩新人,需要坚持守正创新。守正,就是守正道、守根本、守底线,把统一思想、凝聚力量作为宣传思想工作的中心环节,引导人们与党同心同德、同向而行;创新,就是顺应人民对美好生活需要的新期待、接受方式的新变化,善于把大水漫灌与精准滴灌结合起来,善于用新的传播形态和教育方式,更好地解疑释惑、理顺情绪、凝聚共识,把主流价值注入每个人的心田。

(二)文化善治的路径

文化是基础,善治是目标,我们要从文化层面培养人,提高治理的成效,达到善治的境界。文化善治要以人为核心和根本,紧紧围绕传承优秀传统文化和弘扬现代企业文化两个方面深入开展。

1. 传承优秀传统文化

中华文明经历了5000多年历史变迁,在传承和弘扬中不断前进,始终一脉相承。中华优秀传统文化是中华民族的"根"和"魂",积淀着中华民族最深层次的精神追求,呈现着中华民族最深刻的精神印记,代表着中华民族独特的精神标志,为中华民族生生不息、发展壮大提供了丰厚滋养,激发了中华民族强大的民族生命力、凝聚力和创造力,推动中华民族不断向前发展。

(1)注重优秀传统文化的选择。一是要审视传统文化,取其精华,去其糟粕。我国传统文化源自不同历史时期,有明显的时代特征,相对于人类进步的脚步来说,有些文化内核存在历史局限性。因此我们要对传统文化做好梳理和审视工作,将一些消极、落后的思想摒弃掉,萃取精华,真正实现对优秀传统文化的传承和弘扬。二是要挖掘优秀传统文化的思想价值,要继承优秀传统文化的精神内核,发掘传统文化的思想价值。如传统文化中的爱国主义精神、钻研精神等,帮助人们树立正确的人生观、世界观、价值观。要注重挖掘传统文化中符合当前时代发展的内容,使之真正发扬光大。三是要坚守住传统文化的基本元素。当前是世界文化大融合的阶段,东西方文化间互相交流,互相渗透。想要做好优秀传统文化的传承,就绝不能自我封闭,既要海纳百川,也要守住传统文化的基本元素,让我国优秀传统文化永葆生机。

(2)注重优秀传统文化的传承。一是强化传统文化"三进"工作。加大文化宣传力度,打响文化品牌,开展创建弘扬中华优秀传统文化先进示范点活动。让优秀传统文化进企业,丰富企业发展内涵。让优秀传统文化进家庭,提升社会文化内涵。让优秀传统文化进校园,提升未成年人文明素养,培育和践行社会主义核心价值观,以孝敬父母、立志勤学、勤劳俭学、爱国爱民为主题开展系列活动,形成热爱优秀传统文化的风气,不断增强国民的自豪感和认同感。二是营造中国传统文化的社会舆论环境。要努力拓展传统文化的舆论导向,在各种公共场所,设置标语、图片、宣传画等载体,以群众喜闻乐见的艺术形式,展示传统文化的魅力,让广大群众处处生活在传统文化的氛围中,时时接受传统文化的教育。强化对网络舆论的监督和引导,在潜移默化中不断提升国民素质,推动形成注重传统文化的社会风尚。加强对非物质文化遗产的保护和宣传,完善法规、制度措施,强化全民保护意识,培养弘扬传统文化的社会风气和良好习惯。三是加大对优秀传统文化宣传的扶持力度。在有影响力的主流媒体上设立传统文化论坛,研究和梳理优秀传统文化的精髓,大力弘扬传统文化和传统美德,陶冶情操,凝聚人心。利用元宵、清明、中秋、重阳、端午等重要民族传统节日和人文典故进行思想教育;同时注重提升文化内涵,发扬其中蕴含的传统美德。积极扶持民间组织和单位参与传统文化教育的弘扬和宣传,鼓励和支持企业和民间资本投入传统文化中。

2. 弘扬现代企业文化

企业管理的发展经历了三个阶段:经验管理、科学管理和文化管理。文化管理是将管理植于文化中,强调在贯彻落实管理的过程中,融入文化元素,以文化来呈现企业的价值理念、未来目标等,让文化活动发展成管理的科学手段,全面展示文化色彩浓郁的管理哲学思想以及价值标准等内容,强调人性化管理方式,使之逐渐积淀成管理文化,突出文化管理的价值追寻。

(1) 现代企业的文化管理至少必须具备以下五大特征。① 效率文化。现代企业的竞争越来越表现为人才和时间上的竞争。人才流动强度和速度越来越快,新产品的研制时间越来越紧,新产品的生命周期越来越短,而顾客不但需要产品具有良好的性价比,而且期望通过互联网得到"零"交货期或瞬时服务。这就要求企业的每一个人都要树立良好的时间观念,在管理时间上做到训练有素。② 学习文化。人类的知识大约是以每3年增加一倍的速度向上提升。知识总量在以爆炸式的速度急剧增长,老知识很快过时,知识就像产品一样频繁更新换代,使企业持续运行的期限和生命周期受到最严厉的挑战。据初步统计,世界上IT企业的平均寿命大约为5年,尤其是那些业务量快速增加和急功近利的企业,如果只顾及眼前的利益,不注意员工的培训学习和知识更新,就会导致整个企业机制和功能老化。IBM、HP、Cisco和联想、TCL等企业成功的经验表明:培训和学习是企业强化"内功"和发展的主要源动力。只有有目的、有组织、有计划地培养企业每一位员工的学习和知识更新能力,不断调整整个企业人才的知识结构,才能对付这样的挑战。③ 创新文化。创新文化就是要让企业的每一位员工都深刻理解企业在激烈的市场竞争中"人无我有,人有我优,人优我转"的理念和"穷则变,变则通,通则久"的游戏规则。从制订企业中长期发展战略、市场定位、年度营销计划、人力资源规划到具体实施的每一个环节都要有创新意识,制订和选择多套应变方案。因为新经济的特征之一就是创意经济,根据客户和市场的需求在产品、技术和服务上不断创新是现代企业的生存发展之道。④ 虚拟文化。新经济的主要特征之一就是在企业的各种资源中,无形资产所占的比例越来越大于有形资产。虚拟文化可被理解为通过技术监督局、专利局、互联网和其他媒体使无形资产增值的人文环境,例如企业的知识产权、专利、网页和广告宣传等。虚拟文化使得企业的运作具有法律保障和灵活、柔性、合作、共享、快速反应、高效输出等特点,并为企业带来大量的有形资产。⑤ 融合文化。社会化大生产中,分工越来越细,任何企业都不能独善其身。企业必须不断融合多元文化,这种融合多元文化、合作文化和共享文化的集合,使企业能够突破看似有限的市场空间和社会结构,实现优势互补的资源重组,做到"双赢"乃至"多赢"。

(2) 弘扬现代企业文化的路径。一是要将现代企业文化中优胜劣汰的竞争意识引入治理过程中,在选人用人时,能者上、庸者下;在协商过程中,坚持少数服从多数的原则;在绩效考核时,根据贡献拉开收入差距等。这些都是现代企业文化的体现。二是要吸收现代企业文化中的制度文化,开展制度文化建设。现代企业管理以质量为核心,以服务对象为中心,在治理过程中,要将治理成效、善治境界作为治理的目标,以治理结果为导向,以治理满意度为中心,建立和优化治理制度,形成良好的治理制度文化。三是要吸收现代企业文化中的学习文化,注重学习型团队、学习型组织的建设,以新知识、新技术、新方法改进和优化治理体系。四是要吸收现代企业文化的创新文化,创新是发展的不竭动力。治理结构、治理方法、治理制度等都需要创新,需要在治理过程中不断优化,以逐步达到善治的目标。

第7章 高职院校内部治理保障现代化

高职院校内部治理保障现代化是高职院校内部治理体系现代化的一个重要组成部分,是治理体系正常运转、治理改革深入开展的重要保障。由管理走向治理,是一个渐进的过程,同样治理保障改革也是一个渐进的过程。目前,高职院校内部治理保障面临着诸多现实困境,存在着自外而内的一系列问题,我们既要从现状出发解决问题,也要确定目标、面向未来,通过系统性的改革及早实现治理保障现代化。

7.1 高职院校内部治理保障的现实困境

高职院校内部治理需要法制保障、权力保障、民主意识保障、企业参与保障等,但从现实情况看,这四个方面均存在一定的现实困境。

一、法制保障困境

法治的前提是具有相对完善的法令制度,但从我国现有的高等教育和职业教育相关法律来看,法律供给不足依然是法治的主要困境。具体表现在[1]:

(一) 职业教育相关法律建设滞后

《职业教育法》作为职业教育基本法,不可能对职业教育体系做到事无巨细、面面俱到,必须有相应的下位法予以补充和支撑。《职业教育法》自1996年颁布实施20多年以来,国务院没有颁布任何有关职业教育的专门性法规,职业教育改革与发展主要以中央政策为依

---

[1] 张旭刚,2016.高职教育治理体系现代化的四维审视:门路、道路、思路与出路[J].教育与职业(23):5-9.

据,靠文件来推动。很显然,政策文件因缺少法律的强制力和执行力而难以真正落实。

(二)《职业教育法》文本内容陈旧

《职业教育法》颁布实施20多年来,职业教育的内外部环境已发生了深刻变化,从形式到内容、理念到制度、理论到实践等方面的规定与当前"新常态"对职业教育的新要求和新任务明显不适应、不协同。例如,产教融合、校企合作是高职教育发展的关键问题,但目前我国校企合作制度并未得到法律层面的充分认识,有关校企合作的法律法规几乎是空白。

(三)《职业教育法》条文缺乏可操作性

现行《职业教育法》法条内容仅是目标性、原则性、指导性和引导性的陈述和规定,缺乏相应的实施细则,可操作不强。尤其是对中高职衔接、打通职业教育"断头路"、搭建职教与普教"立交桥"等关键问题因缺乏法律制度层面的顶层设计和实施细则,一直以来虽有强烈共识但仍难以取得实质性进展。

(四)《职业教育法》缺乏强制性的法律责任

职业教育作为一个独立的类型,现行《职业教育法》并没有形成相应的、完整的结构和体系,初等、中等、高等职业教育在《职业教育法》中没有作科学合理区分,导致目前各层次各类型的职业教育办学定位、人才培养目标、服务面向等边界模糊、定位不清。例如,有关高职人才培养目标的问题自1999年以来就有"技术性、实用性、应用性、高技能、技术技能型"等不同定位[①],至今在业界仍有争论。《职业教育法》又缺乏明细的罚则、考核问责等约束条款,致使原本就有限的职业教育法律难以发挥效力。所以,有专家说我国职业教育法是一部无强制力的"软执"[②]。

二、权力保障困境

由管理走向治理,由治理走向善治,权力的合理分离与分配是治理良性运行的保障。目前,高职院校内部治理面临着管办评难以分离和法人主体地位未能明确的权力保障困境。

(一)管办评分离道路漫长

推进管办评分离,构建政府、学校、社会之间的新型关系,是全面深化教育领域综合改革的重要内容,是全面推进依法治教的必然要求。为此,教育部于2015年5月4日印发《教育部关于深入推进教育管办评分离 促进政府职能转变的若干意见》,进一步明确要推进依法行政,形成政事分开、权责明确、统筹协调、规范有序的教育管理体制,要推进政校分开,建设依法办学、自主管理、民主监督、社会参与的现代学校制度,要推进依法评价,建立科学、规范、公正的教育评价制度。几年过去了,管办评分离改革虽然已经取得了一定成效,但改革

[①] 周建松,唐林伟,2013.高职教育人才培养目标的历史演变与科学定位——兼论培养高适应性职业化专业人才[J].中国高教研究(2):95-96.

[②] 阮李全,2013.论我国职业教育立法——兼论《职业教育法》的修订[J].社会科学家(9):95.

的道路依然漫长。管办评难以分离到位,主要有以下原因:

1. 政府权力逐步下放需要时间。我国政府同时作为高校的举办者、办学者、管理者、监督者等多种角色,这种角色的高度集中导致的一个结果就是权力的高度集中,多种角色的合一让政府很难同时在各个方面都把握好分寸,从而使得我国高校长期以来都缺乏办学的活力。简政放权是改革的方向,然而权力下放是一个逐步渐进的过程,为了防止"一放就乱"的现象,政府权力下放不可能一步到位,需要根据各种权力的特点逐步下放。同时,权力下放给地方、给高职院校,也需要地方和高职院校具备接受权力的能力,不能让权力处于无人接收的真空状态。放权与受权既是博弈过程,更是一个动态平衡的过程,需要时间来逐步完成。

2. 高校自主办学需要建立完善的内部机制。长期以来,高校受制于政府管理,缺乏自我管理、自我革新的活力和机制,政府权力下放给高校,高校一时难以胜任自主办学所需要的能力,这就要求高校在简政放权的背景下,加快开展自身能力建设,特别是依法建立规范的规章制度和内部机制,让高校拥有的权力在公众参与中决策,在公众监督下运行,并通过健全的决策反馈机制,实现有效的质量循环,保障权力运行的公开、公正。

3. 社会评价组织尚未发展壮大。管办评分离要求高职院校管理者、举办者、评价者三者分离,将办学评价交由第三方中介组织去实施。而长期以来,政府充当了评价的主体,削弱了第三方评价组织的发展壮大。在第三方评价组织尚未发展壮大的前提下,管办评分离无疑遇到了瓶颈。逐步培养第三方评价组织,建立和健全评价机制、科学的评价指标体系和严谨的评价实施环节是当前的重要命题,也是推进管办评分离的关键一环。

综上,管办评分离是一个持续的过程,需要管理者、举办者和评价者三方逐步变革,才能真正推动管办评分离,也才能真正实现管办评分离的意义。

(二) 法人主体地位确立难以一步到位

《教育部关于深入推进教育管办评分离 促进政府职能转变的若干意见》指出:要立足我国基本国情、教情,综合考虑不同地区以及各级各类教育的实际,因地制宜、因校制宜,提高改革措施的针对性和实效性,积极稳妥推进,不搞一刀切。法人主体地位的确立是保障高职院校自主办学的保障,在国家推进简政放权的过程中,高职院校法人主体地位保障也不可能一步到位。

《国家教育体制改革领导小组办公室关于进一步落实和扩大高校办学自主权 完善高校内部治理结构的意见》(教改办〔2014〕2号)指出:根据《中华人民共和国高等教育法》规定,立足现阶段我国高等教育改革发展实际,当前落实和扩大高校办学自主权着重从以下七个方面推进:

——支持高校科学选拔学生,深化考试招生制度改革。

——支持高校调整优化学科专业,鼓励高校办出特色。

——支持高校自主开展教育教学活动,深化人才培养模式改革。

——支持高校自主选聘教职工,发挥各类人才的积极性创造性。
——支持高校自主开展科学研究、技术开发和社会服务,为提升创新能力创造条件。
——支持高校自主管理使用学校财产经费,提高经费使用效益。
——支持高校扩大国际交流合作,提高高等教育国际化水平。

纵观以上七个方面,每一个方面都是高职院校落实法人主体地位的重要表现,也是高职院校发展主观能动性、自主发展的表现。但长期在政府襁褓中的高职院校,目前是否已经具备了在这七个方面独立开展工作的能力,是否已经具备了相应的体制机制和制度约束体系,这些都值得高职院校领导班子深思。改革必然是一个持续的过程,高职院校法人主体地位的确立也必然是一个持续的过程。

三、民主意识保障困境

治理的基础是公众的参与,长期处于管理体制下的高职院校和高职院校利益相关者,民主参与的意识比较薄弱,主要表现为:

（一）主体参与意识不强

高职院校师生是高职院校发展的主体,积极参与院校事务是发挥主体作用的直接表现。但在长期管理体制下,高职院校师生主体意识不强,对院校事务不闻不问,事不关己高高挂起,在具体事务中放弃话语权,唯命是从,不会参与、不敢参与、也不愿参与现象屡见不鲜。

（二）权利意识不足

高职院校教师作为工会成员,参与学校事务是作为工会成员享有的权利,也是工会成员应尽的义务。但在长期被管理的习惯性思维下,广大教职工不会使用、不想使用应有的权利,权利意识淡薄。这也是高职院校开展治理的挑战,如何激发广大师生参与高职院校内部治理,积极发挥拥有的权利,共同参与院校事务,是摆在高职院校面前的一大命题。

（三）平等意识缺乏

在治理体系下,高职院校要改变上行下令的单向管理模式,发挥广大利益相关者的主动性和能动性,积极参与院校治理。作为治理主体,无论是院校管理者,还是广大教职员工以及学生,其主体地位都是平等的,不应再存在唯命是从、唯领导是从的现象。激发广大利益相关者的平等意识是高职院校内部治理保障的重要一环。

四、企业参与保障困境

高职院校的特点决定了高职院校与地方产业和行业企业具有密不可分的联系。行业产业参与高职院校内部治理,与高职院校联合办学是高职院校内部治理应有之义,也是国家政策文件中明确的高职院校发展方向。然而,我们还在讨论校企合作剃头挑子一头热的1.0时代,要迈向企业参与院校治理的2.0时代,需要学校和企业特别是紧密合作企业的共同努

力。企业参与院校治理主要受制于以下因素:

(一) 职业院校开放程度不足

职业院校办学沿袭本科办学模式,封闭性是其显著特点,虽然职业院校开展了校企合作,但这种校企合作仅仅是在教育教学等业务层面,并没有上升到管理层面,更没有上升到院校治理层面。企业参与院校治理最多仅仅在办学决策咨询方面给予学校一些建设性的意见,但这些意见到底能否真正发挥作用,要看职业院校的管理层能否正确对待企业的意见和建议,能否将企业的意见和建议上升为院校的决策。职业院校只有真正将企业视为学校的决策者之一,企业的意见和建议才能够真正成为院校发展的动力。

(二) 企业参与院校治理的积极性不够

企业的主要任务是谋求自身的发展,追求的是自身的经济利益,企业的社会责任感只有在解决自身温饱问题后才能够真正发挥。与企业合作的院校可能不止一家,企业也不可能参与每一家合作院校的治理。只有对企业自身发展非常有利,企业与院校之间形成了密不可分的共生共长关系,企业才能够积极参与院校治理,企业的能动性才能够有效发挥。

7.2 高职院校内部治理保障现代化举措

高职院校内部治理保障现代化,离不开健全的法制保障,需要重塑政府、院校和第三方评价组织的关系,需要确定高职院校法人主体地位,需要大力扶持社会中介机构,需要健全社会特别是企业参与院校治理的机制,更需要加强院校内部治理文化建设,激发广大教职员工参与治理的积极性。

一、建立健全法制保障体系

高职院校内部治理离不开健全的法制环境,加快高等教育和职业教育立法,明确高职院校法人主体地位,明确学校与企业之间的法律关系,将有助于推进高职院校内部治理,推进高职院校内部治理保障现代化发展。

(一) 建立健全职业教育法律法规体系

由于职业教育的开放性、职业性、实践性等特点决定了职业教育有其自身的运行规律,普通高等教育的法律不能完全适用于高等职业教育,有必要在《中华人民共和国教育法》和《中华人民共和国高等教育法》框架下,构建独立的职业教育法律法规体系。这个体系应包含两个序列:由《职业教育法》(总法)与初等、中等和高等职业教育法律(三个子法)组成;由职业教育的全国性法律法规、地方性法规,部门规章、政府规章等组成。由此,对各层级职业教育的性质、任务以及各级政府及教育主管部门、举办方、学校的职责等用法律形式予以框定,为推进高职教育治理体系和治理能力现代化保驾护航。当前,最为紧要的是尽快修订完善《职业教育法》,明确政府、行业、企业、职业院校等治理主体的权利与义务,加快探索建立健全符合职业教育特点、适应经济产业结构转型升级要求的高职教育标准体系。

(二)加快校企合作法律法规建设

高职教育校企合作作为跨界合作,是一种新型的生产关系和社会关系,尤其需要相应的法律法规来调解、规范和推动,将有关校企合作的财政补贴、税收优惠、实训安全、企业接受学生实训等政策法制化,使政府、企业及行业、学校在法律框架内履行各自的权利和义务①。

二、进一步推动管办评分离

管办评分离改革目前已经取得了初步成效,政府简政放权、权力负面清单等举措改变了政府大包大揽的格局;高职院校民主意识逐步觉醒,法人主体地位逐步得到明确;社会组织在政府政策鼓励下逐步得到发展。进一步深化管办评分离改革,巩固已有改革成效,推动改革向纵深发展,是目前治理改革的重要内容。

(一)重新定位政府角色

政府职能更多的是"掌舵"而不是"划桨",是"办教育"而不是"办学校",是高等教育服务的"提供者"而不是"直接生产者"②。

1. 政府要转变职能和角色,要改变管得太细、统得太死的大管家的形象,从细微的、具体的管理工作中退出来。"国家不应该划桨,而是掌舵;它应迎接挑战,而不是太多地控制。"③教育行政部门和政府的主要职能则在于制定教育法律、法规,从宏观上把握高等教育的方向和质量,为高等教育的健康发展培养一个适宜的充满活力的环境,当好"掌舵者"的角色。"它们(政府)只能保护一种氛围……管制必须是原则性的和少而精的。"④只有政府和教育行政部门转变职能,真正从微观管理转向宏观调控,才能为社会参与高等教育管理提供"权力空间"。

2. 政府要切实在管理中吸收社会力量参与,通过多种渠道了解和听取社会各界对高等教育的建议和意见,并将这些建议转化到政策、文件的制定中。另外,还可以吸收社会力量直接参与政府这一层次的高等教育管理事务。例如美国的州教育委员会,其日常机构不但有政府官员,还有实业界、自由职业界、科学界、社会活动界中的人员,有效地吸收社会人士参与高等教育的管理。所以,我们也可以尝试在高等教育行政机关设立类似的委员会,邀请企业家、社会学者和个人等社会各界人士担任委员,委员会的意见和建议可以作为政策制定的重要依据。

---

① 张旭刚,2016.高职教育治理体系现代化的四维审视:门路、道路、思路与出路[J].教育与职业(23):5-9.
② 尤献忠,张丽平,2007.论高等教育服务提供社会化:基于治理理论的视角[J].高教探索(6):43-45.
③ 梁莹,2003.治理视角下我国政府改革的新思维[J].湖北行政学院学报(1):81.
④ 柯武刚,史漫飞,2000.制度经济学:社会秩序与公共政策[M].北京:商务印书馆:377.

3. 改变政府对高校资源的单一控制,实现主体多元化。新中国成立以来,我国政府由于特殊历史时期的需要,将私立高校收归国有,从而开始对高校进行统一的资源配置,成为高校资源配置中的最主要或唯一的主体。但是这种资源配置模式既加重了政府的经济负担,又限制了高校的发展活力。治理理论在倡导权力的分化与去中心化的同时提出了主体的多元化理念,即政府在与各种公共机构的关系中不再是唯一的主体,各种社会公共机构乃至民间组织、个人都可以成为独立的主体,社会应该是一个二元主体甚至多元主体的社会。具体措施有:在现有公办高校中引入市场竞争机制,促使办学资金来源多元化;引入民间资本发展民办高校,以实现高校办学主体的多元化;倡导高校间的竞争,促进公共资源的优化配置[①]。

（二）归还院校办学自主权

1. 将校长的选聘权交给学校。改变单纯的校长行政任命方式,由教育行政领导、教师代表、家长代表和学生代表组成校长选聘小组,通过校长演讲阐述治校方略,教师代表、家长代表和学生代表民主评议并结合校长的日常工作进行综合打分,教育行政部门进行德能勤绩等方面的考核,选举产生学校校长,之后,学校聘用校长并在教育主管部门备案,通过这种方式选出来的校长能代表教师、家长和学生的利益,校长服务的主体更加明确,从而为管学治校尽职尽责。教育主管部门应减少对学校的行政干预,让校长尽可能在学校日常事务的处理过程中有自主权,尤其是减少一些不必要的检查评比项目,减少不必要的会议以及刚性的行政性指令或命令,让校长真正能从事务型校长角色中抽身出来,把更多的精力投入提升教育教学的管理之中,把更主要的心思用在提高教育教学质量之中。为了防止出现"一放就乱"的问题,政府可以运用综合政策工具进行引导、调节和监督,并实行教育问责机制。既放权给学校,又不缺失监督和监管,不仅能调动办学者办学的积极性,而且还能使其在管学治校的过程中受到监督和约束。

2. 把教师的招聘权还给学校。教师的选聘一直是校长最为关心的问题,尤其是在教师的招聘过程中,每进必考的教师招聘政策无疑体现了公平、公正、公开的原则,但现实的情况是教育人事部门所招考的教师并不都是学校所需要的,有些学校不需要的学科教师被招考进来,急需的学科教师却没有得到及时补充,这样不仅严重影响了学校的师资搭配,而且对学校的管理也带来了不利的影响。教师的招聘权还给学校,能解决学校师资年龄结构、性别比例以及学科搭配等方面的问题。同时,政府要建立与之相配套的教师退出机制,让那些知识水平不高、教学水平不高、师德素养低下的教师及时退出教师队伍,保持教育队伍的纯洁和活力。

3. 课程设置和选择权交给学校。政府对教育的行政干预还表现在对学校课程设置,尤其是地方课程和校本课程的设置上,政府为了迎接各类检查评比而将一些行政需要的、能带来明显政绩的内容强加给学校。比如当上一级政府需要搞廉政教育的时候,政府就会将廉政教育作为校本课程强加给学校。这些强加给学校的所谓校本课程,不仅影响了学校正常

---

① 敬然,2008.治理理论视野下我国政府与高校关系的重构[J].长白学刊(6):141-143.

的教学秩序,而且也对学校想开设的课程造成冲击。将课程设置和选择权交给学校,意味着政府在规范、监督、约束学校开齐开全规定课程的情况下,允许学校根据校史、学校发展特色以及学校实际情况自主选择、研发、开设校本课程,自主选择开设方式、时间安排以及评价方式,以便于学校不断丰富和发展校本课程,实施有效的校本管理。

(三) 保障法人主体地位

保障高校的法人地位是确保高校能够依法行使权利的前提,也只有真正在操作层面上实现了我国高校的法人治理,才能将治理主体间的合理分权真正落实到位。从法律上来说,财产独立是法人的基本要素之一,财产作为法人独立进行民事活动的物质基础,是法人的必要要素。与其他法人一样,高校作为法人具有民事权利能力以及民事行为能力,依法独立享受并承担民事义务,这必然要求高校要有自己独立的财产和经费。高校法人财产独立要求做到高校对财产具有占有、使用、收益以及处分的权利。高校财产的独立性主要表现在三个方面:高校财产与举办者财产相分离,无论是作为公立高校的国家投资或者是民办高校的社会投资,用于支持高校独立运作的财产资金必须与举办者的财产资金相分离,这与公司必须与股东的财产相分离的要求是一样的;高校以其财产额为限承担责任。通过落实财务独立,实现高校所有权与经营权的分离,还可以建立以治理理论为基础的现代大学管理制度①。

(四) 扶持社会中介机构

社会中介机构是政府与高校之间的"缓冲器"。所谓高等教育体系中的社会中介机构是指那些旨在联系政府与高校的,由一定的社会力量按照一定的模式建立起来的机构。社会中介机构直接涉足政府教育行政部门与高校之间的事务,在理顺我国政府部门与高校之间的关系中有着举足轻重的作用。建立科学、有效的教育中介机构,并充分让教育中介机构在高等教育领域发挥作用,是实现高校民主化、科学化管理的重要方式。当前,我国高等教育体系中的中介制度还不够完善,很多教育中介组织都是在政府的指导下或者由政府组建的,很大程度上受政府的制约,经常成为政府的代言人,这与建立中介组织的初衷是相悖的。中介组织的建立固然需要政府的支持,但是同时也需要得到社会各界的认可,而不仅仅是政府一家的代言人。因此为了更好地发挥教育中介组织的作用,我国需要将各级发展独立的以及半官方的中介组织,逐步发展为由社会力量主导的中介组织。

三、积极拓宽企业参与院校治理的渠道

校企合作、产教融合是院校人才培养的主渠道,也是职业院校开门办学的主要表现,高职院校要进一步拓宽企业参与院校治理的渠道,推动企业与院校融为一体。

(一) 深化校企合作,推动企业参与院校治理

校企合作是高职教育办学模式和人才培养模式的重要特征,合作发展、合作育人、合作

---

① 申忠健,2011. 基于治理理论的我国政府与高校新型关系探究[J]. 产业与科技论坛(10):20-22.

就业、合作办学是高职院校办学的重要路径。高职院校要积极探索多种形式的开放合作办学之路,善于利用各种资源和要素为人才培养和学校事业发展服务。高职院校深化校企合作,从管理层面到业务层面,相互学习、相互借鉴,推动学校与企业之间形成共生共长的命运共同体,形成你中有我、我中有你的不可分割的关系。

（二）推进产教融合,推动行业参与院校治理

产教融合是在校企合作的基础上,高职院校与行业之间形成融合发展的关系。高职院校要打破在学校里办教育的思维定势,顺应技术进步和生产方式变革以及社会公共服务的需要,采取跨界行动,推动专业设置与产业需求对接、课程内容与职业标准对接、教学过程与生产过程对接、毕业证书与职业资格证书对接,形成产学研合作机制,服务产业发展,在融合发展的基础上推动行业企业参与院校办学,参与院校发展决策。

四、培育高职院校内部治理文化

文化代表一所高校的精神风貌,是高校在长期发展中所形成的一种共识,也是一种隐形的制度。在高职院校内部建立良好的治理文化,有助于治理活动的有序开展。高职院校内部一旦形成稳定的治理结构,对外具有封闭特性,对治理过程和治理效果将产生至关重要的影响。在高职院校内部治理过程中,要注重发挥治理文化的整合效应,通过文化制度的软约束,形成兼容并包的开放性的治理共识和治理价值认同。高职院校内部治理文化体系建设要科学融入合作治理、分类治理以及开放治理等治理思维和治理理念,提升治理主体的公共情怀,通过制度建设来平衡利益相关者的合理诉求。同时,注重培育具有高职院校发展特色的内部治理文化,发挥大学文化对利益主体的凝聚、导向、激励、调适等功能,形成尊重知识、崇尚学术的文化氛围,推动高职院校内部治理现代化。在推进高职院校内部治理结构改革的同时,还要构建与之相匹配的文化价值体系,为增强高职院校内部治理能力提供制度文化保障。一是要将"以人为本"理念贯穿于高职院校内部治理文化建设的始终。现代职业院校治理结构建立在法治基础上,高职教育治理要切实维护利益相关者的合法权益。二是高职院校校园文化建设要积极吸收现代优秀企业文化,以提升高职院校内部治理的自主性和社会性。现代优秀企业倡导民主法治、合作创新、追求卓越、责任为本的文化观和企业治理观。这些文化特点既是高职院校在人才培养过程中着力打造的人才素质的重要组成部分,也是高职院校内部治理的品质追求。只有将优秀企业文化与高职院校文化进行有机融合,才能为更好地实现高职院校的有效治理提供合适的环境和土壤。三是要秉承高职院校的办学传统与理念,凝练具有现代职业发展特色的治理理念、办学定位和治理目标,共同确立高职院校利益相关者的共同治理愿景,以使命和价值观为指导,通过完善大学章程来规范高职院校内部权力运行方式,激励人们为实现高职教育治理现代化的目标而共同奋斗[①]。

---

① 赵晓妮,2016.高职院校内部治理结构的内涵、实践迷思及变革趋向[J].教育与职业(12):12-16.

第8章 高职院校内部治理评价现代化

高职院校内部治理改革刚进入起步阶段,对于治理改革的评价机制尚处于探索期,治理改革评价尚存在多方面的问题,借鉴欧美等国家相对成熟的评价标准和评价机制,推动我国高职教育治理评价发展,是当前高职教育发展面临的重要课题。

8.1 高职院校内部治理评价问题与借鉴

高职院校内部治理改革面临评估理论研究不足、评价主体单一、评估标准统一、第三方评价机构不成熟、评价文化缺乏等现实问题,法国的集权模式、荷兰的指导模式、美国的合作模式为我国高职院校内部治理评估提供了一定的经验和借鉴。

一、问题探析

高职院校内部治理评价整体来看,存在评价理论研究不足、评价主体单一、评价标准统一、第三方机构不成熟、评价文化缺乏等问题。

（一）评价理论研究不足

美国认证机构需要遵守《秘书处程序和标准》,日本认证机构必须按《大学设置基准》行事。我国教育评估,特别是教育治理评估起步较晚,对评估开展的理论研究相对不足,评估的科学性、系统性、针对性有待加强,除了政府颁布的评估相关文件外,尚未形成业内公认的评估理论成果。

（二）评价主体单一

治理理论要求评价主体多元,要求利益相关者共同参与评价,只有这样才能够体现评价的公正客观,体现评价的诊断与改进功能。目前,高职院校评价的主体单一,主要由政府部门或政府隶属部门开展评价,行业企业、学生及学生家长、校友等利益相关者虽然在政府评价中也会涉及,但他们并没有被当作评价的主体参与评价,其反馈的评价内容也没有被予以足够的重视,评价的发言权仍然掌握在政府手中。单一的评价主体必然影响评价结果的导向性,不利于治理改进。

(三)评价标准统一

我国高职教育评估采用的是由政府统一颁发的评估标准,标准内容比较宏观,共性较多,个性不足,用同一把尺子衡量所有高职院校。在评估标准的引导下,一些高职院校逐渐失去已有的发展个性,按照标准的引导走向共性发展,高职教育本应百花齐放,却造成了"千校一面"的现状。在评价目标设定上,要借鉴《欧洲高等教育区质量保障标准和指南》,突出内涵,突出特色,提高人才培养质量,真正体现"以评促建、以评促改、以评促管"。目前,虽然国家颁布了一些考核评价指标,但这些指标都是比较松散的,尚未形成一个有机整体,并且指标的主次与比例没有明确的标准,主观随意性比较明显。

(四)第三方评价机构不成熟

目前,虽然有国家级工程类、医学类专业认证机构以及教育部评估中心等专门评估机构,但无法改变教育行政主管部门作为评价唯一主体的地位。建立由高教领域和行业领域的知名学者、专家组成的非营利性、非政府组织机构的第三方评价组织,是权威性评价的基础。

(五)评价文化缺乏

荷兰高校视教育评估质量为生命,美国高校(专业)和鉴定机构是自愿合作者,法国评估报告需征求被考察大学校长的意见。高校应转变观念,变"要我评"为"我要评"。完善自我评价制度,形成自我监控机制。发挥高职院校内部治理考核评价指标的威力取决于高职院校的执行度与敬畏度,那种"打折扣"考核或者是"有名无实"的考核对高职院校内部治理考核评价指标的构建有百害而无一利,最终只会损害我国高职教育的整体利益[①]。

二、经验借鉴

高等教育评价是高等教育发展到一定阶段的必然选择,西方国家高等教育评价经过上百年的发展,已形成了与本国社会基本制度相一致的教育评价制度。西方发达国家高等教育评价主要有三种模式:法国的集权模式、荷兰的指导模式、美国的合作模式。三种模式特点各不相同,可为我国高职院校内部治理评价提供借鉴。

(一)法国的集权模式

主要特点:政府控制评价的整个系统和各个环节。

---

① 孙云志,2016.高职院校内部治理考核评价指标体系的构建[J].教育与职业(23):10-14.

1984年成立的法国国家评估委员会既独立于国民教育部,也独立于高等教育机构。它的运作依靠国家财政拨款,实行自我管理,其委员会负责人由总统直接任命并向总统负责,成员是按照严格的资格认定标准从全国范围内选聘的。评估过程包括内部评估、外部评估、总结报告评审和后续跟踪四个阶段。

1. 内评由院校自行组织,撰写提交自评报告。外评由评估委组织外部专家进行考察和评审。考察团通过与校长、学院及部门负责人面谈了解情况,形成考察报告。

2. 自评和外评结束后,评估委提出有针对性的报告。报告格式规范统一,首页、开头、正文、结尾甚至页数等都有详细规定。评估内容共分12个项目,既有情况介绍又有统计数据。报告初样送交校长,然后双方举行会晤,形成最终报告,之后,将报告重新提交评估委全体委员大会作最终确认并授权发表,公布在官方网站上或正式出版。整个评估需要12—18个月的时间。

3. 评估完成2—4年后,评估委启动后续跟踪程序。其程序类似于首轮评估,并且整个评估中评估双方平等对话、共同协商、有效互动。

(二)荷兰的指导模式

主要特点:政府建立中介性的质量评价机构并对校外质量评价实施再评价。

继1985年明确质量评价的地位后,政府2002年颁布《高等教育评定法》,将高等教育评估完全纳入国家引导体系。荷兰高等教育评估由校内评估、政府评估和社会评估三部分组成。

1. 校内评估。由院系评估委员会对学生质量、员工质量及教育改革质量等进行评估。

2. 政府评估。荷兰和佛兰德斯评估组织(NVAO)是国家级评估机构,负责设立评估框架,对评估机构执行标准进行复查。荷兰质量保证局(QANU)作为独立的评估机构,依据法律所确定的框架对大学教育和科研进行评估。教学评估包括学位课程等6个一级指标,每一个一级指标又分为若干个二级指标。科研评估包括创新潜力等4个一级指标,并在《公立研究机构标准评估协议:2003—2009》等文献中明确规定了评估的目标、标准、内容等,还提供了常用的评估表格。

3. 社会评估。教育、科学和文化部下属的高等教育视导团不直接评估高校,而是对NVAO和QANU实施的校外评估及高等学校的后继评估进行再评估,以确保评估过程的合法性、公正性。

荷兰高等教育评估分为优秀、很好、良好、满意和不满意5个等级,评估结果向社会公开,评估不排序也不与行政拨款挂钩。

(三)美国的合作模式

主要特点:政府不直接参与评价活动,评价活动依靠民间评价机构来进行,通过社会影响来实现评价政策导向。

1. 认证机构。美国是世界上第一个将认证制度引入高等教育评估领域的国家。高等教育认证分为院校认证和专业认证。前者由取得资格的地区性或全国性认证机构承担。后者由商科、工科、律师等委员会组织。地区性认证机构按照地域划分为中部、西部、南部等六大地区联盟。全国性认证机构为美国中学后教育鉴定委员会,下设美国高等院校鉴定协会、美国高等院校专业鉴定协会、全国中学后教学组织协会三个协会。官方管理评价的最高机构是联邦教育部资格与机构评价办公室。全美任何一个教育评价机构,只有得到上述组织的承认,其评价结果才能取得社会认可。任何一所新建高校只有通过这些机构的鉴定,才有自治管理权力并得到联邦政府及社会团体的资助。联邦政府和州政府不直接插手鉴定工作,而是实施"远程监控"。

2. 认证程序。认证程序分为六个阶段。以新英格兰院校协会为例。大学首先提出申请,在得到同意后的一年半内撰写自评报告。之后,协会根据大学的规模组成10人左右的考察团进行实地考察,并写出考察报告。审查小组对报告进行最终审查并做出结论。对于不合格的大学,协会给予一年整改时间,然后进行重新审查。美国高等教育认证分为通过认证、有条件通过认证和不予认证3种结果。

8.2 高职院校内部治理评价改革举措

针对高职院校内部治理评价存在的问题,结合我国教育评价的探索以及西方高等教育评价的经验借鉴,我们认为高职院校内部治理评价改革要构建评价主体多元、评价指标科学、评价方法多样的治理评价体系,同时要大力发展第三方评价机构,综合推进评价制度和体系改革。

一、构建多元化评价机制

多元化评价机制重点体现在评价主体多元、评价指标多元、评价方法多元三个层面,通过多元化的评价,体现评价的科学性、诊断性和导向性。政府应加强高等教育结构评价、绩效评价、社会评价等顶层设计,特别是社会中介组织开展独立评价的可行性论证;修订完善评价政策和法规,为构建高等教育评价新框架、深化高等教育评价提供理论与法律支撑。开展评估机构资质认证研究,建立资质鉴定行业规范。

(一)评价主体多元

评价主体分为评价者和被评价者。评价者包括专业人士、学校代表、家长代表、教育行政领导,由这些人士组成的评价机构对学校进行全面的评价。政府作为对学校办学方向、办学质量的监督者,可以借助第三方评价机构所评价的结果对学校发展提出科学有效的建议,或者对校长工作做出客观公正的评价。被评价者不仅包括作为一个单位的学校,而且还包括对办学者即校长的评价以及对教师的评价和对学生的评价。对学校进行评价指的是从办学思想、办学目标、办学行为以及取得的阶段性成绩而进行的评价,这个评价结果不仅仅用于对学校的整体性的考核,而且还作为对办学者即校长职业适应度和职业满意度的评价。而对教师的评价则侧重于教师专业发展的评价,根据评价结果,提出教师专业化发展的合理化建议,为教师的专业成长搭桥铺路。至于对学生的评价,则应该从学生的身心发展、综合素养、道德水平以及学业成绩等方面进行,用于指导学校修订培养目标和教育方式。

多元评价主体是高职院校内部治理评价科学性的保障。高职院校内部治理评价主体由三个方面构成:内部主体、外部主体和第三方主体。内部主体主要是广大教职工和学生,他们是治理的最直接的参与者,不同的院校治理水平直接决定了他们的治理参与程度和民意表达的有效性。外部主体主要指政府、行业企业和社会、家长、校友等,他们是院校办学水平的间接受益者,其评价具有较强的客观性。无论是外部主体,还是内部主体,其评价往往带有代表自身利益的倾向性,这就需要社会中介组织参加的第三方以中立的立场、客观的指标、科学的方法开展评价。综合三方评价主体的评价结果,治理评价才具有科学性,对高职院校内部治理改革才具有指导性作用。

(二) 评价指标多元

评价的真正意图和目的不是证明,而是改进。"评价是根据一定的标准对客体满足主体需要及其程度做出判断的过程。"[①]和英美等发达国家的教育评价相比,我国的教育评价存在形式单一、定位不准、公信力不高的问题。托马斯·A. 威尔逊(Thomas A. Wilson)认为,督导本身"是一个实践者观察、思考以及讨论学校价值的方式"。对于评价的设计既要考虑到教育的实际,又要从全面培养人才的角度出发,考虑到学校可持续发展的状况。因此,对于学校的评价,应覆盖到办学的各个方面、各个层面,提供的目标标准和参照标准应明晰,这样通过评价,能够让学校与学校之间发现问题,找到不足,从而为学校与学校之间的赶学比帮超提供参照。

评价指标及其赋值直接决定了评价结果,合理设计评价指标,合理对指标进行赋值是评价有效性的保障。在设定评价指标时,要从不同的利益相关者的立场,综合各方意见和建议,合理制定评价指标。一是评价指标体系要具有全面的覆盖性,指标体系要能够涉及高职院校内部治理的方方面面,既不能遗漏关键环节,也不能任意取舍看似不重要的环节,要对指标体系进行梳理、整合和细化。二是要注重评价指标体系实施的可操作性。评价指标体系要通过具体的评价过程来实施,过于复杂的指标体系将难以实施,过于主观的指标体系将带来人为的主观因素,过于笼统的指标体系将给评价实施带来难度。三是要注重评价指标的针对性。评价指标直接面向评价对象,要根据不同评价对象的特点设定针对性的评价指标,评价指标要能够抓住问题的关键。四是要注重评价指标的滚动修订。对评价指标体系在实际运行中遇到的问题要及时进行修订。随着内部治理体系改革的深入,原有的指标体

---

① 李自璋,2007."教育评价"概念辨析[J].泸州职业技术学院学报(2):29-33.

系将不适应新的发展要求,要及时根据实际情况对指标体系进行滚动修订。

(三) 评价方法多元

评价分为终结性评价、过程性评价和发展性评价。终结性评价,即对学校整体工作的年终考核。终结性评价必须从全面发展的角度,从学校实际情况出发,针对学校办学方向、办学行为、办学质量进行评价。过程性评价,即对学校治理过程进行评价。过程性评价要发挥其对学校治理过程的监督、约束、建议和指导功能。发展性评价,即根据对学校过程性评价和终结性评价结果,对学校发展提出合理化建议,对学校办学过程中取得的成绩以及存在的问题和不足进行实事求是的客观评价。

高职院校内部治理评价应注重客观性和可行性,应全面考虑和选择评价方法,进而全面评定高职院校的治理结构。我们应针对不同的评价内容和评价客体采用不同的评价方法,可以采取校内自评、专家评审、社会评价和同行评议等具体的评价方式,进而施以综合评价。其中,校内自评是高职院校内部治理结构评价的一种重要方式,较其他的评估方式更为全面。专家评审和同行评议由于其评估人员的专业特性,能够保障评价过程更为专业和科学,评价的结果更准确。社会评价可能不如其他的评价方式专业,但评价结果更为公正和客观。总之,我们应根据具体的评价内容、评价目标和评价对象采取相应的、合适的评价方法。

二、建立第三方评价机构

在评价体制上,应积极引入市场机制。逐步形成政府为制度安排者、评估中介组织为主力、社会问责参与、职业学校为基础的评价体系格局。引入市场机制,让部分中介评价组织来进行评价工作将是我们教育质量评价发展的主要方向。在西方,教育教学评价活动的中介化已经比较普及,制度建设也较为完善,如英国的大学拨款委员会、美国的高等教育鉴定协会都是发展得相当完善的教育中介评价组织。引入市场机制的一个优点在于使评价在相对透明的环境中进行,评估中介组织由于其"工作专业性"和"利益无涉性"而能在教育评价中获得广泛的认可。在市场机制条件下,政府的角色是制度安排。这个角色一方面包括制定指导教育质量评价的宏观政策,另一方面要为评估中介组织介入教育质量评价提供制度保证,规范中介组织的行为,并组织专家对中介组织的资格和工作质量进行元评估,但不必对其操作规程和评价过程进行过多的干涉。而中介组织作为第三方(独立于政府与学校之外),在具备对教育质量进行公正、准确评价的基本能力的基础上,以较少受到政府和办学方影响的优势,比较客观地反映出学校真正的情况,评价结论也就更公正、权威。如果失去了评价结果的准确性,中介评价机构也就失去了发展的生命力,失去了别人的信任,也就失去了市场,也不可能维持下去了。这样,中介评价组织就会在其使命、责任以及"市场规律"的约束下,以最客观的方式进入评价活动[①]。

---

① 唐智彬,夏金星,饶异伦,2006.在博弈中完善——论我国职业教育质量评价体系[J].职教论坛(11):7-9.

参考文献

阿尔坎塔拉,黄语生,1999."治理"概念的运用与滥用[J]. 国际社会科学杂志(中文版)(1):105-113.

奥斯特罗姆,2000. 公共事务的治理之道:集体行动制度的演进[M]. 上海:上海三联书店.

包金玲,2012. 教育去行政化与现代学校制度建设——以中小学教师人事管理为例[J]. 教育发展研究(12):6-10.

博兰尼,2002. 自由的逻辑[M]. 冯银江,李雪茹,译. 长春:吉林人民出版社.

博曼,雷吉,2006. 协商民主:论理性与政治[M]. 陈家刚,等译. 北京:中央编译出版社:中文版序第1页.

曹剑,2013. 高校现代学校制度建设探讨[J]. 教育探索(7):31-32.

陈何芳,2003. 大学基层学术权力探析[J]. 清华大学教育研究(5):30-35.

陈琼,曾保根,2004. 对当代西方治理理论的解读[J]. 行政论坛(5):90-91.

陈星平,2008. 现代大学治理的离散化趋势[J]. 现代教育科学(5):25-28.

成立,2013. 高校教师职务聘任制改革——基于大学治理理论的视角[J]. 教育界(3):16-17.

德勒泽克,2006. 协商民主及其超越:自由与批判的视角[M]. 丁开杰,等译. 北京:中央编译出版社:前言第1页.

范魁元,刘景,2010. 现代学校制度建设:现状与出路[J]. 中小学管理(2):38-41.

费尔南多,赫斯顿,2000. 国家、市场和公民社会之间的非政府组织[M]//何增科. 公民社会与第三部门. 北京:社会科学文献出版社:270-287.

龚怡祖,2009. 大学治理结构:现代大学制度的基石[J]. 教育研究(6):22-26.

韩春晖,常森,卢霞飞,2011. 大学章程:我国大学治理模式变革的呼唤[J]. 中国高等教育(9):21-23.

韩淑霞,2010. 大学治理中的章程问题[J]. 现代教育科学(6):79-82.

何健,2017.高校治理体系现代化构建:原则、目标与路径[J].国家教育行政学院学报(3):35-40.

贺永平,郭平,2012."党委领导、校长负责、理事会监督"大学治理模式研究[J].求实(2):284-286.

胡仙芝,2001.治理理论与行政改革[J].中国行政管理(1):43-45.

黄泽龙,刘璧玉,2013.治理理论及对我国大学去行政化改革的启示[J].黑龙江教育学院学报(8):17-19.

焦笑南,2005.美国、英国、澳大利亚的大学治理及对我们的启示[J].中国高教研究(1):51-53.

杰索普,漆燕,1999.治理的兴起及其失败的风险:以经济发展为例的论述[J].国际社会科学杂志(中文版)(1):31-48.

敬然,2008.治理理论视野下我国政府与高校关系的重构[J].长白学刊(6):141-143.

康翠萍,李广海,金丹,2014.现代学校制度建设框架下的大学章程建制之思考[J].高等教育评论(00):1-11.

柯武刚,史漫飞,2000.制度经济学:社会秩序与公共政策[M].北京:商务印书馆:377.

克拉克,1994.高等教育系统:学术组织的跨国研究[M].王承绪,等译.杭州:杭州大学出版社:34.

孔繁斌,2008.公共性的再生产:多中心治理的合作机制建构[M].南京:江苏人民出版社.

雷世平,姜群英,2015.高职院校内部治理能力现代化的内涵及其衡量标准[J].职教论坛(31):41-45.

李福华,2007.利益相关者理论与大学管理体制创新[J].教育研究(7):36-39.

李自璋,2007."教育评价"概念辨析[J].泸州职业技术学院学报(2):29-33.

梁莹,2003.治理视角下我国政府改革的新思维[J].湖北行政学院学报(1):81.

刘传德,2010.中小学校务委员会建设的实践与探索[M].北京:北京出版社:129.

刘建军.治理缓行:跳出国家权力回归社会的陷阱[J].探索与争鸣(3):12-13.

刘孙渊,马超,2008.治理理论视野下的教育公共治理[J].外国教育研究(6):15-19.

刘小林,2007.全球治理理论的价值观研究[J].世界经济与政治论坛(3):107-112.

鲁军,黄蓉,2009.英国大学治理结构模式的演进[J].学园(5):50-54.

罗茨,2000.新的治理[M]//俞可平.治理与善治.北京:社会科学文献出版社:86-96.

罗建河,2017.重塑"共同治理":高校内部治理的改革之路[J].江苏高教(10):23-26.

罗西瑙,2001.没有政府的治理:世界政治中的秩序与变革[M].南昌:江西人民出版社.

罗晓娥,2009.关于我国大学治理走向的思考[J].中国成人教育(13):15-16.

欧阳恩剑,2017.法治视角下高职院校内部治理现代化研究[M].广州:广东高等教育出版社:90-95.

潘海生,2007.作为利益相关者组织的大学治理理论分析[J].中国地质大学学报(社会科学版)(5):17-20.

阮李全,2013.论我国职业教育立法——兼论《职业教育法》的修订[J].社会科学家(9):94-97.

申忠健,2011.基于治理理论的我国政府与高校新型关系探究[J].产业与科技论坛(10):20-22.

斯托克,华夏风,1991.作为理论的治理:五个论点[J].国际社会科学杂志(中文版)(1):19-28.

孙建,2015.公办高等职业院校基于企业化管理的治理体系研究[J].亚太教育(34):201-202.

孙建,2017.高职院校内部治理结构改革:基于教育质量的视角[J].江苏高教(7):90-94.

孙建,2017.企业化管理:公办高职院校内部治理的一种选择[J].教育与职业(5):63-68.

孙云志,2016.高职院校内部治理考核评价指标体系的构建[J].教育与职业(23):10-14.

汤萱,2009.我国公立高校内部权力研究——基于治理理论的视角[J].大学教育科学(3):62-66.

唐仁春,2011.高等学校全面质量管理策略研究[M].长沙:湖南人民出版社.

唐智彬,夏金星,饶异伦,2006.在博弈中完善——论我国职业教育质量评价体系[J].职教论坛(11):7-9.

涂艳国,2011.教育学导论[M].武汉:华中师范大学出版社:353.

王承就,2016.协商民主与我国公办大学内部治理[J].高教探索(11):5-10.

王恩华,2004.我国大学学术管理体制改革研究:一个治理的视角[J].研究与发展管理(4):108-113.

王浦劬,2012.中国的协商治理与人权实现[J].北京大学学报(哲学社会科学版)(6):16-25.

王志刚,2010.多中心治理理论的起源、发展与演变[J].常熟理工学院学报(3):33-35.

王志伟,2015.论经济自由主义的意义与局限[J].人民论坛·学术前沿(4):6-15.

肖芸,2010.论大学治理权的制度性危机与合法性重建[J].郑州大学学报(哲学社会科学版)(4):171-173.

徐敦楷,2010.落实高校办学自主权　完善现代大学治理结构[J].中国高等教育(19):5-8.

徐桂庭,2014.关于职业学校治理体系与治理能力建设的若干思考[J].中国职业技术教育(21):166-170.

许杰,2014.现代学校制度建设动力机制探析[J].中国教育学刊(6):9-14.

许杰,2015.教育治理中的学校主体建构[J].教育科学研究(11):19-23.

燕廷森,2013.我国高校内部治理结构构建研究[J].河南社会科学(9):74-76.

阳沐乎韧.以三元素为核心的协商文化建设和实践——发挥人民政协作为协商民主重要渠道作用之文化思考[J].广西社会主义学院学报(2):41-44.

杨纳名,2009.大学治理的必要与可能:治理理论的大学实践[J].河南师范大学学报(哲学社会科学版)(6):239-241.

殷萍萍,2012.委托代理理论研究综述[J].现代营销(学苑版)(7):150-151.

尤献忠,张丽平,2007.论高等教育服务提供社会化:基于治理理论的视角[J].高教探索(6):43-45.

俞可平,1999.全球化时代的政治管理模式[J].方法(2):34.

俞可平,2000.治理与善治[M].北京:社会科学文献出版社.

俞可平,2013.国家治理体系现代化的基本标准[N].北京日报,2013-12-09(01).

俞可平,李景鹏,毛寿龙,等,2001.中国离"善治"有多远——"治理与善治"学术笔谈[J].中国行政管理(9):15-21.

湛中乐,徐靖,2010.通过章程的现代大学治理[J].法制与社会发展(3):106-124.

张德祥,2016.1949年以来中国大学治理的历史变迁——基于政策变革的思考[J].中国高教研究(2):29-36.

张敏,2012.协商治理:一个成长中的新公共治理范式[J].江海学刊(5):137-143.

张维迎,2004.大学的逻辑[M].北京:北京大学出版社.

张旭刚,2016.高职教育治理体系现代化的四维审视:门路、道路、思路与出路[J].教育与职业(23):5-9.

张永胜,2010.论大学治理权合法性的危机与重建[J].国家教育行政学院学报(9):31-35.

张璋,2002.20世纪80年代以来的全球行政改革:背景、理论、举措与经验[J].北京行政学院学报(4):31-36.

赵景来,2002.关于治理理论若干问题讨论综述[J].世界经济与政治(3):75-81.

赵晓妮,2016.高职院校内部治理结构的内涵、实践迷思及变革趋向[J].教育与职业(12):12-16.

赵泽虎,颜世颀,2012.从治理到善治:生态学视野中的大学治理研究[M].苏州:苏州大学出版社:73-74.

钟秉林,2010.关于大学"去行政化"几个重要问题的探析[J].中国高等教育(9):4-7.

周建松,唐林伟,2013.高职教育人才培养目标的历史演变与科学定位——兼论培养高适应性职业化专业人才[J].中国高教研究(2):94-98.

朱长春,2014.公司治理标准:第一集[M].北京:清华大学出版社:54.

Commission on Global Governance,1995. Our global neighbourhood[M]. Oxford:Oxford University Press:23.

Gerry Stoker,1999. The new management of British local governance[M]. London:Palgrave Macmillan.

Jan kooiman,1993. Modern governance:new government-society interactions[M]. London:SAGE Publications Ltd:35-48.

Maarten Hajer,2003. A frame in the fields:policy making and the reinvention of politics[M]//Maarten Hajer,Hendrik Wagenaar. Deliberative policy analysis:understanding governance in the network society. Cambridge:Cambridge University Press:88-110.

World Bank,1991. Managing development:the governance dimension[M]. Washington D.C.:World Bank:1.